“十四五”职业教育国家规划教材

中等职业教育会计专业系列教材

QIYE KUAIJI SHIWU

企业会计实务

（第三版）

王朝霞 主 编

龙 潇 沈小林 王长生 副主编

U0792262

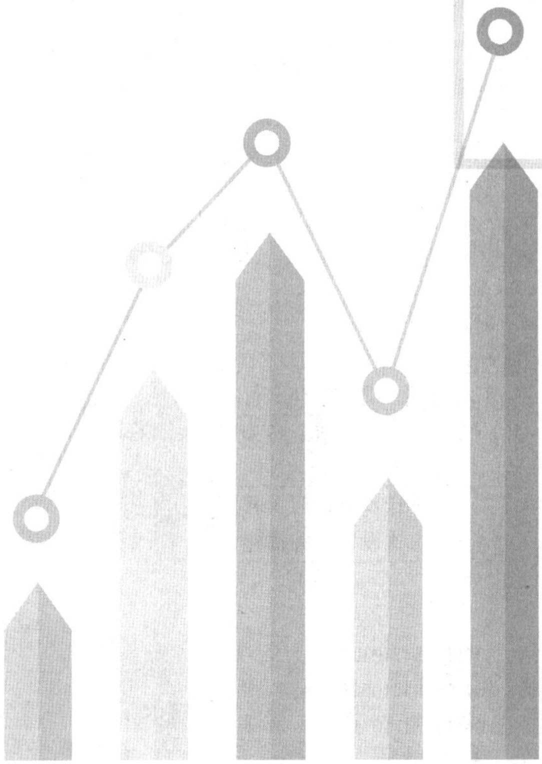

东北财经大学出版社 大连
Dongbei University of Finance & Economics Press

图书在版编目（CIP）数据

企业会计实务 / 王朝霞主编．—3版．—大连：东北财经大学出版社，2023.8（2024.8重印）
（中等职业教育会计专业系列教材）
ISBN 978-7-5654-4940-6

Ⅰ．企…　Ⅱ．王…　Ⅲ．企业管理-会计实务-中等专业学校-教材
Ⅳ．F275.2

中国国家版本馆CIP数据核字（2023）第155494号

东北财经大学出版社出版
（大连市黑石礁尖山街217号　邮政编码　116025）
网　　址：http://www.dufep.cn
读者信箱：dufep@dufe.edu.cn

大连东泰彩印技术开发有限公司印刷　　东北财经大学出版社发行

幅面尺寸：185mm×260mm　　字数：460千字　　印张：19.75
2023年8月第3版　　2024年8月第2次印刷

责任编辑：周　欢　李　栋　　责任校对：何　莉
封面设计：原　皓　　版式设计：钟福建

定价：39.00元

教学支持　售后服务　联系电话：（0411）84710309
版权所有　侵权必究　举报电话：（0411）84710523
如有印装质量问题，请联系营销部：（0411）84710711

第三版前言

党的二十大报告指出："我们要坚持教育优先发展、科技自立自强、人才引领驱动，加快建设教育强国、科技强国、人才强国，坚持为党育人、为国育才。"为实现这一目标，需要加快职业教育体系构建，需要深化职业教育教学改革，加强中等职业教育教材建设和管理，建设、配置优质的教学资源，提高职业教育质量。

"企业会计实务"是中等职业学校会计专业学生的专业核心课。我们参照教育部最新颁布的《中等职业学校专业教学标准（试行）财经商贸类（第二辑）》中的"会计专业教学标准"，组织编写了本教材的第一版。之后，经过修订，本书第二版正式出版，由教育部审定通过，被评为"十三五"职业教育国家规划教材。2023年，又被评为"十四五"职业教育国家规划教材。为了适应时代发展变化，体现教学改革的最新成果，在第三版修订时，我们对第二版教材做了有效的、及时的、实用的修改，每个项目后又都加入了"育人主题"的内容。

本书具有如下特点：

在"导论"之后，根据小企业会计核算内容进行了归类、整合，设计了财产物资、往来款项、对外投资、工资薪酬、财务成果、筹资业务和财务报表等七个项目，采取了"项目-任务"的编写体例，项目下面设"任务""项目小结""项目训练"。各个"任务"通过"案例导入""任务描述""知识准备""任务实施"等部分来完成，其中"案例导入"中的案例全部来源于小企业的仿真业务，通过认识和填制小企业环境中常用的原始凭证，来提高学生对会计工作的感性认识和操作能力；同时根据教学情境的需要，在各个"任务"中随机穿插了"例题""小练习""小思考""小实训""小知识"等栏目。每个项目后的"项目训练"，让学生通过练习达到教学要求，"项目训练"的参考答案，可登录东北财经大学出版社网站（www.dufep.cn）查询或下载。建议使用本书教学时开设2个学期的相关课程，周课时开设6节，其中含2节实训课。

另外，我们还编写了《企业会计实务习题集》（第三版），该习题集突出了知识的巩固和技能的强化，可与本教材配套使用。

本教材由长沙财经学校的王朝霞任主编，长沙财经学校的龙潇、沈小林和洛阳市财会中等专业学校的王长生任副主编，参加编写修订的老师还有长沙财经学校的王朝辉、楚立可、曾佳、梁科、范喜美，长沙县职业中等专科学校的王漾、浏阳市职业中等专科学校的樊丽华，宁乡市职业中等专科学校的肖纯，长沙市望城职业中等专科学校的张银芳。

在教材编写过程中，我们得到了全国财政专业教育教学指导委员会专家、武汉市财政学校徐俊副校长的悉心指导；得到了长沙市财经商贸教学研究会、长沙市中职财经类名师工作室各成员、以及长沙商贸旅游职业技术学院、长沙民政职业技术学院、长沙大学的大数据与会计专业教师的大力支持，特别感谢长沙大学邓中华、湖南金信达会计师事务所谢志明所长、华新项目管理集团有限公司财务总监刘军、湖南求臻会计师事务所有限公司李求真所长对本书内容进行细节指导，对教材内容编写把关，为参编教师提供无私帮助，在此一并表示感谢。

由于编者水平有限，书中难免有不当之处，敬请读者批评指正，我们将进一步修订完善。

编　者

2023年5月

目 录

导 论/1
项目一 财产物资/10
学习目标/10
任务一 存货的核算/10
任务二 固定资产的核算/48
任务三 无形资产的核算/65
项目小结/73
项目训练/74
项目评价/85
育人主题/85
项目二 往来款项/87
学习目标/87
任务一 应收账款与预收账款的核算/87
任务二 应付账款与预付账款的核算/96
任务三 应收票据与应付票据的核算/102
任务四 其他往来款的核算/107
任务五 与税务的往来款项核算/110
项目小结/128
项目训练/128
项目评价/140
育人主题/140
项目三 对外投资/142
学习目标/142
任务一 短期投资的核算/142
任务二 长期债券投资的核算/149
任务三 长期股权投资的核算/153
项目小结/156
项目训练/156
项目评价/162
育人主题/163
项目四 工资薪酬/165
学习目标/165
任务一 应付职工薪酬的内容、工资的计量及核算/165
任务二 工资附加费的核算/173

任务三 非货币性福利的核算/178
项目小结/181
项目训练/181
项目评价/186
育人主题/186
项目五 财务成果/189
学习目标/189
任务一 收入的核算/189
任务二 费用的核算/216
任务三 利润及利润分配的核算/228
项目小结/249
项目训练/249
项目评价/258
育人主题/259
项目六 筹资业务/261
学习目标/261
任务一 短期借款的核算/261
任务二 长期借款的核算/268
任务三 接受投资的核算/273
项目小结/279
项目训练/279
项目评价/285
育人主题/285
项目七 财务报表/287
学习目标/287
任务一 资产负债表的编制/287
任务二 利润表的编制/295
项目小结/301
项目训练/301
项目评价/306
育人主题/306
主要参考文献/309

导 论

一、企业会计的含义及分类

企业是依法成立的，在法律规定的范围内自主组织生产经营活动，以提供经济效益、提高劳动生产率、实现资产的增值和保值为主要目的的经济组织。

企业会计是服务于企业这一经济部门的专业会计，它是以货币为主要计量单位，采用专门方法，对企业的资产、负债、所有者权益、收入、费用、利润进行确认、计量、记录和报告，并参与经济预测、决策，进行有效监督的一种经济管理活动。企业会计必须围绕不断增加利润，提高经济效益这一企业生产经营活动的总目标，认真组织好会计核算和会计监督。

企业会计按其报告对象的不同，分为财务会计和管理会计。两者的主要区别如下：

1.服务对象不同。管理会计侧重于为企业内部的经营管理服务，可以理解为“对内报告会计”；财务会计主要侧重于企业外部，包括企业的投资人、债权人、供应商及税务部门等。

2.信息时效不同。管理会计侧重于提供未来信息，可以理解为“面向未来的会计”；财务会计侧重于提供过去的信息。

3.技术依据不同。管理会计方法灵活，没有公认的会计准则、固定的方法；财务会计应以会计准则和相关法规为依据处理经济业务。

4.信息载体不同。管理会计的信息载体多为没有统一格式的内部报告；财务会计的信息载体最终表现为财务报表。

5.法律责任不同。管理会计报告不具备法律责任；财务会计报告具有法律责任。

根据中职学生培养目标的要求，我们现阶段要学习的是企业财务会计，本书中的企业主要指小企业。

二、小企业的界定及会计核算标准

1.我国小企业的界定

2011年6月国家发布的《中小企业划型标准规定》将中小企业划分为中型、小型、微型三种类型，具体标准根据企业从业人员、营业收入、资产总额等指标，结合行业特点制定。

小型企业（简称小企业）是我国国民经济和社会发展的重要力量，分布于各行各业。其主要包括工业（制造业），建筑业，批发业，零售业，仓储业，住宿业，餐饮业，物业管理，交通运输业，信息传输和信息技术服务业，租赁和商务服务业，科学研究和技术服务业，居民服务、修理和其他服务业，文化、体育和娱乐业等。常见的小企业的具体划型标准，见表0-1。

表0-1

小企业划型标准

序号	行业	从业人员	营业收入
1	工业	20人及以上，300人以下	300万元及以上，2 000万元以下
2	批发业	5人及以上，20人以下	1 000万元及以上，5 000万元以下
3	零售业	10人及以上，50人以下	100万元及以上，500万元以下
4	仓储业	20人及以上，100人以下	100万元及以上，1 000万元以下
5	住宿业	10人及以上，100人以下	100万元及以上，2 000万元以下
6	餐饮业	10人及以上，100人以下	100万元及以上，2 000万元以下
7	物业管理	100人及以上，300人以下	500万元及以上，1 000万元以下
8	交通运输业	20人及以上，300人以下	200万元及以上，1 000万元以下
9	信息传输业	10人及以上，100人以下	100万元及以上，1 000万元以下
10	租赁和商务服务业	10人及以上，100人以下	资产总额100万元及以上，8 000万元以下

2.小企业会计的概念和会计核算的标准

小企业会计是以货币为主要计量单位，核算和监督小企业单位经济活动的一种经济管理工作。小企业会计的基本职能是进行会计核算和实行会计监督。小企业的会计核算执行财政部2011年10月制定并发布的、自2013年1月1日起在小企业范围内施行的《小企业会计准则》；低于小企业划型标准的企业为微利企业，微利企业的会计核算也参照执行《小企业会计准则》。

大中型企业的会计核算执行财政部2006年发布的《企业会计准则》。由适用于大中型企业的《企业会计准则》和适用于小企业的《小企业会计准则》共同构成的企业会计标准体系基本建成。

三、小企业的会计要素

根据《小企业会计准则》的规定，小企业会计要素有资产、负债、所有者权益、收入、费用和利润六大类。其中，资产、负债、所有者权益是反映小企业财务状况的会计要素；收入、费用、利润是反映小企业经营成果的会计要素。

1.反映企业财务状况的会计要素

（1）资产

资产，是指小企业过去的交易或者事项形成的、由小企业拥有或者控制的、预期会给小企业带来经济利益的资源。预期会给企业带来经济利益，是指直接或间接导致现金流入企业的潜力，这是资产的本质特征。资产可以是货币性的，也可以是非货币性的；可以是有形的，也可以是无形的。小企业的资产按其流动性不同，可分为流动资产和非流动资产。这里，流动性通常按资产的变现或耗用时间长短来确定，资产的变现或耗用时间越短，则流动性越强。

小企业的流动资产是指预计在1年内（含1年）变现、出售或耗用的资产，主要包括货币资金、短期投资、应收票据、应收账款、预付款项、其他应收款、存货（如原材料、库存商品）等。关于变现、出售或耗用的理解：变现一般针对应收及预付款项、短期投资等而言，指将资产变为现金；出售一般针对产品等存货而言，指将小企业的产成品、库存商品、原材料等对外销售；耗用一般是原材料的使用，指将存货由一种形态（如原材料）转变成另一种形态（如产成品）的过程。非流动资产是指流动资产以外的资产，主要包括长期股权投资、固定资产、在建工程、无形资产等。小企业的资产应当按照成本计量，不计提资产减值准备。

（2）负债

负债，是指小企业过去的交易或者事项形成的，预期会导致经济利益流出小企业的现时义务。小企业的负债按照其流动性，可分为流动负债和非流动负债。这里，流动性通常按负债的偿还时间长短来确定，负债的偿还时间越短，则流动性越强。

小企业的流动负债是指预计在1年内（含1年）清偿的债务，主要包括短期借款、应付票据、应付账款、预收款项、应付职工薪酬、应交税费、应付利息、其他应付款等。非流动负债是指流动负债以外的负债，主要包括长期借款、长期应付款等。

会计上区分“流动”和“非流动”、“短期”和“长期”等概念，通常是以1年为标准，1年以下（含1年）为流动或短期（如流动资产、短期投资、短期借款等）；1年以上为非流动或长期（如固定资产、长期投资、长期借款等）。其中，资产的流动性表现为资产被耗用、出售或者转变为货币资金的时间长短或速度快慢。

（3）所有者权益

所有者权益，是指小企业资产扣除负债后由所有者享有的剩余权益。小企业的所有者权益包括实收资本（或股本）、资本公积、盈余公积和未分配利润。

2.反映企业经营成果的会计要素

（1）收入

收入，是指小企业在日常生产经营活动中形成的、会导致所有者权益增加、与所有者投入资本无关的经济利益的总流入。这里的日常活动是指小企业为完成其经营目标所从事的经常性活动以及与之相关的活动。收入按来源可分为销售商品收入和提供劳务收入；按经营业务的主次可分为主营业务收入和其他业务收入。

（2）费用

费用，是指小企业在日常生产经营活动中发生的、会导致所有者权益减少、与向所有者分配利润无关的经济利益的总流出。这里的日常活动通常可以划分为生产、销售、管理、融资等活动，与收入定义中涉及的日常活动的界定相一致。小企业的费用包括营业成本（销售商品的成本和所提供劳务的成本）、税金及附加、销售费用、管理费用、财务费用等。

（3）利润

利润，是指小企业在一定会计期间的经营成果，是一定会计期间内实现的收入减去费用后的净额。利润包括营业利润、利润总额和净利润。营业利润加上营业外收入减去营业外支出即为利润总额。小企业作为一种依法设立的盈利性经济组织，应当以收入抵补其费用，实现盈利和可持续发展。

四、小企业的会计科目

《小企业会计准则》中规定了小企业进行账务处理的会计科目（共66个）。小企业常用的会计科目（总账科目52个）及明细分类科目的设置要求，见表0–2。

表0–2

小企业常用的会计科目及明细分类科目设置

序号	编号	会计科目名称	明细分类科目设置
		一、资产类	
1	1001	库存现金	设置“库存现金日记账”核算库存现金
2	1002	银行存款	按开户银行及存款种类设置“银行存款日记账”
3	1012	其他货币资金	按“银行汇票”“信用卡”“外埠存款”等设置
4	1101	短期投资	按股票、债券、基金种类设置
5	1121	应收票据	按开出承兑商业汇票的单位设置
6	1122	应收账款	按对方单位或个人设置
7	1123	预付账款	按对方单位或个人设置
8	1221	其他应收款	按其他应收款项目和对方单位或个人设置
9	1401	材料采购	按供应单位和材料品种设置
10	1402	在途物资	按供应单位和物资品种设置
11	1403	原材料	按材料的保管地点、类别、品种和规格设置
12	1404	材料成本差异	按材料的类别或品种设置
13	1405	库存商品	按商品的种类、品种和规格设置
14	1407	商品进销差价	按商品的种类、品种和规格设置
15	1411	周转材料	按包装物、低值易耗品的种类设置
16	1511	长期股权投资	按被投资单位设置
17	1601	固定资产	按固定资产的类别和项目设置
18	1602	累计折旧	按固定资产的类别或项目设置
19	1604	在建工程	按“建筑工程”“安装工程”等工程项目设置
20	1606	固定资产清理	按被清理的固定资产项目设置
21	1701	无形资产	按“专利权”“非专利技术”等项目设置
22	1702	累计摊销	按无形资产项目设置
23	1801	长期待摊费用	按费用支出项目设置
24	1901	待处理财产损溢	按盘盈、盘亏资产种类和项目设置
		二、负债类	
25	2001	短期借款	按借款种类、贷款人和币种设置

续表

序号	编号	会计科目名称	明细分类科目设置
26	2201	应付票据	按债权人设置
27	2202	应付账款	按对方单位或个人设置
28	2203	预收账款	按对方单位或个人设置
29	2211	应付职工薪酬	按“工资”“职工福利”“社会保险费”等设置
30	2221	应交税费	按“应交增值税”“应交所得税”等税费项目设置
31	2231	应付利息	按贷款人设置
32	2241	其他应付款	按其他应付款项目和对方单位或个人设置
33	2501	长期借款	按借款种类、贷款人设置
		三、所有者权益类	
34	3001	实收资本	按投资者设置
35	3002	资本公积	按“资本溢价”或“股本溢价”设置
36	3101	盈余公积	按“法定盈余公积”“任意盈余公积”设置
37	3103	本年利润	核算小企业当期实现的净利润或发生的净亏损
38	3104	利润分配	按“提取法定盈余公积”“未分配利润”设置
		四、成本类	
39	4001	生产成本	按基本生产成本和辅助生产成本设置
40	4101	制造费用	按不同的生产车间、部门和费用项目设置
		五、损益类	
41	5001	主营业务收入	按主营业务的种类设置
42	5051	其他业务收入	按其他业务收入种类设置
43	5111	投资收益	按投资项目设置
44	5301	营业外收入	按营业外收入项目设置
45	5401	主营业务成本	按主营业务的种类设置
46	5402	其他业务成本	按其他业务成本的种类设置
47	5403	税金及附加	按税金及附加的种类设置
48	5601	销售费用	按费用项目设置
49	5602	管理费用	按费用项目设置
50	5603	财务费用	按费用项目设置
51	5711	营业外支出	按营业外支出项目设置
52	5801	所得税费用	核算应从当期利润总额中扣除的所得税费用

五、小企业的会计核算方法

会计核算方法是指对小企业经济活动进行连续、系统、全面的记录、计算、反映和监督所应用的方法。会计核算有如下七种专门方法：

1. 设置会计科目和账户

会计科目是指对会计要素具体内容进行分类核算的项目。账户是根据会计科目设置的，用于分类反映会计要素增减变动情况及其结果的载体。有了会计科目和账户，就可以有序地、分类地将各项经济业务的数据记入账户，从而分门别类地提供各种有用的数据和信息，供决策者使用。设置会计科目和账户是会计核算的重要方法之一。

2. 复式记账

复式记账是指对于每一笔经济业务都要在两个或两个以上相互联系的账户中进行登记，系统地反映资金运动变化结果的一种记账方法。采用复式记账方法既能够全面、完整、相互联系地反映经济业务，也便于检查账簿记录是否正确。复式记账法主要是借贷记账法，它是一种科学的记账方法。

3. 填制和审核会计凭证

会计凭证是记录经济业务事项发生或完成情况，明确经济责任的书面证明，也是登记账簿的依据。任何一项经济业务都要按照实际发生和完成情况，取得或填制会计凭证，并经会计机构、会计人员审核，确认无误后，才能据以登记会计账簿。填制和审核会计凭证是会计核算的一个重要特点，也是会计核算工作的起点。会计凭证按照编制的程序和用途不同，分为原始凭证和记账凭证。

4. 登记会计账簿

会计账簿是由一定格式账页组成的，以经过审核的会计凭证为依据，全面、系统、连续地记录各项经济业务的簿籍。登记会计账簿简称记账，设置和登记账簿，是编制会计报表的基础，是连接会计凭证与会计报表的中间环节。登记会计账簿必须以会计凭证为依据，要定期核对账目和结账，使账簿记录与实际情况保持一致，保障账簿记录的真实性和完整性。

5. 成本计算

成本是指企业为生产产品或提供劳务而发生的各种耗费。成本计算主要是指产品生产成本的计算，它要求会计核算中要按照一定的对象（产品）归集费用，并计算和确定各种产品的总成本和单位成本的方法。

6. 财产清查

财产清查包括盘点实物和核对账目，在查明各项财产物资和资金的实有数额后再和账面数额进行核对，以确定账实是否相符；如有不符，则须对账簿记录进行调整。所以，财产清查也是会计核算过程中不可缺少的一个环节。

7. 编制财务报表

财务报表是对小企业财务状况、经营成果和现金流量的结构性表述，是指以会计账簿记录为依据，采用表格和文字形式，将会计数据提供给信息使用者的书面报告。提供会计信息是会计核算的主要目的，小企业必须遵循真实、可靠和有用等原则，及时向会计信息使用者提供会计信息。

会计核算的七种方法是一种相互联系、相互配合的完整的方法体系。其中，设置账户是进行会计核算的准备工作，复式记账是会计核算所使用的特有方法。填制和审核凭证、登记账簿和编制财务报表是会计核算工作的三个基本环节。各单位每发生一笔经济业务或事项，首先要填制和审核会计凭证，然后按规定的账户，采用复式记账的方法登记账簿；期末根据账簿的记录进行成本计算、财产清查，在账实相符的基础上编制会计报表。会计通过生成、加工和提供信息来反映和监督企业整个经济活动，从而帮助企业作出正确决策。

六、小企业的会计核算程序

账务处理程序也称会计核算组织程序，是指会计凭证、会计账簿、财务报表相结合的方式。该程序包括会计凭证和账簿的种类、格式，会计凭证与账簿之间的联系方法，由原始凭证到编制记账凭证、登记明细分类账和总分类账、编制财务报表的工作程序和方法等。科学合理地选择适用于本单位的账务处理程序，对于有效地组织会计核算具有重要意义。小企业常用的账务处理程序主要有记账凭证账务处理程序和科目汇总表账务处理程序。

1. 记账凭证账务处理程序

记账凭证账务处理程序是指对发生的经济业务事项，都要根据原始凭证或汇总原始凭证编制记账凭证，然后直接根据记账凭证逐笔登记总分类账的一种账务处理程序。其特点是直接根据记账凭证逐笔登记总分类账。它是基本的账务处理程序，适用于规模较小、经济业务较少的小企业。记账凭证账务处理程序的一般程序是：

（1）根据原始凭证编制汇总原始凭证；

（2）根据原始凭证或汇总原始凭证，编制记账凭证；

（3）根据记账凭证及所附原始凭证逐笔登记库存现金日记账和银行存款日记账；

（4）根据原始凭证、汇总原始凭证和记账凭证，登记各种明细分类账；

（5）根据记账凭证逐笔登记总分类账；

（6）期末，库存现金日记账、银行存款日记账和明细分类账的余额分别与有关总分类账的余额核对相符；

（7）期末，根据总分类账和明细分类账的记录，编制财务报表。

2. 科目汇总表账务处理程序

科目汇总表账务处理程序又称记账凭证汇总表账务处理程序，它是根据记账凭证定期编制科目汇总表，再根据科目汇总表登记总分类账的一种账务处理程序。它适用于经济业务较多的小企业。科目汇总表账务处理程序的一般程序是：

（1）根据原始凭证编制汇总原始凭证；

（2）根据原始凭证或汇总原始凭证，编制记账凭证；

（3）根据记账凭证及所附原始凭证逐笔登记库存现金日记账和银行存款日记账；

（4）根据原始凭证、汇总原始凭证和记账凭证登记各种明细分类账；

（5）根据记账凭证定期编制科目汇总表；

（6）根据科目汇总表登记总分类账；

（7）期末，库存现金日记账、银行存款日记账和明细分类账的余额分别与有关总分类账的余额核对相符；

（8）期末，根据总分类账和明细分类账的记录，编制财务报表。

七、小企业会计核算的岗位设置

小企业应当根据会计业务的需要设置会计机构，或者在有关机构中设置会计人员并指定会计主管人员。会计工作岗位是指一个单位会计机构内部根据业务分工而设置的职能岗位。会计工作岗位可以一人一岗、一人多岗或者一岗多人，但出纳人员不得兼管稽核、会计档案保管和收入、费用、债权债务账目的登记工作。小企业单位的会计岗位主要有：

1.会计机构负责人（会计主管人员）岗位；

2.出纳岗位；

3.稽核岗位；

4.资本、基金核算岗位；

5.收入、支出、债权债务核算岗位；

6.工资、成本费用、财务成果核算岗位；

7.财产物资收发、增减核算岗位；

8.总账岗位；

9.财务会计报告编制岗位；

10.会计机构内会计档案管理岗位。

八、小企业会计核算的特点

考虑到我国小企业规模较小、业务较为简单、会计基础较为薄弱等实际情况，《小企业会计准则》对小企业的会计核算采用了简化核算的做法，即对小企业的会计确认、计量和报告进行了简化处理，降低了会计核算的难度。

1.资产方面。对资产的核算统一采用历史成本计量，不采用公允价值计量。取得资产时，按照实际发生的支出作为历史成本。在持有资产期间，资产的增值和减值在会计上不进行调整，仍维持取得时的历史成本金额，也不计提资产减值准备。资产实际发生损失时才确认损失，如坏账损失和盘亏毁损存货发生的损失计入营业外支出，这减少了会计人员职业判断的内容与空间。

2.负债方面。要求以实际发生额入账，流动负债和长期负债一旦按实际发生额入账，在负债的存续期间不允许按照市价或其他公允价值进行调整。利息计算统一采用票面利率或合同利率。但还需要注意的是，小企业与小规模纳税人是两个不同的概念，小企业不等于小规模纳税人，小企业在计算交纳增值税时也应分为一般纳税人和小规模纳税人。

3.所有者权益方面。小企业的实收资本应与其在公司登记机关依法登记的注册资本保持一致。资本公积的核算内容仅为资本溢价部分，即小企业收到的投资者出资额超过其在注册资本中所占份额的部分。

4.收入方面。采用发出货物和收取款项作为标准确认收入。为了减少纳税调整负担，小企业对销售商品收入的确认条件采用了与所得税法一致的原则，减少关于风险报酬转移的职业判断，同时就几种常见的销售方式明确规定了收入确认的时点。在收入计量方面，不再要求小企业按照公允价值确定收入的金额，而是要求按照从购买方已收或应收的合同或协议价款确定收入的金额。

5.费用支出方面。小企业应收账款实际发生坏账损失时作为营业外支出，不计提坏账准备；存货盘盈盘亏和毁损发生的净损益处理时计入营业外支出或营业外收入；应交纳的城镇土地使用税、房产税、车船税计入税金及附加；小型批发业、零售业在购买商品过程中发生的运输费用计入销售费用。

6.税收方面。考虑到小企业会计信息使用者主要是税务部门，要求小企业采用应付税款法核算所得税，将计算的应交所得税确认为所得税费用，减少小企业会计与税法的差异，需要小企业进行纳税调整的交易或事项较少，大大简化了所得税的会计处理。为扶持小企业发展，企业所得税法规定，对符合条件的小型微利企业可减按20%的税率征收企业所得税。

7.财务报表方面。主要提供资产负债表和利润表，不要求编制所有者权益变动表，对现金流量表也进行了适当简化。小企业财务报表附注的披露内容大为减少，披露要求也有所降低。

综上所述，《小企业会计准则》以国际趋同为努力方向，更立足于我国小企业发展的实际，在简化核算要求、与我国税法保持协调、与《企业会计准则》有序衔接等方面体现了极其鲜明的特色，是一部为我国小企业量身定做的企业会计标准。它的贯彻实施，可以有效地促进我国小企业可持续健康发展，也可以充分地发挥小企业在我国国民经济和社会发展中的重要作用。

九、《小企业会计准则》的适用范围

《小企业会计准则》适用于在我国境内依法设立的、符合《中小企业划型标准规定》所规定的小型企业标准的企业。符合规定条件的小企业，可以执行《小企业会计准则》，也可以执行《企业会计准则》。具体要求有：

1.执行《小企业会计准则》的小企业，发生的交易或者事项本准则未作规范的，可以参照《企业会计准则》中的相关规定进行处理。

2.执行《企业会计准则》的小企业，不得在执行《企业会计准则》的同时，选择执行《小企业会计准则》的相关规定。

3.执行《小企业会计准则》的小企业公开发行股票或债券的，应当转为执行《企业会计准则》；因经营规模或企业性质变化而成为大中型企业的，应当从次年1月1日起转为执行《企业会计准则》。

4.已执行《企业会计准则》的上市公司、大中型企业和小企业，不得转为执行《小企业会计准则》。

项目一 财产物资

学习目标

知识目标

1. 了解存货的概念、理解其特点及其确认与计量。

2. 了解固定资产的概念、理解其特点及其确认与计量，影响固定资产折旧的因素，掌握固定资产的折旧方法。

3. 了解无形资产的概念、理解其特点及其确认与计量，掌握无形资产的内容及摊销方法。

能力目标

1. 能运用实际成本和计划成本对原材料进行核算，对周转材料的购进和发出进行账务处理，并对存货的清查结果进行账务处理。

2. 能够对外购固定资产进行核算，并计算固定资产的折旧额，会进行固定资产折旧和修理的日常核算，并对固定资产处置（出售、报废、毁损）进行核算，会对固定资产清查及盘亏进行核算。

3. 能够对无形资产的增加、摊销及处置进行会计核算。

任务一 存货的核算

案例导入

同学们，如果你有一定的本钱去创办一家服装加工厂，此时的你在开展生产经营活动时会做些什么呢？首先要购买布料等原材料，这些原材料（布料）和生产出来的产成品（服装）都是服装加工厂的存货。对于这些存货的增减变动和期末结存，我们该如何作账务处理呢？本任务讲述了原材料、库存商品、周转材料的购进或生产，发出或销售、盘盈或盘亏的会计核算方法。

子任务一 原材料的核算

任务描述

原材料是小企业的主要存货之一，一家生产型小企业必须通过对原材料进行加工，变成产成品后再出售，实现“赚钱”的目的。那么小企业应如何对原材料的采购、领用及其库存进行核算呢？此任务将带你解决这些问题。

知识准备

原材料是指企业在生产过程中经过加工改变其形态或性质并构成产品主要实体的各种原料及主要材料、辅助材料、外购半成品（外购件）、修理用备件（备品备件）、包装材料、燃料等。材料按存放地点不同，可以分为库存材料（指已验收合格并入库的各种材料），在途材料（指货款已经支付、正在运输途中或尚未验收入库的各种材料），加工中的材料（指企业自行生产加工的各种材料）三大类。小企业原材料的日常收发及结存，可以采用实际成本核算，也可以采用计划成本核算。

一、原材料按实际成本核算

原材料按实际成本计价核算是指原材料的收入、发出、结存无论是总分类核算还是明细分类核算，均按实际成本计价。

原材料的实际成本指的是原材料的买价和采购费用（如运输费用、装卸费等）之和。一般来说，规模较小、材料品种较少、收发业务不多的企业，适宜采用按实际成本组织材料的核算。

原材料按实际成本计价核算的小企业，需要设置“原材料”“在途物资”等账户。

1.“原材料”账户，核算小企业库存的各种材料的实际成本。该账户是资产类账户，其账户结构如下：

借方　　　　原材料	贷方
入库材料的实际成本	发出材料的实际成本
期末余额：反映企业库存材料的实际成本	

该账户可按材料的保管地点（仓库），材料的类别、品种和规格等进行明细核算。

2.“在途物资”账户，核算小企业（工业）采用实际成本进行材料物资的日常核算时，货款已付尚未验收入库的在途物资的采购成本。该账户是资产类账户，其账户结构如下：

借方　　　　在途物资	贷方
购入的在途物资的实际成本	验收入库的在途物资的实际成本
期末余额：反映企业在途物资的采购成本	

该账户可按供应单位和材料、商品的品种进行明细核算。

小企业还需设置“应付账款”账户核算企业因购买材料应付给供应单位的款项；设置“预付账款”账户核算企业按照购货合同规定预付给供应单位的款项；设置“应交税费”账户核算企业购买材料时应向供应单位支付的增值税进项税额。

如果小企业是增值税纳税人，则应按会计核算是否健全和销售规模的大小分为一般纳税人和小规模纳税人。

【小知识 1-1】

一般纳税人与小规模纳税人的主要区别，见表 1-1。

表 1-1

一般纳税人与小规模纳税人的主要区别

区别项目	增值税一般纳税人	增值税小规模纳税人
年应税销售额	生产企业50万元以上 商业企业80万元以上	生产企业50万元（含）以下 商业企业80万元（含）以下
会计核算	健全，能准确提供税务资料	会计核算不够健全
税 率	基本税率13%，低税率9%	征收率3%
使用发票	增值税专用发票	普通发票
应纳税额计算	当期销项税额–当期进项税额	不含税销售额×征收率
发生的进项税额	可以抵扣，不计入货物成本	不能抵扣，计入货物成本
应交增值税明细科目	设“进项税额”“销项税额”“进项税额转出”等专栏	不分设专栏
适用范围	企业、企业性单位	非企业性单位、个人

二、原材料按计划成本核算

原材料按计划成本计价核算是指原材料的收入、发出、结存无论是总分类核算还是明细分类核算，均按计划成本计价。一般来说，材料品种较多、收发业务频繁的企业，适宜采用按计划成本组织材料的核算。

原材料按计划成本计价核算的小企业，需要设置“原材料”“材料采购”“材料成本差异”等账户。

1.“原材料”账户，核算企业库存的各种材料的计划成本。该账户是资产类账户，其账户结构如下：

借方 **原材料** 贷方

借方	贷方
入库材料的计划成本	发出材料的计划成本
期末余额：企业库存材料的计划成本	

该账户可按材料的保管地点（仓库），材料的类别、品种和规格等进行明细分类核算。

2.“材料采购”账户，核算外购材料的采购成本（买价和采购费用）。该账户是资产类账户，其账户结构如下：

借方 **材料采购** 贷方

借方	贷方
①外购材料的实际成本 ②结转入库材料的节约差	①验收入库材料的计划成本 ②结转入库材料的超支差
期末余额：企业在途材料的采购成本	

该账户可按供应单位和材料品种进行明细核算。

3.“材料成本差异”账户，核算企业采用计划成本进行日常核算的材料计划成本与实际成本的差异。该账户属于资产类账户，它又是原材料的调整账户，其账户结构如下：

借方　　**材料成本差异**　　贷方

借方	贷方
①入库材料的超支差异 ②发出材料应负担的节约差异	①入库材料的节约差异 ②发出材料应负担的超支差异
期末余额：反映企业库存材料的实际成本大于计划成本的超支差异	期末余额：反映企业库存材料的实际成本小于计划成本的节约差异

该账户可按材料类别或品种进行明细核算。

【小提示1-1】

实际成本大于计划成本的差异为超支差异，实际成本小于计划成本的差异为节约差。

任务实施

一、原材料按实际成本核算

1.购入原材料的核算

（1）小企业购入的原材料，按应计入采购成本的金额，借记“原材料”“在途物资”账户，按税法规定的可抵扣的增值税进项税额，借记“应交税费——应交增值税（进项税额）”账户；按应付、已预付或实际支付的金额，贷记“应付账款”“预付账款”“银行存款”等账户。

【例1-1】长沙含光服饰公司（小企业、增值税一般纳税人）从大为公司购入A棉布一批，增值税专用发票上注明价款50 000元，增值税6 500元，销货方代垫运费2 000元（假定不考虑增值税抵扣），全部款项已签发转账支票支付，A棉布如数验收入库。根据银行转来供货单位的“托收凭证”及所附的“增值税专用发票”“运费结算单”和本单位的“材料入库单”“支票存根”等单据（见表1-2、表1-3、表1-4、表1-5），编制记账凭证（见表1-6）。

表1-2

湖南增值税专用发票

发　票　联

（印章：全国统一发票监制章　湖南　国家税务总局监制）

№00001064

开票日期：2023年5月2日

购买方		密码区
名　　称：	长沙含光服饰公司	略
纳税人识别号：	320303836556447	
地　址、电　话：	长沙市开福区芙蓉中路155号88746532	
开户行及账号：	中国工商银行中山支行1102021845672108901	

货物或应税劳务名称	规格型号	单位	数量	单价	金额	税率	税额
A棉布		米	1 000.00	50.00	50 000.00	13%	6 500.00
合　计					¥50 000.00		¥6 500.00
价税合计（大写）	⊗伍万陆仟伍佰元整					（小写）	¥56 500.00

销售方		备注
名　　称：	大为公司	（印章：大为公司　430219381310164　发票专用章）
纳税人识别号：	430219381310164	
地　址、电　话：	长沙市开福区车站北路68号84590123	
开户行及账号：	中国工商银行芙蓉支行1245768712854154900	

第二联：发票联　购买方记账凭证

收款人：王丽　　复核：刘与　　开票人：张力　　销售方（章）

表1-3

运费单据 记字第5号

人民币（大写）	贰仟元整	¥2 000.00
上款系 材料 运费		领收人：鑫荣运输公司
		2023年5月2日

负责人：刘阳 会计：段已 出纳：李方 经手人：王冲

表1-4

材料入库单（记账凭单）

供货单位：大为公司 材料类别：001 编号：01

发票号码：00001064 2023年5月2日 材料编号：00102 仓库：原材料库

材料名称	计量单位	规格型号	数量		实际成本				
			应收	实收	单价	金额	运杂费	其他	合计
A棉布	米		1 000.00	1 000.00	50.00	50 000.00	2 000.00		52 000.00
备注：					合计	50 000.00	2 000.00		52 000.00

第二联：财务联

采购：王青 检验：李平 保管：严敏 主管：熊美丽 财务：刘艳丽

表1-5

中国工商银行
转账支票存根

上海证券印制有限公司·2022年印制

附加信息

出票日期 2023 年 5 月 2 日

收款人：大为公司

金 额：¥58 500.00

用 途：支付购货款

单位主管 熊美丽 会计 刘艳丽

表1-6

记账凭证

2023年5月2日 记字第4号

摘要	总账科目	明细科目	记账√	借方金额										记账√	贷方金额								
				千	百	十	万	千	百	十	元	角	分		千	百	十	万	千	百	十	元	角	分
购买材料	原材料	A棉布					5	2	0	0	0	0	0											
	应交税费	应交增值税（进项税额）						6	5	0	0	0	0											
	银行存款																	5	8	5	0	0	0	0
合　计						¥	5	8	5	0	0	0	0				¥	5	8	5	0	0	0	0

附件4张

会计主管 熊美丽　　记账　　出纳 陈兰英　　审核　　制单 刘艳丽

编制会计分录如下：

借：原材料——A棉布 52 000

　　应交税费——应交增值税（进项税额） 6 500

　贷：银行存款 58 500

【例1-2】沿用【例1-1】资料，若A棉布未验收入库，则长沙含光服饰公司编制的会计分录如下：

借：在途物资——大为公司 52 000

　　应交税费——应交增值税（进项税额） 6 500

　贷：银行存款 58 500

上述长沙含光服饰公司从大为公司购买的A棉布已全部验收入库，结转其实际采购成本52 000元，编制会计分录如下：

借：原材料——A棉布 52 000

　贷：在途物资——大为公司 52 000

【小提示1-2】

按《增值税暂行条例》规定，一般纳税企业购进货物过程中支付的运输费用，按照运输费用结算单据上注明的运输费用金额和9%的扣除率计算进项税额。如果【例1-1】支付材料的运费考虑增值税抵扣，则运输费用的进项税额为180元（2 000×9%）。编制购买材料的会计分录如下：

借：原材料——A棉布 52 000

　　应交税费——应交增值税（进项税额） 6 680

　贷：银行存款 58 680

【例1-3】长沙含光服饰公司采用赊购方式从大为公司购买B棉布一批，发票账单已到，专用发票上注明价款11 000元，增值税1 430元，材料已验收入库，货款尚未支付。

借：原材料——B棉布 11 000

　　应交税费——应交增值税（进项税额） 1 430

　贷：应付账款——大为公司 12 430

以后，长沙含光服饰公司通过银行支付前欠大为公司货款12 430元时，编制会计分录如下：

借：应付账款——大为公司 12 430

　贷：银行存款 12 430

【小练习1-1】

某小企业（材料按实际成本核算，为一般纳税人）发生下列业务，要求编制相关会计分录。

（1）购入A材料，买价86 000元，增值税11 180元，款项以存款支付，材料未到。

（2）以现金支付A材料的运费900元，增值税81元。

（3）上述A材料验收入库，结转其实际采购成本。

（4）购入C材料，买价31 000元，增值税4 030元；运费600元，增值税54元，材料已验收入库，款项尚未支付。

（5）购入D材料，买价58 000元，增值税7 540元；运费1 300元，增值税117元，材料已验收入库，款项以存款支付。

【小实训1-1】

2023年5月2日，长沙含光服饰公司（小企业、增值税一般纳税人）从湘华有限责任工厂购入A棉布材料，买价56 200元，增值税7 306元，A棉布验收入库，全部款项63 506元用转账支票支付。要求根据取得的“增值税专用发票”（见表1-7）填写“收料单”（见表1-8）和“支票”（见表1-9），并填制记账凭证（见表1-10，假设本月已编至记字5号）。

表1-7

湖南增值税专用发票

№12456875

发票联

开票日期：2023年5月2日

购买方	名　　称：	长沙含光服饰公司	密码区	略
	纳税人识别号：	320303836556447		
	地址、电话：	长沙市开福区芙蓉中路155号（电话略）		
	开户行及账号：	中国工商银行中山支行1102021845672108901		

货物或应税劳务名称	规格型号	单位	数量	单价	金额	税率	税额
棉布		米	1 000.00	56.20	56 200.00	13%	7 306.00
合　计					¥56 200.00		¥7 306.00
价税合计（大写）	⊗陆万叁仟伍佰零陆元整						（小写）¥63 506.00

销售方	名　　称：	湘华有限责任公司	备注	湘华有限责任公司 320125798315846 发票专用章
	纳税人识别号：	320125798315846		
	地址、电话：	长沙市开福区163号（电话略）		
	开户行及账号：	中国工商银行中山支行1057893488945648678		

收款人：李丽　　复核：张平　　开票人：王小林　　销售方（章）

第二联：发票联　购买方记账凭证

表1-8

收　料　单

供货单位：　　　　　　　　　　年　　月　　日　　　　　　　　金额单位：元

名称	规格	计量单位	数量		实际成本					
			应收	实收	买价		运杂费	其他	合计
					单价	金额			
合　计									

主管：　　　　　　验收：　　　　　　采购：　　　　　　制单：

表1-9

中国工商银行
转账支票存根
IV V002826354
附加信息
出票日期　年　月　日
收款人：
金　额：
用　途：
单位主管　　　会计

付款期限自出票之日起十天

中国工商银行转账支票　　IV V002826354

出票日期（大写）　　　　　　付款行名称：
收款人：　　　　　　　　　　出票人账号：

人民币（大写）	亿	千	百	十	万	千	百	十	元	角	分

用途＿＿＿＿＿
上列款项请从
我账户内支付
出票人签章　　　　　　　　复核　　　　　记账

表1-10

记账凭证

年　　月　　日　　　　　　　字第　　号

摘要	总账科目	明细科目	记账	借方金额										记账	贷方金额									
			√	千	百	十	万	千	百	十	元	角	分	√	千	百	十	万	千	百	十	元	角	分
合　计																								

附件　　张

会计主管　　　　记账　　　　出纳　　　　审核　　　　制单

（2）小企业购入的材料验收入库时，发票账单未到，因而货款尚未支付，这时只办理材料验收入库手续，在未收到发票账单之前不做账务处理（因没有原始凭证）。

如果月末发票账单仍然未收到，那么为了使账实相符，先按材料暂估价值入账（借记“原材料”账户，贷记“应付账款——暂估应付账款”账户），下月初用红字编制同样分录或编制相反的会计分录予以冲回，等收到发票账单后再按正常程序进行账务处理。

（3）小企业从小规模纳税企业购入材料，取得普通发票时，应借记“原材料”，贷记“银行存款”等账户，不再单独核算进项税额。

如果小企业本身就是小规模纳税企业，购入材料取得普通发票或专用发票，其支付的增值税计入材料成本，则购进材料时支付的价款和运输费用也应借记“原材料”，贷记“银行存款”账户。

【例1-4】某小企业（小规模纳税人）购进B棉布1 000米，每米进价21元，材料运费320元，款项通过银行支付，材料验收入库。该企业编制会计分录如下：

借：原材料——B棉布　　21 320

　贷：银行存款　　21 320

2. 发出原材料的核算

（1）发出材料的原始凭证

小企业发出材料，主要是生产车间产品生产领用或管理部门一般耗用。仓库发出材料时需填制领料单，领料单是领料车间、部门在领料时填制的一种一次性有效的领料凭证。为了简化核算，月末企业可将当月领料单按材料的类别和用途进行汇总，编制当月发出材料汇总表。

【例1-5】2023年5月15日，长沙含光服饰公司生产男上衣领用A棉布900米，单位成本72元，填写“领料单”（见表1-11）。月末根据本月领料单汇总，编制“发出材料汇总表”（见表1-12）。

表1-11

领　料　单

领用部门：生产车间

用途：生产产品　　2023年5月15日　　编号：014

材料编号	材料名称	规格	计量单位	请领数量	实发数量	备注
05	A棉布	100×200	米	900.00	900.00	金额：64 800.00

第三联：记账联

领料人：张力　　发料人：刘丽

表1-12

发出材料汇总表

2023年5月31日　　金额单位：元

材料用途	A棉布			B棉纱			C绵绸			合计金额
	数量（米）	单价	金额	数量（米）	单价	金额	数量（米）	单价	金额	
生产男上衣	3 000	72	216 000				100	65	6 500	222 500
生产女上衣				2 000	90	180 000	80	65	5 200	185 200
车间一般消耗	20	72	1 440							1 440
管理部门耗用				50	90	4 500				4 500
合　计	3 020		217 440	2 050		184 500	180		11 700	413 640

会计：刘艳丽　　复核：熊美丽　　制单：刘艳丽

（2）发出原材料的核算

小企业发出材料时，应当根据发出材料的用途借记“生产成本”“制造费用”“管理费用”“销售费用”等账户，贷记“原材料”账户。

【例1-6】2023年5月31日，长沙含光服饰公司根据“原材料发出汇总表”（见表1-13），编制记账凭证（见表1-14）。

表1-13

原材料发出汇总表

2023年5月31日　　金额单位：元

类别/部门	A棉纱		B棉布		合计
	数量（米）	金额	数量（米）	金额	
基本生产车间					
产品生产领用	2 000	160 000.00	1 000	50 000.00	210 000.00
车间一般消耗	500	40 000.00	200	10 000.00	50 000.00
销售部门领用	100	8 000.00	50	2 500.00	10 500.00
合　计	2 600	208 000.00	1 250	62 500.00	270 500.00

编制：刘艳丽　　审核：熊美丽

（注：产品生产领用的原材料用于生产男上衣）

表1-14

记账凭证

2023年5月31日　　　　记字第52号

摘要	总账科目	明细科目	记账√	借方金额										记账√	贷方金额									
				千	百	十	万	千	百	十	元	角	分		千	百	十	万	千	百	十	元	角	分
领用材料	生产成本	男上衣				2	1	0	0	0	0	0	0											
	制造费用						5	0	0	0	0	0	0											
	销售费用						1	0	5	0	0	0	0											
	原材料	A棉纱															2	0	8	0	0	0	0	0
		B棉布																6	2	5	0	0	0	0
合　计					¥	2	7	0	5	0	0	0	0			¥	2	7	0	5	0	0	0	0

附件1张

会计主管 熊美丽　　记账　　出纳　　审核　　制单 刘艳丽

（注意：本教材所编记账凭证编号根据该笔经济业务发生的顺序确定）

【小实训1-2】

某小企业5月末根据发料凭证进行汇总，编制本月“原材料发出汇总表”（见表1-15）。要求根据“原材料发出汇总表”，填制记账凭证（见表1-16，假设本月已编至记字55号）。

表1-15

原材料发出汇总表

2023年5月31日　　　　金额单位：元

部门＼类别	A棉纱		B棉布		合计
	数量（米）	金额	数量（米）	金额	
基本生产车间					
产品生产领用	4 500	45 000.00	2 000	40 000.00	85 000.00
车间一般消耗	600	6 000.00			6 000.00
厂部管理部门领用	400	4 000.00			4 000.00
合　计	5 500	55 000.00	2 000	40 000.00	95 000.00

编制：刘艳丽　　　　审核：熊美丽

表1-16

记账凭证

年　月　日　　　　字第　号

摘要	总账科目	明细科目	记账√	借方金额										记账√	贷方金额									
				千	百	十	万	千	百	十	元	角	分		千	百	十	万	千	百	十	元	角	分
合　计																								

附件　张

会计主管　　记账　　出纳　　审核　　制单

（3）发出材料成本的计算

为了随时掌握各种原材料收入、发出、结存的数量和金额，企业应按材料的品种、规格设置“原材料明细分类账”，按收发料凭证直接登记。企业应当采用先进先出法、加权平均法、个别计价法计算确定发出材料的实际成本，计价方法一经选定，不得随意变更。

①先进先出法

先进先出法是指依据先购入的材料先发出这样一种存货实物流动假设为前提，对发出材料进行计价的一种方法。具体计算方法是：收入材料时，在材料明细账中逐笔登记收入材料的数量、单价、金额；发出材料时，按先进先出的顺序逐笔登记发出材料的数量、单价、金额；随时逐笔登记结存材料的数量、单价、金额。

【例1-7】长沙含光服饰公司2023年6月甲棉花收发结存情况，见表1-17。采用先进先出法计算本月发出材料的实际成本和期末结存材料实际成本，并登记材料明细账（见表1-18）。

表1-17

材料收发结存情况

材料品种：甲棉花　　　　金额单位：元

业　务	收　入		发出数量（千克）	结存数量（千克）
	数量（千克）	单价		
6月1日结存				250（单价10）
6月2日发出			200	50
6月6日购入	400	11		450
6月15日发出			300	150
6月20日购入	350	12		500
6月29日发出			400	100

表1-18

材料明细账（先进先出法）

材料名称：甲棉花　　　　数量单位：千克

2023年		凭证号数	摘要	收入			发出			结存		
月	日			数量	单价	金额	数量	单价	金额	数量	单价	金额
6	1		月初结存							250	10	2 500
	2		发出				200	10	2 000	50	10	500
	6		购入	400	11	4 400				50 400	10 11	500 4 400
	15		发出				50 250	10 11	500 2 750	150	11	1 650
	20		购入	350	12	4 200				150 350	11 12	1 650 4 200
	29		发出				150 250	11 12	1 650 3 000	100	12	1 200
	30		本月合计	750		8 600	900		9 900	100	12	1 200

从表1-18可以看出：本月发出材料成本为9 900元，月末结存材料成本为1 200元。

采用先进先出法，可以随时计算出发出材料和结存材料的成本，有利于加强材料的管理。

②全月一次加权平均法

全月一次加权平均法是指用月初结存材料成本加上本月收入材料成本，除以月初结存材料数量加上本月收入材料数量，计算出材料加权平均单位成本，从而确定发出材料成本和期末结存材料成本的一种方法。

其计算公式为：

$$\text{加权平均单位成本}=\frac{\text{期初结存存货的实际成本}+\text{本期购入存货的实际成本}}{\text{期初结存存货的数量}+\text{本期购入存货的数量}}$$

本月发出材料成本=本月发出材料数量×加权平均单位成本

月末结存材料成本=月末结存材料数量×加权平均单位成本

或：月末结存材料成本=月初结存材料成本+本月收入材料的实际成本-本月发出材料成本

【例1-8】沿用【例1-7】资料，采用全月一次加权平均法计算甲棉花发出成本和期末结存成本，并登记材料明细账（见表1-19）。

表1-19

最高存量__________
最低存量__________
编　　号15________规格__________

原材料明细账

本账页数	
本户页数	

单位（　　元　　）名称甲棉花

2023年		凭证号数	摘要	账页	借方												贷方												结存											
月	日				数量(千克)	单价(元/千克)	金额										数量(千克)	单价(元/千克)	金额										数量(千克)	单价(元/千克)	金额									
							千	百	十	万	千	百	十	元	角	分			千	百	十	万	千	百	十	元	角	分			千	百	十	万	千	百	十	元	角	分
6	1		月初结存																										250	10.00					2	5	0	0	0	0
6	2	记6	发出														200												50											
6	6	记10	购入		400	11.00					4	4	0	0	0	0													450											
6	15	记15	发出														300												150											
6	20	记18	购入		350	12.00					4	2	0	0	0	0													500											
6	29	记22	发出														400												100											
6	30		结转发出成本																				9	9	9	0	0	0	100	11.10					1	1	1	0	0	0
6	30		本月合计		750						8	6	0	0	0	0	900	11.10					9	9	9	0	0	0	100	11.10					1	1	1	0	0	0

加权平均单位成本=（250×10+400×11+350×12）÷（250+400+350）=11.1（元）

本月发出材料实际成本=900×11.1=9 990（元）

月末结存材料成本=100×11.1=1 110（元）

或：月末结存材料成本=2 500+8 600−9 990=1 110（元）

采用全月一次加权平均法，只要求在月末一次性计算发出材料实际成本，平时材料明细账上只登记发出和结存材料的数量，计算工作比较简单。但是，不利于加强对存货的管理。

【小练习1-2】

某小企业丁棉花月初结存2 000千克，单位成本8元，本月发生下列业务：

（1）5日，购入丁棉花3 000千克，单价8.2元/千克，已入库。

（2）19日，购入丁棉花1 500千克，单价9元/千克，已入库。

（3）27日，生产K棉纱领用丁棉花4 200千克。

要求：（1）按先进先出法计算本月领用丁棉花成本及月末结存丁棉花成本。

（2）按加权平均法计算本月领用丁棉花成本及月末结存丁棉花成本。

③移动加权平均法

移动加权平均法是指每次收到材料后，就根据库存材料的数量和成本，计算出新的平均单位成本，并据此计算出随后发出材料成本的一种方法。其计算原理与全月一次加权平均法基本相同，只是需要在每次收入材料时重新计算加权平均单位成本。

其计算公式为：

本次发出材料成本=本次发出材料数量×本次移动平均单位成本

④个别计价法

个别计价法亦称个别认定法、分批实际法，是以每次收入存货的实际成本作为发出各该次存货成本的方法。

采用这种方法，要求企业按存货品种和批次作详细的记录，并在存货上附加标签或编号，以便正确辨认确定发出存货的实际成本。其计算结果比较准确，但实际操作的工作量较大，困难也较大，一般适用于存货数量不多、单位成本较高、容易识别的各种贵重物品。

【小实训1-3】

某小企业的材料收发情况，见表1-20。要求按个别计价法登记原材料（棉布）明细账（见表1-21）。（注：6月15日发出的材料是6月10日购进的，6月28日发出的材料是期初结存的）

表1-20

材料收发情况登记表

金额单位：元

日期	业务内容	原始凭证	数量（米）	单位成本（元/米）	金额
6月1日	月初结存		2 075	50	103 750
6月10日	购进	收料单	3 680	60	220 800
6月15日	发出	领料单	3 500	60	210 000
6月21日	购进	收料单	6 780	55	372 900
6月28日	发出	领料单	2 000	50	100 000
6月30日	月末结存		7 035		387 450

表1-21

最高存量__________

最低存量__________

编　　号__________规格__________

原材料明细账

本账页数	
本户页数	

单位（　　　　　）名称__________

年		凭证号数	摘要	账页	借方												贷方												结存											
月	日				数量	单价	金额										数量	单价	金额										数量	单价	金额									
							千	百	十	万	千	百	十	元	角	分			千	百	十	万	千	百	十	元	角	分			千	百	十	万	千	百	十	元	角	分

二、原材料按计划成本核算

1.购入原材料的核算

在按计划成本进行外购材料核算时，无论材料是否验收入库，只要企业取得发票、账单等原始凭证，都要计算出材料的实际采购成本，先记入“材料采购”账户借方，材料验收入库时再按计划成本转入“原材料”账户。

（1）小企业购入的原材料，按实际采购成本的金额，借记“材料采购”账户，按税法规定的可抵扣的增值税进项税额，借记“应交税费——应交增值税（进项税额）”账户；按应付、已预付或实际支付的金额，贷记“应付账款”“预付账款”“银行存款”等账户。

【例1-9】长沙含光服饰公司为一般纳税人，2023年4月2日从星光公司购入甲棉花10 000千克，专用发票上注明价款150 000元，增值税19 500元，材料已验收入库，填写“收料单”（见表1-22），企业当即开出转账支票办理货款结算。该种棉花的计划单位成本14元，计划总成本140 000元。

表1-22

收 料 单

供货单位：星光公司　　2023年4月2日　　材料仓库：1仓库　　金额单位：元

名称	计量单位	数量		实际成本				计划成本	材料成本差异
		应收	实收	单价	金额	运杂费	合计		
甲棉花	千克	10 000	10 000	15	150 000		150 000	140 000	10 000
合　计							150 000	140 000	10 000

主管：李平　　记账：刘艳丽　　仓库保管：王权　　经办人：高能刚

购料时，编制会计分录如下（材料已验收入库也要先通过“材料采购”账户）：

借：材料采购——甲棉花　150 000

　　应交税费——应交增值税（进项税额）　19 500

　贷：银行存款　169 500

材料入库时，结转材料的计划成本，编制会计分录如下：

借：原材料——甲棉花　140 000

　贷：材料采购——甲棉花　140 000

结转入库材料的超支差异（实际成本大于计划成本），编制会计分录如下：

借：材料成本差异——甲棉花　10 000

　贷：材料采购——甲棉花　10 000

【小练习1-3】

某小企业为一般纳税人，购入A棉布20 000米，专用发票上注明价款280 000元，增值税36 400元，款项通过银行存款支付。材料已验收入库，计划总成本286 000元。要求分别编制购料与收料的会计分录。

【例1-10】沿用【例1-9】资料，若甲材料未验收入库，则长沙含光服饰公司编制的会计分录如下：

借：材料采购——甲棉花　150 000

　　应交税费——应交增值税（进项税额）　19 500

　贷：银行存款　169 500

【小练习1-4】

长沙含光服饰公司从星沙公司购进甲棉纶12 500米，增值税专用发票上注明价款160 000元，增值税20 800元，运费2 500元，运费增值税税率9%，货款共计183 525元，全部款项通过银行存款支付，材料尚未到达企业。要求编制长沙含光服饰公司购进甲棉纶的会计分录。

【例1-11】长沙含光服饰公司从资阳公司购买B棉纱3 500千克，专用发票上注明价款40 000元，增值税5 200元，材料已验收入库，计划成本42 000元，货款尚未支付。

借：材料采购——B棉纱　　40 000

　　应交税费——应交增值税（进项税额）　　5 200

　贷：应付账款——资阳公司　　45 200

本例购入材料的实际成本小于计划成本，表现为节约差异。其结转分录如下：

借：原材料——B棉纱　　42 000

　贷：材料成本差异　　2 000

　　　材料采购——B棉纱　　40 000

（2）小企业购进的材料验收入库时，需编制结转入库材料的计划成本和成本差异的会计分录。为了简化核算，平时材料入库时可不进行账务处理；月份终了，企业应汇总本月全部收料凭证，编制“收入材料汇总表”，计算出本月入库材料的计划成本和实际成本，编制结转本月入库材料计划成本和材料成本差异的会计分录。

【例1-12】长沙含光服饰公司月末汇总本月验收入库材料的全部收料单，编制“收入材料汇总表”（见表1-23）。

表1-23

收入材料汇总表

2023年4月30日　　单位：元

材料名称	实际成本	计划成本	材料成本差异	备　注
A棉布	301 500	314 000	-12 500	节约差
合　计	301 500	314 000	-12 500	

复核：熊美丽　　制表：刘艳丽

根据本月“收入材料汇总表”，按计划成本编制记账凭证（见表1 24）。

表1-24

记账凭证

2023年4月30日　　记字第52号

摘要	总账科目	明细科目	记账√	借方金额										记账√	贷方金额									
				千	百	十	万	千	百	十	元	角	分		千	百	十	万	千	百	十	元	角	分
材料入库	原材料	A棉布				3	1	4	0	0	0	0	0											
	材料采购	A棉布															3	1	4	0	0	0	0	0
合　计					¥	3	1	4	0	0	0	0	0			¥	3	1	4	0	0	0	0	0

附件1张

会计主管熊美丽　　记账　　出纳　　审核　　制单刘艳丽

同时，编制结转入库材料节约差异的记账凭证（见表1-25）。

表1-25

记账凭证

2023年4月30日　　　　记字第53号

摘要	总账科目	明细科目	记账√	借方金额										记账√	贷方金额									
				千	百	十	万	千	百	十	元	角	分		千	百	十	万	千	百	十	元	角	分
结转入库材料差异	材料采购	A棉布					1	2	5	0	0	0	0											
（附件见第52号凭证）	材料成本差异	A棉布																1	2	5	0	0	0	0
合　计						¥	1	2	5	0	0	0	0				¥	1	2	5	0	0	0	0

附件1张

会计主管熊美丽　　记账　　出纳　　审核　　制单刘艳丽

【小提示1-3】

长沙含光服饰公司也可以根据收入材料汇总表，编制一张结转本月入库材料计划成本和材料成本差异的记账凭证，其会计分录如下：

借：原材料——A棉布　　314 000

　贷：材料采购——A棉布　　301 500

　　　材料成本差异——A棉布　　12 500

【小练习1-5】

某小企业月末汇总本月验收入库材料的实际成本302 810元，计划成本301 100元。要求编制结转本月入库材料的计划成本和材料成本差异的会计分录。

（3）企业对于材料已验收入库，发票（账单）未到，货款尚未支付，则收料时暂不做账，等以后收到发票账单并付款时，再按正常程序处理。如果月末发票（账单）仍然未到，按计划成本暂估入账（借记“原材料”账户，贷记“应付账款——暂估应付账款”账户），下月初用红字冲回，或编制相反的会计分录。

2.发出材料的核算

为了简化日常核算工作，月末企业根据本月领料单编制“发出材料汇总表”（见表1-26），据以进行发出材料的总分类核算。在材料按计划成本计价的情况下，原材料发出的总分类核算包括两方面内容：一是结转发出材料的计划成本，即按材料的用途，借记“生产成本”“制造费用”“管理费用”等账户，贷记“原材料”账户；二是结转发出材料应负担的成本差异。

表1-26

发出材料汇总表

年　　月　　日　　　　单位：元

材料用途	棉　布		锦　纶		合　计	
	计划成本	差异额	计划成本	差异额	计划成本	差异额
生产男上衣						
生产女上衣						
车间一般耗用						
合　计						

发出材料应负担的成本差异，采用下列公式计算：

$$本月材料成本差异率=\frac{月初结存材料成本差异+本月收入材料成本差异}{月初结存材料计划成本+本月收入材料计划成本}\times 100\%$$

公式分子中：材料成本差异是超支差用正数表示，是节约差用负数表示。

本月发出材料应负担的材料成本差异=本月发出材料的计划成本×本月材料成本差异率

如果计算结果为正数是超支差异，那么结转发出材料应负担的超支差异时，应借记“生产成本”“制造费用”“管理费用”等账户，贷记“材料成本差异”账户。如果计算结果为负数是节约差异，那么结转发出材料应负担的节约差异时，应借记“材料成本差异”账户，贷记“生产成本”“制造费用”“管理费用”等账户。

【例1-13】长沙含光服饰公司本月生产男上衣产品领用棉布材料的计划成本753 700元，本月材料成本差异率3%。要求编制月末结转发出材料的计划成本和结转发出材料应负担的成本差异的会计分录，并计算本月发出材料的实际成本。

本月发出材料应负担的材料成本差异=753 700×3%=22 611（元）（超支）

发出材料的实际成本=发出材料的计划成本+发出材料应负担的材料成本超支差异

=753 700+22 611

=776 311（元）

（1）月末结转本月发出材料的计划成本时，编制会计分录如下：

借：生产成本——男上衣　　753 700

　贷：原材料——棉布　　753 700

（2）月末结转本月发出材料应负担的成本超支差异时，编制会计分录如下：

借：生产成本——男上衣　　22 611

　贷：材料成本差异——棉布　　22 611

【小练习1-6】

某小企业（为一般纳税人，材料按计划成本核算）发生下列经济业务，要求编制相关会计分录。

（1）购入B材料，买价53 800元，增值税6 994元，款项以存款支付，材料未到。

（2）以现金支付B材料的运费980元。增值税税率9%。

（3）上述B材料验收入库，B材料计划成本51 700元，同时结转入库材料成本超支差异3 080元。

（4）购入C材料，买价43 600元，增值税5 668元，材料已入库，C材料计划成本44 000元，同时结转材料成本差异400元。发票账单已收到，但全部款项尚未支付。

（5）生产甲产品领用B材料计划成本51 700元，同时结转发出材料应负担的成本超支差异3 080元。

【例1-14】长沙含光服饰公司月初结存原材料计划成本238 000元，“材料成本差异”账户月初借方余额为1 250元；本月收入原材料的计划成本312 000元，本月收入材料成本差异为节约差9 500元；本月发出原材料的计划成本为352 000元，其中产品生产直接用料340 000元，生产车间一般用料12 000元。

本月材料成本差异率=（1 250−9 500）÷（238 000+312 000）×100%= −1.5%

产品生产直接用料应负担的成本差异=340 000×（−1.5%）= −5 100（元）

生产车间一般用料应负担的成本差异=12 000×（−1.5%）= −180（元）

（1）月末结转发出材料的计划成本：

借：生产成本	340 000	
制造费用	12 000	
贷：原材料		352 000

（2）月末结转发出材料应负担的成本差异：

借：材料成本差异	5 280	
贷：生产成本		5 100
制造费用		180

【小练习1-7】

某小企业材料按计划成本计价，月初结存材料计划成本40 000元，结存材料超支差异500元；本月以存款购买材料的实际成本37 000元，增值税4 810元，计划成本35 000元，超支差异2 000元；本月发出材料（用于生产产品）的计划成本32 000元。

要求：（1）编制企业支付货款、材料入库、结转入库材料成本差异的会计分录。

（2）计算材料成本差异率和发出材料应负担的成本差异。

（3）编制发出材料、结转发出材料成本差异的会计分录。

3.材料的明细核算

（1）原材料明细账

原材料按计划成本计价核算，由于每一种材料的收入和发出都是按已确定的计划单价计价，因此在登记明细账时，平时只需要登记材料收发的数量，金额可在期末结账时计算登记，日常核算由仓库人员在材料明细账中登记材料收发结存的数量，财会人员定期到仓库稽核，月末以结存数量乘以计划单价，计算并登记某种材料的结存金额，以便对账。原材料明细账格式，见表1-27。

表1-27

最高存量__________

最低存量__________　　　　　　　　**原材料明细账**

编　　号__________规格__________

本账页数	
本户页数	

单位（　　　　　）名称__________

年		凭证号数	摘要	账页	借方												贷方												结存											
月	日				数量	单价	金额										数量	单价	金额										数量	单价	金额									
							千	百	十	万	千	百	十	元	角	分			千	百	十	万	千	百	十	元	角	分			千	百	十	万	千	百	十	元	角	分

（2）材料采购明细账

材料采购明细账是用来记录企业外购的各类或各种材料的实际采购支出，计算确定各类或各种材料的实际采购成本及成本差异额的明细记录。一般情况下，材料采购明细账可按材料大类（如原材料、低值易耗品、包装物等）设置。材料采购明细账的格式见表1-28。

表1-28

材料采购明细账

明细账户：　　　　　　　　　　　　　　　　　　　　　　　　　　　　　单位：元

年		凭证号数	发票账单	供应单位	摘要	借方			年		凭证号数	收料号数	摘要	贷方			
月	日					买价	采购费用	合计	月	日				计划成本	成本差异	其他	合计

材料采购明细账采用横线登记法进行登记，即同一批外购材料的付款和收料业务在同一横行中登记。

借方按照经济业务发生的顺序，逐笔登记外购材料的实际采购成本；贷方按照借方记录的顺序根据收料单登记验收入库的各批外购材料的计划成本和成本差异额。

月份终了，将已在借方栏和贷方栏登记的材料成本差异结转到“材料成本差异”账户。对于月末账内只有借方金额而无贷方金额的款项即为在途物资，应逐笔转入下月材料采购明细账内，以便材料验收入库时进行账务处理。

（3）材料成本差异明细账

材料成本差异明细账应按材料大类设置，明细账中本月收入和发出材料的计划成本，应分别根据收料凭证汇总表和发料凭证汇总表登记填列。本月收入和本月发出材料的成本差异，应分别根据相关凭证登记：收入材料实际成本大于计划成本的差额登记在借方差额栏内，实际成本小于计划成本的差额登记在贷方差额栏内，发出材料则相反。材料成本差异明细账格式，见表1-29。

表1-29

材料成本差异明细账

明细账户：　　　　　　　　　　　　　　　　　　　　　　　　　　　　　单位：元

年		摘要	凭证号数	本月收入			差异分配率	本月发出			月末结存		
月	日			计划成本	借差	贷差		计划成本	借差	贷差	计划成本	借差	贷差

【例1-15】长沙含光服饰公司月初结存材料的计划成本为35 000元，本月收入材料的计划成本为65 000元；月初结存材料的成本差异为超支差异500元，本月收入材料的成本差异为节约差异2 500元；本月发出材料的计划成本为60 000元。要求计算本月该材料的成本差异率、发出材料应负担的成本差异以及发出材料的实际成本。

材料成本差异率=（500−2 500）÷（35 000+65 000）×100%= −2%

发出材料应负担的成本差异=60 000×（−2%）= −1 200（元）

发出材料的实际成本=60 000−1 200=58 800（元）

计算发出材料或结存材料应负担的成本差异看起来比较难理解，其实只要弄清“原材料”和“材料成本差异”的账户结构就能解决问题，学习中可以充分利用“T”形账户。

【小思考1-1】

1.货款已经支付、材料同时验收入库的情况下，购买材料发生的运费应（　　）。

A.计入材料的采购成本　　B.不计入材料的采购成本

C.作为管理费用　　D.作为销售费用

2.按实际成本组织材料核算时，对于货款已付而尚未验收入库的材料，应记入（　　）账户。

A.“在途物资”　　B.“原材料”

C.“材料采购”　　D.“应收账款”

3.企业发出的与产品生产直接有关（如构成产品实体）的原材料,应记入（　　）账户。

A.“生产成本”　　B.“制造费用”

C.“管理费用”　　D.“主营业务成本”

4.原材料按计划成本计价核算的企业，需要设置（　　）等账户。(多选)

A.“原材料”　　B.“材料采购”

C.“材料成本差异”　　D.“在途物资”

三、委托加工物资的核算

工人运用机器设备对原材料进行加工后，有时需要利用其他企业的设备和人员对这些原材料进行再加工，之后这些半成品返回企业继续后续生产工序以使产品达到完工状态，这就是委托加工物资。那么企业对委托加工物资该如何核算呢?

（一）委托加工物资的概念

委托加工物资是指企业委托外单位加工的各种材料、商品等物资。委托加工物资的成本包括发出材料的成本、加工费用及负担的合理、必要的运杂费。

（二）委托加工物资的账户设置

“委托加工物资”账户属于资产类，用来核算委托加工物资的增减变动及其结存情况。“委托加工物资”账户可按受托加工单位及加工的品种设置明细账户，进行明细分类核算。

（三）委托加工物资的账务处理

委托加工物资可按实际成本核算，也可按计划成本核算，还可按售价金额核算，视企业具体情况而定，但要保持核算的连续性。

1.发出物资

发出物资时，根据发出物资的实际成本借记“委托加工物资”账户，贷记“原材料”账户。如果材料按计划成本核算还要同时结转发出材料的成本差异。

【例1-16】长沙含光家纺有限公司委托湘江公司加工材料生产包装物一批，发出材料实际成本为20 000元，并以现金支付运杂费1 000元。编制会计分录如下：

借：委托加工物资　　21 000

　贷：原材料　　20 000

　　　库存现金　　1 000

2.支付加工费

对于委托加工物资，企业应按照相关标准支付加工费，并进行相应账务处理。

【例1–17】沿用【例1–16】相关资料，长沙含光家纺有限公司以银行存款支付加工费1 000元，编制会计分录如下：

借：委托加工物资 1 000

　贷：银行存款 1 000

3. 加工完成

企业收回委托加工物资时，应由供应部门填制委托加工物资收料单，通知仓库据以收料。

【例1–18】沿用【1–17】相关资料，长沙含光家纺有限公司收回加工包装物，并验收入库，以银行存款支付运杂费600元，编制会计分录如下：

借：委托加工物资 600

　贷：银行存款 600

入库时：

借：周转材料——包装物 22 600

　贷：委托加工物资 22 600

支付加工费取得增值税专用发票的，必须考虑进项增值税。如果加工物资属于应税消费品，则对于由受托方代收代缴的消费税，委托方视委托加工物资收回后的用途做出不同处理：①收回后用于直接销售的，记入"委托加工物资"账户；②收回后用于继续加工的，记入"应交税费——应交消费税"账户。

【例1–19】长城公司委托万达公司将一批材料加工成商品（属于应税消费品）100 000件，有关经济业务如下：

（1）4月20日，发出材料一批，计划成本为6 000 000元，材料成本差异率为–3%。

①发出委托加工材料：

借：委托加工物资 6 000 000

　贷：原材料 6 000 000

②结转发出材料：

结转发出材料应分摊的材料成本差异时，会计分录如下：

借：材料成本差异 180 000

　贷：委托加工物资 180 000

（2）5月20日，支付商品加工费120 000元，支付应当交纳的消费税为660 000元，该商品收回后用于连续生产，消费税可抵扣，长城公司和万达公司为一般纳税人，适用的增值税税率为13%。会计分录如下：

借：委托加工物资 120 000

　　应交税费——应交消费税 660 000

　　　　　——应交增值税（进项税额） 15 600

　贷：银行存款 795 600

（3）6月4日，用银行存款支付往返运杂费10 000元。会计分录如下：

借：委托加工物资 10 000

　贷：银行存款 10 000

（4）6月5日，上述商品100 000件（每件计划成本为65元）加工完毕，公司已办理验收入库手续。会计分录如下：

借：库存商品　6 500 000

　贷：委托加工物资　5 950 000

　　材料成本差异　550 000

【小思考1-2】

1.假如【例1-19】中委托加工物资收回后用于直接对外销售，那么又该如何进行账务处理呢？

2.2023年6月1日长沙枫叶公司委托杭州西湖公司加工一批体育用品，发出材料一批，实际成本为60 000元，以银行存款支付运杂费2 500元。6月5日，长沙枫叶公司支付加工费用20 000元。6月10日该批体育用品加工完成收回用于直接对外出售，长沙枫叶公司以银行存款支付运杂费3 000元。要求：编制相关会计分录。

四、受托加工物资的核算

收到受托加工的材料时，无须在账簿中确认，只需要在备查簿中进行备查登记。

1.在加工过程中，对于发生的相关费用及人工成本，做如下分录：

借：生产成本　×××

　贷：原材料——辅助材料　×××

　　应付职工薪酬等　×××

2.加工完成后，交付给委托方时，做如下分录：

（1）确认加工劳务收入：

借：银行存款或应收账款　×××

　贷：主营业务收入（或“其他业务收入”）　×××

　　应交税费——应交增值税（销项税额）　×××

　　　　——应交消费税　×××

（2）结转加工过程中发生的成本：

借：主营业务成本（或“其他业务成本”）　×××

　贷：生产成本　×××

（3）将原来备查登记的受托加工物资注销。

3.按规定缴纳消费税

借：应交税费——应交消费税　×××

　贷：银行存款　×××

子任务二　周转材料的核算

任务描述

小企业在经营过程中会经常使用单位价值较小的物资，如企业用于包装产品的桶、箱、瓶、坛、袋等或一些工具、劳保用品，这些物资会计上叫周转材料，我们应怎样对其购进、领用及摊销进行会计处理呢？此任务将带你解决这些问题。

知识准备

周转材料包括包装物、低值易耗品，以及小企业（建筑业）的钢模板、木模板、脚手架等。

小企业应设置“周转材料”账户，用以核算周转材料的实际成本。该账户属于资产类账户，其账户结构如下：

借方 **周转材料** 贷方

借方	贷方
因购入或其他原因增加的周转材料	因发出或其他原因而减少的周转材料
期末余额：反映企业库存的周转材料	

该账户按周转材料的种类进行明细核算。

小企业购入并验收入库的周转材料，其核算方法与原材料的核算方法相同，可比照原材料的核算方法进行操作。

周转材料从发出直到报废以前，可以在生产过程中多次使用，其价值是逐渐损耗的，因此应采用一定的摊销方法将其价值一次或分期计入成本费用。

常用的摊销方法是一次摊销法，是指在领用包装物或低值易耗品时，将其价值一次全部计入有关成本或费用的摊销方法。一次摊销法核算简便，主要适用于一次领用数量不多、价值较低、使用期限较短或容易损坏的周转材料。

任务实施

一、购入周转材料的核算

【例1-20】长沙含光服饰公司购进低值易耗品一批，购买价款21 600元，增值税2 808元，款项以存款支付，低值易耗品验收入库。编制会计分录如下：

借：周转材料——低值易耗品 21 600
　　应交税费——应交增值税（进项税额） 2 808
　贷：银行存款 24 408

企业从小规模纳税人企业处购买低值易耗品一批，取得普通发票，购买价款21 950元，款项通过银行支付，低值易耗品已验收入库。编制会计分录如下：

借：周转材料——低值易耗品 21 950
　贷：银行存款 21 950

二、发出周转材料的核算

1. 低值易耗品发出的核算

采用一次摊销法，领用包装物或低值易耗品时，借记“制造费用”“管理费用”“销售费用”等账户，贷记“周转材料”账户。

【例1-21】长沙含光服饰公司基本生产车间领用工具一批，实际成本1 850元，采用一次摊销法。

借：制造费用 1 850
　贷：周转材料——低值易耗品 1 850

2. 包装物发出的核算

（1）生产领用包装物

生产领用包装物用于包装产品，成为产品的一部分，应将包装物的实际成本计入产品的生产成本。领用时，按领用包装物的实际成本，借记“生产成本”账户，贷记“周转材料——包装物”账户。

【例1–22】长沙含光服饰公司基本生产车间为包装产品领用包装物，填写“领料单”（见表1–30）。

表1–30

领　料　单

领用部门：生产车间

用途：包装产品　　　　2023年5月10日　　　　编号：34

材料编号	材料名称	规格	计量单位	请领数量	实发数量	备注
06	周转材料	包装物	个	1 000	1 000	金额：4 300.00元

第三联：记账联

领料人：王国华　　　　发料人：刘丽

根据“领料单”，编制记账凭证（见表1–31）。

表1–31

记账凭证

2023年5月10日　　　　记字第19号

摘要	总账科目	明细科目	记账	借方金额										记账	贷方金额									
			√	千	百	十	万	千	百	十	元	角	分	√	千	百	十	万	千	百	十	元	角	分
领用材料	生产成本							4	3	0	0	0	0											
	周转材料	包装物																	4	3	0	0	0	0
合　计							¥	4	3	0	0	0	0					¥	4	3	0	0	0	0

附件1张

会计主管熊美丽　　记账　　出纳　　审核　　制单刘艳丽

【小练习1–8】

某小企业从一般纳税人企业处购进包装物一批，购买价款8 600元，增值税1 118元，基本生产车间为包装产品领用包装物，实际成本4 930元。要求编制购进包装物、领用包装物的会计分录。

（2）随同商品出售但不单独计价的包装物

随同商品出售但不单独计价的包装物，应按其实际成本，借记“销售费用”账户，贷记“周转材料——包装物”账户。

（3）随同商品出售并单独计价的包装物

随同商品出售并单独计价的包装物，一方面应单独反映其销售收入，记入“其他业务收入”账户；另一方面应单独反映其销售成本，记入“其他业务成本”账户。

【例1-23】某小企业在销售商品时领用单独计价的包装物一批，实际成本980元，销售收入1 200元，增值税156元，款项收到，存入银行。

①出售包装物取得收入时

借：银行存款	1 356	
贷：其他业务收入		1 200
应交税费——应交增值税（销项税额）		156

②结转出售包装物成本时

借：其他业务成本	980	
贷：周转材料——包装物		980

子任务三　库存商品的核算

任务描述

工人师傅运用机器设备对原材料进行加工生产后，就变成完工的产成品（库存商品），小企业应如何对这些完工产品进行管理和核算？此任务将带你解决这些问题。

知识准备

小企业应设置“库存商品”账户，核算企业库存的各种产成品的实际成本。该账户属于资产类账户，其账户结构如下：

借方　　　　**库存商品**　　　　贷方

完工入库产品的实际成本	发出库存商品的实际成本
期末余额：反映库存商品的实际成本	

该账户可按库存商品的种类、品种或规格等进行明细核算。

任务实施

一、产品完工入库的核算

企业在进行产成品的日常核算时，对于产成品的收入和发出，平时只记数量不记金额（企业按月计算产品生产成本，平时不知道金额）。月末计算入库产成品的实际成本，根据产成品入库单和产品成本计算单，借记“库存商品”账户，贷记“生产成本”账户；如果产品没有完工，则不需要编制结转分录，“生产成本”账户的期末借方余额表示尚未生产完工的在产品的实际成本。

【例1-24】长沙含光服饰公司2023年5月根据“产成品入库单”（见表1-32）和“产品成本计算表”（见表1-33），编制记账凭证（见表1-34）。

表1-32

产成品入库单（记账凭单）

2023年5月5日　　　　编号：015

产品编号	名称	规格	计量单位	实收数量	金额	备注
05	男上衣	L	件	895	132 460.00	

第二联：记账联

编制：张平　　　　审核：刘丽

表1-33

产品成本计算表

产品名称：男上衣　　　　2023年5月5日

成本项目	期初在产品	本月生产费用	费用合计	完工成本	单位成本	期末在产品
直接材料		92 722.00	92 722.00	92 722.00	103.60	
直接人工		26 492.00	26 492.00	26 492.00	29.60	
制造费用		13 246.00	13 246.00	13 246.00	14.80	
合　计		132 460.00	132 460.00	132 460.00		

表1-34

记账凭证

2023年5月5日　　　　记字第10号

摘要	总账科目	明细科目	记账	借方金额										记账	贷方金额									
			√	千	百	十	万	千	百	十	元	角	分	√	千	百	十	万	千	百	十	元	角	分
结转入库产品成本	库存商品	男上衣				1	3	2	4	6	0	0	0											
	生产成本	男上衣															1	3	2	4	6	0	0	0
合　计					¥	1	3	2	4	6	0	0	0			¥	1	3	2	4	6	0	0	0

附件2张

会计主管熊美丽　　记账　　出纳　　审核　　制单刘艳丽

二、发出产成品的核算

对于发出产成品的实际成本，可以采用先进先出法、加权平均法、个别计价法计算确定，发出产成品成本=发出产成品数量×单位生产成本。企业在销售产品确认收入的同时，按配比原则的要求，计算和结转已销售产成品的成本，借记“主营业务成本”账户，贷记“库存商品”账户。工业企业的主营业务成本主要是指已销售商品的实际生产成本。

【例1-25】长沙含光服饰公司仓库共销售发出产成品750件，企业采用全月一次加权平均法计算发出产品成本，加权平均单位成本148元（（16 280+132 460）÷（110+895））。编制“库存商品——男上衣”明细账，见表1-35。

表1-35

最高存量__________

最低存量__________

编　　号011　　　规格L

库存商品明细账

本账页数	
本户页数	

单位（元）名称　男上衣

2023年		凭证号数	摘要	账页	借方												贷方												结存											
月	日				数量	单价	金额										数量	单价	金额										数量	单价	金额									
							千	百	十	万	千	百	十	元	角	分			千	百	十	万	千	百	十	元	角	分			千	百	十	万	千	百	十	元	角	分
5	1		月初结存																										110	148.00				1	6	2	8	0	0	0
5	5	记6	入库		450																								560											
5	10	记15	发出														370												190											
5	20	记21	入库		445																								635											
5	25	记25	发出														380												255											
5	31	记30	入库成本		895	148.00			1	3	2	4	6	0	0	0													255											
5	31		结转发出成本														750	148.00			1	1	1	0	0	0	0	0	255	148.00				3	7	7	4	0	0	0
5	31		本月合计		895				1	3	2	4	6	0	0	0	750				1	1	1	0	0	0	0	0	255	148.00				3	7	7	4	0	0	0

注：结账线应为红色，此处以浪线代替。

结转发出产成品成本的会计分录：

借：主营业务成本 111 000

  贷：库存商品——男上衣 111 000

【小练习1-9】

长沙含光服饰公司男上衣5月初结存数量为600件，单位成本为21元，金额为12 600元；本月生产完工验收入库男上衣数量为4 400件，单位成本22元，金额96 800元；本月销售男上衣4 500件，月末结存男上衣500件。要求采用月末一次加权平均法计算本月男上衣的销售成本和月末结存成本，并编制产品入库和产品出库的会计分录。

子任务四 存货的清查

任务描述

小企业的存货在收发过程中可能会导致存货的账面结存与仓库中实存的数额不一致，为了加强对存货的管理，小企业必须定期或不定期对存货进行清查，那么企业怎样进行存货的清查呢？对存货的清查结果怎样进行账务处理呢？本任务将带你解决这些问题。

知识准备

存货清查是指通过对存货的实地盘点确定存货的实有数量，并与账面结存数量进行核对，从而确定存货实存数与账面结存数是否相符的一种专门方法。

小企业的存货（原材料、库存商品等）在日常收发及储存过程中，由于自然条件（自然损耗）、工作差错（计量误差、计算错误）或其他原因（损坏变质、贪污盗窃），可能出现实存数量和账存数量不符的情况，形成存货的盘盈盘亏。

为了保证账实相符，保护存货安全，必须定期或不定期对存货的数量和质量进行清查盘点，每年至少盘点一次。

存货的清查方法主要是实地盘点法。盘点时，要根据各种材料或商品的计量单位逐一点数计量，将确定后的存货的实存数量填入“盘存单”，与账面余额记录核对，确认盘盈盘亏数，填制“实存账存对比表”。

小企业在存货清查过程中发现的材料、商品发生盘盈或盘亏，报经批准以前应先通过“待处理财产损溢”账户核算。对于相应的“待处理财产损益”，小企业应当查明原因，在年末结账前处理完毕，处理后该账户应无余额。该账户属于资产类账户，其账户结构如下：

借方 **待处理财产损溢** 贷方

借方	贷方
①盘亏财产的价值 ②结转待处理财产盘盈的价值	①盘盈财产的价值 ②结转待处理财产盘亏的价值

该账户应设置“待处理流动资产损溢”和“待处理非流动资产损溢”两个明细分类账

户进行明细核算，以分别反映固定资产和流动资产的盘盈、盘亏及其处理结果。

任务实施

一、存货盘盈的核算

存货盘盈是指存货的实存金额大于账存金额的差额。在未查明原因或未批准处理前，应根据“实存账存对比表”，按照同类存货的市场价格，借记“原材料”“库存商品”等账户，贷记“待处理财产损溢”账户；实际处理时，借记“待处理财产损溢”账户，贷记“营业外收入”账户。（如果为大中型企业，会计人员应借记“待处理财产损溢”账户，贷记“管理费用”账户）

【例1-26】长沙含光服饰公司期末盘点，发现休闲裤溢余8条，每条成本价为50元，溢余原因待查。编制会计分录如下：

借：库存商品——休闲裤　　400

　贷：待处理财产损溢——待处理流动资产损溢　　400

上述分录记入有关账户后，库存商品账簿记录与实际盘存数就相符了。本例中企业查明原因，系商品收发计量差错，经批准予以转账。

借：待处理财产损溢——待处理流动资产损溢　　400

　贷：营业外收入　　400

【小练习1-10】

长沙含光服饰公司在财产清查过程中发现男上衣盘盈5件，结合同类商品的单位成本确定其总成本为1 000元。要求分别编制批准前和批准后的会计分录。

二、存货盘亏的核算

存货盘亏是指存货的实存金额小于账存金额的差额。在未查明原因或未批准处理前，应根据“实存账存对比表”，通过“待处理财产损溢”账户的借方核算，即对于盘亏的各种材料、产成品、商品等，按照盘亏的金额，借记“待处理财产损溢”账户，贷记“原材料”“库存商品”等账户。

盘亏存货涉及增值税进项税额的，还应将其进项税额从“应交税费”账户贷方转出，即转入“待处理财产损溢”账户的借方。

存货盘亏按照管理权限经批准后处理时，对于可收回的保险赔款或过失人赔偿，借记“其他应收款”账户，由本企业负担的部分借记“营业外支出”账户，贷记“待处理财产损溢”账户。（大中型企业则将由本企业负担的部分记入“管理费用”账户）

【例1-27】长沙含光服饰公司在财产清查过程中发现盘亏甲棉花980元（因相关责任人失职造成，应由其赔偿，不考虑增值税），盘亏库存商品（男上衣）530元（因收发计量不准确造成），要求分别进行批准前和批准后的账务处理。编制会计分录如下：

①批准前：

借：待处理财产损溢——待处理流动资产损溢　　1 510

　贷：原材料——甲棉花　　980

　　　库存商品——男上衣　　530

②批准后：

借：其他应收款　980

　　营业外支出　530

　贷：待处理财产损溢——待处理流动资产损溢　1 510

【小练习1-11】

某小企业期末盘点发现外购的甲低值易耗品实存数量比账存数量少5件，每件进价6元，短缺原因待查。假定商品短缺系保管员责任，应由其赔偿（不考虑增值税）。要求分别编制批准前和批准后的会计分录。

【小知识1-2】

《增值税暂行条例》规定，一般纳税人购进货物发生的非正常损失的进项税额和非正常损失的在产品、产成品所耗用的购进货物的进项税额，都不得从销项税额中抵扣，应将其原已抵扣的进项税额作进项税额转出处理。非正常损失是指因管理不善造成被盗、丢失、霉烂变质的损失。

需注意的是，自然灾害损失属于正常损失，不需要将进项税额转出。

小规模纳税人购进货物不计算进项税额，因此小规模纳税人购进的货物发生盘亏或损失就不存在进项税额转出的问题。

【例1-28】长沙含光服饰公司（一般纳税人）在财产清查过程中发现盘亏毁损材料1 920元（属于非正常损失），其进项税额为249.6元。要求分别编制批准前和批准后（应由责任人赔偿）的会计分录。

①批准前：

借：待处理财产损溢——待处理流动资产损溢　2 169.6

　贷：原材料　1 920

　　　应交税费——应交增值税（进项税额转出）　249.6

②批准后：

借：其他应收款　2 169.6

　贷：待处理财产损溢——待处理流动资产损溢　2 169.6

【小练习1-12】

长沙含光服饰公司因自然灾害造成棉布毁损6 000元，已报保险公司待批，要求分别编制批准前和批准后的会计分录。如果毁损的棉布属于非正常损失，那么其进项税额780元应全部损失由企业负担，应该怎样编制会计分录呢？

【小实训1-4】

长沙含光服饰公司5月30日账面结存棉布76匹零30米（一匹60米，每米50元），盘点实存棉布76匹零27米，短缺3米为收发计量差错。

要求：（1）填写“材料盘盈盘亏报告表”（见表1-36）。

（2）编制31日棉布盘点短缺的记账凭证（分别按处理前（见表1-37）、处理后（见表1-38）编制记账凭证，假设本月记账凭证已编至记字103号）。

表1-36

材料盘盈盘亏报告表

年　月　日

编　号	品　名	单　位	账面数量	实存数量	盘　盈		盘　亏		原　因
					数　量	金　额	数　量	金　额	

编制：　　　　　　　　　　　　审核：

表1-37

记账凭证

年　月　日　　　　　　　字第　号

摘要	总账科目	明细科目	记账	借方金额										记账	贷方金额									
			√	千	百	十	万	千	百	十	元	角	分	√	千	百	十	万	千	百	十	元	角	分
合　计																								

附件　张

会计主管　　记账　　出纳　　审核　　制单

表1-38

记账凭证

年　月　日　　　　　　　字第　号

摘要	总账科目	明细科目	记账	借方金额										记账	贷方金额									
			√	千	百	十	万	千	百	十	元	角	分	√	千	百	十	万	千	百	十	元	角	分
合　计																								

附件　张

会计主管　　记账　　出纳　　审核　　制单

【小练习1-13】

长沙含光服饰公司（小企业、增值税一般纳税人）2023年5月发生下列购进原材料的业务（假定按13%的增值税税率计算进项税额），材料按实际成本核算。要求编制相关会计分录。

（1）购入棉布材料一批，增值税专用发票上注明价款56 000元，增值税7 280元，销货方代垫运费1 500元（假定按9%的增值税税率计算进项税额），全部款项已签发银行支票支付，棉布已验收入库。

（2）从外地购入棉花材料一批，增值税专用发票上注明价款62 000元，增值税8 060元，销货方代垫运费1 800元，运费增值税税率9%，全部款项以银行存款支付，棉花材料已如数验收入库。

（3）从乙公司购入一批棉纶材料，收到的专用发票上注明价款45 000元，增值税5 850元，另支付运杂费等500元，运费增值税税率9%，全部款项已通过汇兑结算方式支付，材料尚未验收入库。9天后收到棉纶材料，并全部验收入库。

（4）采用赊购方式向光明公司购买棉布材料一批，发票账单已到，专用发票上注明价款13 000元，增值税1 690元，材料已验收入库，货款尚未支付。8天后通过银行支付前欠光明公司货款15 080元。

（5）如是该小企业为小规模纳税人，购进棉布材料800件，每件进价23元，材料运杂费等450元，款项通过银行支付，材料已验收入库。

【小实训1-5】

长沙含光服饰公司（小企业、增值税一般纳税人）2023年5月发生下列发出原材料的业务。

（1）本次发料单：生产上衣领用棉布材料800米，单位成本95元。

（2）月末汇总本月发料单，编制“发出材料汇总表”（见表1-39），先填写表中金额，再编制相关会计分录。

表1-39

发出材料汇总表

2023年5月31日　　金额单位：元

材料用途	棉布			棉花			棉纱			合计金额
	数量（米）	单价（元/米）	金额	数量（千克）	单价（元/千克）	金额	数量（捆）	单价（元/捆）	金额	
生产男上衣	3 000	95					100	75		
生产女上衣				2 000	88		80	75		
车间一般消耗	20	95								
管理部门耗用				50	88					
合　计	3 020			2 050			180			

会计：刘艳丽　　复核：陈规铭　　制单：刘少

（3）甲棉布5月份收入、发出、结存情况（见表1-40），采用先进先出法计算本月发出甲棉布的实际成本并登记甲棉布明细账（见表1-41）。

（4）甲棉布5月份收入、发出、结存情况（见表1-40），采用全月一次加权平均法计算本月发出甲棉布的实际成本并登记甲棉布相关明细账（见表1-42）。

表1-40

材料收发结存情况

材料品种：甲棉布

业 务	收 入		发出数量（米）	结存数量（米）
	数量（米）	单价（元/米）		
5月1日结存				250（单价22）
5月2日发出			200	50
5月6日购入	410	23		460
5月15日发出			350	110
5月20日购入	360	25		470
5月29日发出			320	150

表1-41

材料明细账（先进先出法）

材料名称： 数量单位：

年		凭证号数	摘 要	收 入			发 出			结 存		
月	日			数量	单价	金额	数量	单价	金额	数量	单价	金额

表1-42　**原材料明细账**

最高存量＿＿＿＿＿

最低存量＿＿＿＿＿

编　　号＿＿＿＿＿规格＿＿＿＿＿

本账页数	
本户页数	

单位（　　　　　）名称＿＿＿＿＿

年		凭证号数	摘要	账页	借方												贷方												结存											
月	日				数量	单价	金额										数量	单价	金额										数量	单价	金额									
							千	百	十	万	千	百	十	元	角	分			千	百	十	万	千	百	十	元	角	分			千	百	十	万	千	百	十	元	角	分

【小练习1-14】

长沙含光服饰公司（小企业、增值税一般纳税人）2023年9月发生下列购进原材料的业务，材料采用计划成本核算。

（1）从荷花公司购入甲棉布9 000米，每米16元，专用发票上注明价款144 000元，增值税18 720元，材料已验收入库。该材料的计划单位成本15元，计划总成本135 000元。要求分别编制付款与收料的会计分录。

（2）从资阳公司购进甲棉布，价款165 000元，增值税21 450元，运费2 000元，运费增值税税率9%，全部款项通过银行存款支付，材料尚未到达企业。10天后材料到达企业并验收入库，计划总成本160 000元。要求分别编制付款与收料的会计分录。

（3）从资阳公司购买乙棉纶，专用发票上注明价款41 000元，增值税5 330元，材料已验收入库，货款尚未支付，该批材料的计划成本42 000元。要求编制相关的会计分录。

（4）月末汇总本月验收入库材料的全部收料单，编制“收入材料汇总表”（见表1–43）。要求编制结转本月入库材料的计划成本和材料成本差异的会计分录。

表1–43

收入材料汇总表

2023年9月30日

单位：元

材料名称	实际成本	计划成本	材料成本差异	备　注
甲棉布	321 500	314 000	7 500	超　支
乙棉纶	164 160	160 120	5 270	超　支
合　计	485 660	474 120	12 770	

任务二　固定资产的核算

案例导入

同学们，学校的教学楼、电脑、多媒体电视这些供我们学习使用的、建筑物、工具、设备都是学校的财产，也就是学校的固定资产。刚买回来时，它们是崭新的，随着不断的使用，它们会逐渐老化，学校需要对教学楼、电脑、电视进行保养和维修，终有一天，它们会因不能继续使用而报废。整个使用过程中，固定资产的价值会逐渐减少，我们应该怎样反映固定资产从购买到报废这一变化过程呢？

任务描述

工人师傅要在厂房里操控机器设备才能将原材料加工成产成品，那么小企业对这些厂房、机器设备等固定资产的取得、使用及处置应怎样进行会计核算呢？此任务将带你解决这个问题。

知识准备

1.固定资产的概念及分类

固定资产是指小企业为生产产品、提供劳务、出租或经营管理而持有的，使用寿命超过1年的有形资产。小企业的固定资产包括企业的房屋、建筑物、机器、运输工具、设备、器具、工具等。

固定资产的核算

小企业持有固定资产的目的是企业自己使用而不是出售。固定资产按经济用途和使用情况等综合分类，可以分为以下七类：（1）生产经营用固定资产；（2）非生产经营用固定资产；（3）租出固定资产；（4）不需用固定资产；（5）未使用固定资产；（6）土地；（7）融资租入固定资产。

2.固定资产的确认

符合固定资产定义的物资，应当同时满足以下两个条件，小企业才能予以确认：

（1）与该固定资产有关的经济利益很可能流入企业；

（2）该固定资产的成本能够可靠计量。

3.固定资产的初始计量

小企业固定资产应当按照成本进行计量，不计提固定资产减值准备。(大中型企业计提固定资产减值准备）

固定资产成本是指小企业购建某项固定资产，在该固定资产办理竣工决算前发生的一切合理的、必要的支出。如外购固定资产的成本，包括购买价款、相关税费、运输费、装卸费、保险费、安装费等，但不含按照税法规定可以抵扣的增值税进项税额。

小企业自行建造固定资产的成本，由建造该项固定资产在竣工决算前发生的支出（含相关的借款费用）构成。

4.账户设置

（1）“固定资产”账户，核算小企业持有的固定资产原价（成本)，小企业根据实际情况设置“固定资产登记簿”和“固定资产卡片”。小企业购置计算机硬件所附带的、未单独计价的软件，也应通过“固定资产”账户核算。该账户属于资产类账户，其账户结构如下：

借方 **固定资产** 贷方

增加的固定资产原价	减少的固定资产原价
期末余额：反映小企业固定资产的原价（成本）	

该账户可按固定资产类别和项目进行明细核算。

【小提示1-4】

小企业临时租入的固定资产和以经营租赁方式租入的固定资产，应另设备查簿进行登记，不在“固定资产”账户核算。

（2）“累计折旧”账户，核算小企业固定资产累计已计提的折旧，是“固定资产”账户的抵减调整账户，固定资产的原价减去累计折旧后的余额称为固定资产的“净值”。该账户属于资产类账户，其账户结构如下：

借方 **累计折旧** 贷方

因处置固定资产而转出的已计提的累计折旧	小企业计提的折旧
	期末余额：反映小企业现有固定资产的累计折旧

该账户可按固定资产类别和项目进行明细核算。

（3）“在建工程”账户，核算小企业需要安装的固定资产、固定资产新建工程、改扩建等所发生的成本。该账户属于资产类账户，其账户结构如下：

借方 **在建工程** 贷方

工程发生的实际支出	工程完工办理竣工结算后应转出的工程成本
期末余额：反映小企业尚未办理竣工决算的在建工程的成本	

该账户应按在建工程项目进行明细核算。

（4）“工程物资”账户，核算小企业为在建工程准备的各种物资的成本，包括工程用材料、尚未安装的设备以及为生产准备的工器具（工具、器具）等。该账户属于资产类账户，其账户结构如下：

借方 **工程物资** 贷方

借方	贷方
购买（增加）的工程物资的成本	领用（减少）的工程物资的成本
期末余额：反映小企业为在建工程准备的各种物资的成本	

该账户应按“专用材料”“专用设备”“工器具”等进行明细核算。

任务实施

一、固定资产取得的核算

1.购入不需要安装的固定资产的核算

购入后即可投入使用的固定资产，为不需要安装的固定资产。小企业外购（含以分期付款方式购入）固定资产的成本，包括实际支付的购买价款、相关税费、运输费、装卸费、保险费等。购入不需要安装的固定资产，应借记“固定资产”账户，按税法规定可抵扣的增值税进项税额，借记“应交税费——应交增值税（进项税额）”账户，贷记“银行存款”账户。

【例1-29】2023年4月11日，长沙含光服饰公司从长沙市宁阳工厂购进一台不需要安装的生产设备，取得增值税专用发票（见表1-44），开出转账支票支付相关款项（见表1-45），固定资产交付使用，取得固定资产验收单（见表1-46）。

表1-44

湖南增值税专用发票

发票联

№100000005

开票日期：2023年4月11日

购买方	名　　称：长沙含光服饰公司 纳税人识别号：320303836556447 地 址、电 话：长沙市开福区芙蓉中路155号88746532 开户行及账号：中国工商银行中山支行1102021845672108901	密码区	略

货物或应税劳务名称	规格型号	单位	数量	单价	金额	税率	税额
*设备*多功能缝纫机	CBE7	台	1.00	200 000.00	200 000.00	13%	26 000.00
合　计					¥200 000.00		¥26 000.00
价税合计（大写）	⊗贰拾贰万陆仟元整				（小写）¥226 000.00		

销售方	名　　称：长沙市宁阳工厂 纳税人识别号：3105345679456 地 址、电 话：长沙市开福区车站北路58号84521030 开户行及账号：长沙市商业银行芙蓉支行1245768752400154978	备注	长沙市宁阳工厂 3105345679456 发票专用章

收款人：张欣　　复核：刘胜　　开票人：谢敏　　销售方（章）

第二联：发票联 购买方记账凭证

表1-45

中国工商银行
转账支票存根

上海证券印制有限公司·2022年印制

附加信息

出票日期 2023 年 4 月 11 日

收款人 长沙市宁阳工厂

金 额：¥226 000.00

用 途：货款

单位主管 熊美丽 会计 刘艳丽

表1-46

固定资产验收单

2023年4月11日

名 称	规格型号	单 位	数 量	设备价款	预计使用年限	使用部门
生产设备（多功能缝纫机）	CBE7	台	1	200 000.00	10	基本生产车间
合 计				¥200 000.00		

单位主管：熊美丽　　　　检验：刘新　　　　经办：刘可

长沙含光服饰公司根据原始凭证编制记账凭证（见表1-47）。

表1-47

记账凭证

2023年4月11日　　　　记字第15号

摘要	总账科目	明细科目	记账√	借方金额										记账√	贷方金额									
				千	百	十	万	千	百	十	元	角	分		千	百	十	万	千	百	十	元	角	分
购买固定资产	固定资产					2	0	0	0	0	0	0	0											
	应交税费	应交增值税（进项税额）					2	6	0	0	0	0	0											
	银行存款																2	2	6	0	0	0	0	0
合 计					¥	2	2	6	0	0	0	0	0			¥	2	2	6	0	0	0	0	0

附件3张

会计主管 熊美丽　　记账　　出纳 陈兰英　　审核　　制单 刘艳丽

注意：可计算进项税额的运输费用金额包括公路、内河、铁路、民航、海运等涉及的运费、建设基金，但不包括装卸费、包装费、保险费等其他杂费。如果本例中企业购买上述生产设备，发生运费1 000元，运费的增值税税率为9%，则运费的进项税额为90元，计入固定资产成本的运费为1 000元。考虑运费后的相关会计分录如下：

借：固定资产 201 000

　　应交税费——应交增值税（进项税额） 26 090

　贷：银行存款 227 090

【小练习1-15】

长沙含光服饰公司购进一项不需要安装的生产设备，取得的增值税专用发票上注明价款100 000元，增值税13 000元，另支付运费3 000元，运费增值税税率9%，款项均以银行存款支付。要求编制相关的会计分录。

2.购入需要安装的固定资产的核算

需要经过安装、调试才能使用的固定资产，即为需要安装的固定资产。购入需要安装的固定资产时，先记入“在建工程”账户，待安装完毕交付使用时，再转入“固定资产”账户。

【例1-30】长沙含光服饰公司购进一条需要安装的休闲裤生产线，增值税专用发票上注明：价款500 000元，增值税65 000元。另发生运费6 000元，运费增值税税率9%，款项均以银行存款支付。安装过程中以存款支付安装费用5 340元，已安装完毕并交付使用。

①购入设备时：

借：在建工程 506 000

　　应交税费——应交增值税（进项税额） 65 540

　贷：银行存款 571 540

②发生安装费用时：

借：在建工程 5 340

　贷：银行存款 5 340

③设备安装完毕交付使用时：

借：固定资产 511 340

　贷：在建工程 511 340

【小练习1-16】

长沙含光服饰公司购进一条休闲裤生产线，取得的增值税专用发票上注明价款为81 000元，增值税为10 530元。另发生运杂费1 800元，款项均以银行存款支付。安装过程中公司以银行存款支付安装费用5 000元，已安装完毕并交付使用。要求编制相关的会计分录（假设运杂费不考虑增值税）。

二、固定资产的折旧

1.固定资产折旧的概念

固定资产折旧是指在固定资产使用寿命内，按照确定的方法对应计折旧额进行系统分摊。应计折旧总额是指应当计提折旧的固定资产的原价（成本）扣除其预计净残值后的金额。其相关公式如下：

固定资产应计折旧总额=固定资产原价（成本）-固定资产预计净残值

=固定资产原价（成本）×（1-固定资产预计净残值率）

2.影响固定资产折旧的主要因素

（1）固定资产原价，是指取得固定资产的原始成本。

（2）预计净残值，是指固定资产预计使用寿命已满，小企业从该项固定资产预计处置中获得的收入扣除预计处置费用后的净额。其公式表示如下：

固定资产预计净残值=固定资产预计处置收入-固定资产预计处置费用

（3）固定资产使用寿命，是指小企业使用固定资产的预计期间。

（大中型企业则有固定资产减值准备）

【小知识1-3】

《企业所得税法实施条例》规定，除国务院财政、税务主管部门另有规定外，固定资产计算折旧的最低年限如下：（1）房屋、建筑物为20年；（2）飞机、火车、轮船、机器、机械和其他生产设备为10年；（3）与生产经营活动有关的器具、工具、家具等为5年；（4）飞机、火车、轮船以外的运输工具为4年；（5）电子设备为3年。

3.固定资产的折旧范围

除下列情况以外，小企业应当对所有固定资产计提折旧：（1）已提足折旧仍继续使用的固定资产；（2）单独计价入账的土地。

【小提示1-5】

（1）固定资产应当按月计提折旧，为了简化核算，当月增加的固定资产，当月不计提折旧，从下月起计提折旧；当月减少的固定资产，当月仍计提折旧，从下月起不计提折旧。

（2）固定资产提足折旧后，不管能否继续使用，均不再计提折旧；所谓提足折旧，是指已经提足该项固定资产的应计折旧额。提前报废的固定资产，也不再补提折旧。

4.固定资产的折旧方法

企业固定资产的折旧方法，包括年限平均法、工作量法、双倍余额递减法、年数总和法。目前，我国小企业应当按照年限平均法（即直线法）计提折旧。小企业的固定资产由于技术进步等原因，确需加速折旧的，可以采用双倍余额递减法和年数总和法。

年限平均法是指将固定资产的应计折旧额在固定资产使用寿命内平均分摊的一种方法。采用这种方法计算的每期折旧额均相等。

其计算公式为：

年折旧额=（固定资产原价-固定资产预计净残值）÷预计使用年限

月折旧额=固定资产年折旧额÷12

年折旧率=固定资产年折旧额÷固定资产原值×100%

=（1-固定资产预计净残值率）÷固定资产预计使用年限×100%

月折旧率=年折旧率÷12

【小提示1-6】

固定资产的折旧方法、使用寿命、预计净残值一经确定，不得随意变更。

【例1-31】2023年4月30日，长沙含光服饰公司对机器设备计提折旧，预计该机器设备使用年限为6年。要求计算该设备的年折旧额、月折旧额、年折旧率、月折旧率，填写“固定资产折旧计算表”（见表1-48）。

年折旧额=（74 000-2 000）÷6=12 000（元）

月折旧额=12 000÷12=1 000（元）

年折旧率=12 000÷74 000×100%=16.22%

月折旧率=16.22%÷12=1.35%

表1-48

固定资产折旧计算表

2023年4月30日

固定资产使用部门	月初应计折旧的固定资产原值	月综合折旧率	月折旧额
生产车间（多功能烘衣机）	74 000.00	1.35%	1 000.00
合　计	¥74 000.00		¥1 000.00

制表：李勇　　　　　　　　　　　　　　　　　　审核：刘丽

【小练习1-17】

长沙含光服饰公司一台机器原值为50 000元，预计使用寿命为5年，预计净残值为2 000元。要求采用年限平均法计算月折旧额。

在实际工作中，需按月计提固定资产折旧额，每月应计提的折旧额一般是根据月初固定资产原值乘以月折旧率计算的。其公式表示如下：

某月应计折旧额=月初固定资产原值×月折旧率

【例1-32】2023年9月30日，长沙含光服饰公司生产车间房屋建筑物月初原值为200 000元，月折旧率为0.25%；机器设备月初原值为600 000元，月折旧率为0.84%。要求计算本月该生产车间固定资产的折旧额。

月折旧额=200 000×0.25%+600 000×0.84%=500+5 040=5 540（元）

5.固定资产折旧的核算

小企业按月计提固定资产折旧时，应当按照固定资产的受益对象或使用部门，借记“制造费用”“管理费用”等账户，贷记“累计折旧”账户。

【例1-33】长沙含光服饰公司2023年4月应计固定资产折旧总额为450 000元，生产车间和管理部门应计折旧额情况，见表1-49。要求编制相关记账凭证（见表1-50）。

表1-49

固定资产折旧计算表

2023年4月30日

固定资产使用部门	月初应计折旧的固定资产原值	月综合折旧率	月折旧额
生产车间（机器设备）	378 000.00	1.67%	6 300.00
管理部门（投影仪）	72 000.00	1.67%	1 200.00
合　计	¥450 000.00		¥7 500.00

制表：李勇　　　　审核：刘丽

表1-50

记账凭证

2023年4月30日　　　　记字第45号

摘要	总账科目	明细科目	记账√	借方金额										记账√	贷方金额									
				千	百	十	万	千	百	十	元	角	分		千	百	十	万	千	百	十	元	角	分
计提折旧	制造费用							6	3	0	0	0	0											
	管理费用							1	2	0	0	0	0											
	累计折旧																		7	5	0	0	0	0
合　计							¥	7	5	0	0	0	0					¥	7	5	0	0	0	0

附件1张

会计主管 熊美丽　　记账　　出纳　　审核　　制单 刘艳丽

【小练习1-18】

长沙含光服饰公司基本生产车间房屋建筑物2023年11月初原始价值为980 000元，月折旧率为0.25%；机器设备月初原始价值为350 000元，月折旧率为0.84%。要求计算本月固定资产的折旧额并编制相关会计分录。

三、固定资产修理的核算

固定资产由于使用发生磨损，可能会导致局部损坏，为了保持固定资产的正常运转，必须对其进行维护和修理。

在固定资产使用过程中发生的日常修理费，应当按照固定资产的受益对象，借记“制造费用”“管理费用”等账户，贷记“银行存款”等账户。（大中型企业发生的车间修理费记入“管理费用”账户）

固定资产的大修理支出，在发生时，借记“长期待摊费用”账户，贷记“银行存款”等账户；以后摊销时，借记“制造费用”“管理费用”等账户，贷记“长期待摊费用”账户。

【小知识1-4】

（1）因改变房屋或者建筑物结构、延长使用年限等发生的固定资产改建支出，应当计入固定资产的成本。对固定资产进行改扩建时，应当按照该项固定资产账面价值，借记“在建工程”账户，按照其已计提的累计折旧，借记“累计折旧”账户，按照其原价，贷记“固定资产”账户。

（2）在改扩建过程中发生的相关支出，借记“在建工程”账户，贷记相关账户。

（3）改扩建完成，办理竣工决算时，借记“固定资产”账户，贷记“在建工程”账户。

（4）已提足折旧的固定资产的改建支出和经营租入固定资产的改建支出，在“长期待摊费用”账户中核算。（大中型企业还需借记“固定资产减值准备”账户）

【例1-34】2023年5月1日，长沙含光服饰公司对现有的一台生产设备进行日常修理，修理过程中领用原材料20 000元（见表1-51），应支付的维修人员工资3 000元（见表1-52）。要求编制相关记账凭证（见表1-53）。

表1-51

领　料　单

领用部门：维修部

用途：设备维修　　　　2023年5月1日　　　　编号：13

材料编号	材料名称	规格	计量单位	请领数量	实发数量	备注
05	棉布	100*200	米	200.00	200.00	金额：20 000.00元

第三联：记账联

领料人：刘心　　　　发料人：李琴

表1-52

长沙市服务业统一发票

全国统一发票监制章 湖南 国家税务总局监制

记　账　联

发票代码：01248987

客户名称：长沙含光服饰公司　　　　2023年5月1日　　　　发票号码：12687879

项　目	摘　要	单　位	数　量	单　价	金　额
维修人员工资					3 000.00
合　计（大写）	人民币叁仟元整				¥3 000.00

第三联：记账联

长沙市宁阳工厂 3105345679456 发票专用章

收款：李庭　　　　经办：刘阳　　　　收款单位（盖章）

（手填无效）　　　　税控码：

表1-53

记账凭证

2023年5月1日　　　　记字第5号

摘要	总账科目	明细科目	记账√	借方金额										记账√	贷方金额									
				千	百	十	万	千	百	十	元	角	分		千	百	十	万	千	百	十	元	角	分
维修设备	制造费用						2	3	0	0	0	0	0											
	原材料																	2	0	0	0	0	0	0
	应付职工薪酬	工资																	3	0	0	0	0	0
合　计						¥	2	3	0	0	0	0	0				¥	2	3	0	0	0	0	0

附件2张

会计主管熊美丽　　记账　　出纳　　审核　　制单刘艳丽

四、固定资产处置的核算

固定资产处置包括固定资产的出售、转让、报废或毁损、对外投资、非货币性资产交换、债务重组等。

处置固定资产应通过“固定资产清理”账户核算，该账户核算小企业因出售、报废、毁损、对外投资等原因处置固定资产所转出的固定资产账面价值以及在清理过程中发生的费用等。清理完毕，“固定资产清理”账户的余额应结转到“营业外收入”或“营业外支出”，结转后没有余额。该账户属于资产类账户，其账户结构如下：

固定资产清理

借方	贷方
①企业因处置固定资产而结转的固定资产的账面价值 ②清理过程中应支付的相关税费及其他费用	①出售固定资产取得的价款 ②残料价值和变价收入等取得的处置收入 ③应由保险公司或过失人赔偿的损失
期末余额：反映小企业尚未清理完毕的固定资产清理净损失	期末余额：反映小企业尚未清理完毕的固定资产清理净收益

该账户可按清理的固定资产项目进行明细核算。

小企业处置固定资产的会计核算一般可分为以下步骤：

1.固定资产转入清理

出售、报废、毁损、对外投资的固定资产转入清理时，按固定资产的账面价值（固定资产原值扣除累计已提折旧后的金额），借记“固定资产清理”账户，按已计提的累计折

旧，借记“累计折旧”账户，按固定资产原价，贷记“固定资产”账户。（大中型企业还需借记“固定资产减值准备”账户）

【小提示1–7】

按照税法规定不得从增值税销项税额中抵扣的进项税额，借记“固定资产清理”账户，贷记“应交税费——应交增值税（进项税额转出）”账户。

2. 发生的清理费用

对于固定资产清理过程中发生的相关费用，应根据企业取得的增值税专用发票借记“应交税费——应交增值税（进项税额）”，借记“固定资产清理”账户，贷记“银行存款”账户。对于出售房屋、建筑物等不动产应交纳的增值税，应借记“固定资产清理”账户，贷记“应交税费——应交增值税（销项税额）”账户。

3. 收回残料和出售价款或保险赔偿

对于企业取得的出售固定资产的价款、残料价值和变价收入等处置收入，应借记“银行存款”“原材料”等账户，贷记“固定资产清理”账户。对于应由保险公司或过失人赔偿的损失，应借记“其他应收款”等账户，贷记“固定资产清理”账户。

【小知识1–5】

一般纳税人2009年1月1日以后购进的固定资产已抵扣了进项税额，所以企业销售自己使用过的固定资产应按照适用税率征收增值税销项税额。

4. 结转清理净损益

固定资产清理完毕后企业需计算清理的净损益。(1) 因已丧失使用功能或因自然灾害发生毁损等原因而进行报废清理的资产产生的利得或损失记入“营业外支出”账户。“固定资产清理”账户如果为借方余额，则反映清理的净损失，结转时借记“营业外支出——非流动资产处置净损失”账户，贷记“固定资产清理”账户；如果为贷方余额，则反映清理的净收益，结转时借记“固定资产清理”账户，贷记“营业外收入——非流动资产处置净损益”账户。(2) 因出售、转让等原因产生的固定资产处置利得或损失应记入“资产处置损益”账户。产生处置利得时，借记“固定资产清理”账户，贷记“资产处置损益”账户；产生处置损失时，借记“资产处置损益”账户，贷记“固定资产清理”账户。

【例1–35】2023年4月12日，长沙含光服饰公司出售一幢闲置办公楼，取得固定资产清理报废单（见表1–54），开出销售不动产发票（见表1–55），取得进账单（见表1–56），支付清理费用（见表1–57）。要求根据原始凭证编制相关会计分录。

表1–54

固定资产清理单

编号：001

编号	固定资产名称	单位	数量	预计使用年限	已使用年限	原始价值	已计提折旧	清理原因
002702	办公楼	栋	1	9	3	450 000.00	150 000.00	办公楼闲置出售
处理意见	使用部门		技术鉴定小组		固定资产管理部门		主管部门审批	
	签章：	厂部	签章：	钟铭	签章：	刘立志	签章：	肖军

表1-55

销售不动产统一发票（代开）

记　账　联

发票代码　23465101

开票日期：2023年4月12日　　发票号码　10456886

机打代码 机打号码 机器号码	126578975131320 123367004685865 1433			密码区	略	
付款方名称	长沙市华阳公司		身份证号/组织机构代码/纳税人识别号	315598605012342		
收款方名称	长沙含光服饰公司		身份证号/组织机构代码/纳税人识别号	320303836556447		
不动产项目名称	不动产项目编号	销售的不动产楼牌号	建筑面积（　）套内面积（　）（m^2）	单价（单位：元/m^2）	金额（元）	款项性质 1.预收定金 2.预收购房款 3.售房款 4.其他（请注明）
办公楼	002702	15346	150.00	2 400.00	360 000.00	
合计金额（大写）	人民币叁拾陆万元整				¥360 000.00	
税率、税额	9%，¥32 400	完税凭证号码		主管税务机关及代码	105460546545210	
备注：						

开票人：张权　　开票单位签章　　收款方签章

第三联：记账联（收款方记账凭证）

表1-56

中国工商银行进账单（收账通知）　3

2023年4月12日

出票人	全　称	长沙市华阳公司	收款人	全　称	长沙含光服饰公司
	账　号	1109878945612347892		账　号	1102021845672108901
	开户银行	长沙市商业银行芙蓉支行		开户银行	中国工商银行中山支行
金额	人民币（大写）	叁拾玖万贰仟肆佰元整		亿千百十万千百十元角分	¥39240000
票据种类	转账支票	票据张数	壹张		
票据号码	1236869				
复核：刘香	记账：赵立			开户银行签章	

中国工商银行长沙市中山支行办理处 20230412 办讫章

收款人开户银行交给收款人的收账通知

表1-57

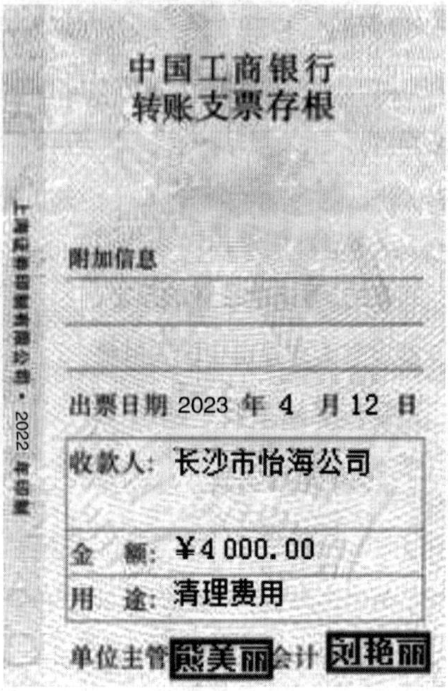

中国工商银行
转账支票存根

附加信息

出票日期 2023 年 4 月 12 日

收款人：长沙市怡海公司

金 额：¥4 000.00

用 途：清理费用

单位主管 熊美丽 会计 刘艳丽

长沙含光服饰公司根据原始凭证编制会计分录（因本书篇幅有限，此处记账凭证用会计分录代替）：

①固定资产转入清理

借：固定资产清理　　300 000
　　累计折旧　　150 000
　贷：固定资产　　450 000

②取得出售价款

借：银行存款　　392 400
　贷：固定资产清理　　360 000
　　　应交税费——应交增值税（销项税额）　　32 400

③发生的清理费用

借：固定资产清理　　4 000
　贷：银行存款　　4 000

④结转清理净收益（固定资产清理账户为贷方余额）

借：固定资产清理　　56 000
　贷：资产处置损益　　56 000

注意：本例如果出售的不是办公楼（不动产），而是已使用过的生产设备，则应按适用税率征收增值税。假定出售生产设备（2009年4月1日后购买的固定资产，已抵扣了进项税额）实际收到价款339 000元（含税），则不含税销售额为300 000元（339 000÷（1+13%）），增值税销项税额为39 000元（300 000×13%）。编制会计分录如下：

借：银行存款　　339 000
　贷：固定资产清理　　300 000

贷：应交税费——应交增值税（销项税额）　39 000

【例1-36】长沙含光服饰公司有一台设备，因使用期满予以报废，该设备的原价为200 000元，累计折旧194 000元。在清理过程中以银行存款支付清理费用600元，回收残料1 400元已交仓库验收入库。

（1）固定资产转入清理：

借：固定资产清理　6 000

　　累计折旧　194 000

　贷：固定资产　200 000

（2）支付清理费用：

借：固定资产清理　600

　贷：银行存款　600

（3）残料收回入库：

借：原材料　1 400

　贷：固定资产清理　1 400

（4）结转清理净损失（固定资产清理账户为借方余额）：

借：营业外支出——非流动资产处置净损失　5 200

　贷：固定资产清理　5 200

【小练习1-19】

长沙含光服饰公司因火灾烧毁一栋仓库，该仓库原值300 000元，已提折旧200 000元。企业已为该仓库投保财产火灾险，因此火灾发生后企业向保险公司索赔，保险公司承诺赔偿账面价值的80%。在清理过程中以银行存款支付有关费用15 000元，取得残料变价收入20 000元存入银行，已清理完毕。要求编制下列业务的会计分录：（1）固定资产转入清理；（2）发生的有关清理费用；（3）取得残值变价收入；（4）向保险公司办妥索赔；（5）结转清理净损失。（不考虑增值税）

五、固定资产清查的核算

小企业应当定期或至少于每年年末对固定资产进行清查盘点。在清查过程中如果发现盘盈、盘亏的固定资产，应及时查明原因，并按规定程序报批处理。

对于盘亏的固定资产，按盘亏固定资产的账面价值，借记“待处理财产损溢——待处理固定资产损溢”账户，按照已计提的折旧，借记“累计折旧”账户，按照账面原价，贷记“固定资产”账户。在按管理权限报经批准后，再转入“营业外支出”账户。

对于盘盈的固定资产按照同类或类似固定资产的市场价格或评估价值，扣除按照该项固定资产新旧程度估计的折旧后的余额，借记“固定资产”账户，贷记“待处理财产损溢——待处理固定资产损溢”账户。经批准处理后，借记“待处理财产损溢——待处理非流动资产损溢”账户，贷记“营业外收入”账户。（大中型企业盘盈固定资产通过“以前年度损益调整”账户核算）

【例1-37】2023年4月30日，长沙含光服饰公司在财产清查中发现盘亏电动机一台（见表1-58），报经批准，作为营业外支出处理。要求根据原始凭证编制相关记账凭证。

表1-58

固定资产盘亏报告表

2023年4月30日

类别	名称规格	单位	账面数量	实物数量	盘盈		盘亏				原因
					数量	重置完全价值	数量	原值	已提折旧	月折旧额	
01	电动机	台	2	1			1	40 000.00	25 000.00	1 000.00	盘亏
合　计							1	40 000.00	25 000.00	1 000.00	

使用部门：生产车间　　　　会计：刘艳丽　　　　主管：熊美丽

长沙含光服饰公司根据原始凭证编制记账凭证（批准前见表1-59、批准后见表1-60）。

表1-59

记账凭证

2023年4月30日　　　　记字第34号

摘要	总账科目	明细科目	记账√	借方金额										记账√	贷方金额									
				千	百	十	万	千	百	十	元	角	分		千	百	十	万	千	百	十	元	角	分
盘亏固定资产	待处理财产损溢						1	5	0	0	0	0	0											
	累计折旧						2	5	0	0	0	0	0											
	固定资产																	4	0	0	0	0	0	0
合　计						¥	4	0	0	0	0	0	0				¥	4	0	0	0	0	0	0

附件1张

会计主管熊美丽　　记账　　出纳　　审核　　制单刘艳丽

表1-60

记账凭证

2023年4月30日　　　　记字第35号

摘要	总账科目	明细科目	记账√	借方金额										记账√	贷方金额									
				千	百	十	万	千	百	十	元	角	分		千	百	十	万	千	百	十	元	角	分
盘亏固定资产结转	营业外支出	盘亏损失					1	5	0	0	0	0	0											
（附件见第34号凭证）	待处理财产损溢																	1	5	0	0	0	0	0
合　计						¥	1	5	0	0	0	0	0				¥	1	5	0	0	0	0	0

附件1张

会计主管熊美丽　　记账　　出纳　　审核　　制单刘艳丽

【小练习1-20】

长沙含光服饰公司在财产清查中发现盘亏设备一台，账面原值为86 000元，已提折旧53 000元。后报经批准由责任人赔偿1 000元，其余作为营业外支出处理。要求分别编制批准前、批准后的会计分录（假设不考虑相关税费）。

【小思考1-3】

1. 小企业应当按照（　　）进行固定资产初始计量。

A. 公允价值　　　　B. 成本

C. 可收回金额　　　　D. 买价

2. 宁阳公司（小企业）于2023年9月1日购入一台不需要安装的生产设备，取得的增值税专用发票上注明买价30 000元，增值税3 900元，支付运输费500元，该设备的入账价值为（　　）元。

A.30 000　　　　B.35 600

C.35 100　　　　D.30 500

3. 小企业基本车间使用的固定资产发生的修理费，应记入（　　）账户。

A. “管理费用”　　　　B. “制造费用”

C. “生产成本”　　　　D. “销售费用”

4. “固定资产清理”账户贷方核算的内容包括（　　）。（多选）

A. 发生的清理费用

B. 清理过程中取得的变价收入

C. 结转的固定资产清理净损失

D. 结转的固定资产清理净收益

【小练习1-21】

长沙含光服饰公司2023年5月发生下列固定资产购置业务，要求编制相关会计分录。

（1）4日，购入新安怡牌复印机一台，增值税专用发票上注明价款45 000元，增值税5 850元。另发生运费200元（增值税税率9%），款项以银行存款支付，复印机已交付厂部办公室使用。

（2）10日，购入一条需安装的休闲裤生产线，增值税专用发票上注明价款480 000元，增值税62 400元，途中运费1 000元（增值税税率9%）。款项均以银行存款支付，设备已运达企业。

（3）11日，休闲裤生产线交机修车间安装，安装过程中耗用生产用原材料900元，该材料购进时支付的增值税进项税额为117元。

（4）15日，发生应付安装工人工资1 000元。

（5）16日，以银行存款支付其他安装费300元。

（6）18日，生产线安装完成，已交付生产车间使用。

【小实训1-6】

2023年5月12日，长沙含光服饰公司出售一幢闲置厂房，取得固定资产清理单（见表1-61），开出销售不动产发票（见表1-62），取得进账单（见表1-63），支付清理费用（见表1-64）。要求填写进账单（长沙市华阳公司的开户银行为长沙市商业银行芙蓉支行，账号为1109878945612347892），并根据原始凭证编制相关会计分录（假定不考虑增值税）。

表1-61

固定资产清理单

编号：126

编号	固定资产名称	单位	数量	预计使用年限	已使用年限	原始价值	已计提折旧	清理原因
002704	厂房01	栋	1	15	10	450 000.00	300 000.00	闲置出售
处理意见	使用部门		技术鉴定小组		固定资产管理部门		主管部门审批	
	签章：	生产车间	签章：	钟路	签章：	刘立志	签章：	肖军

表1-62

销售不动产统一发票（代开）

国家税务总局 税收票证监制章

记 账 联

发票代码 23468402

开票日期：2023年5月12日　　发票号码 10456466

机打代码 机打号码 机器号码	122361675131320 123367004685313 1433			密码区	略		
付款方名称	长沙市华阳公司		身份证号/组织机构代码/纳税人识别号		315598605012342		
收款方名称	长沙含光服饰公司		身份证号/组织机构代码/纳税人识别号		320303836556447		
不动产项目名称	不动产项目编号	销售的不动产楼牌号	建筑面积（ ） 套内面积（ ） （单位：m^2）	单价（单位：元/m^2）	金额（元）	款项性质	1.预收定金 2.预收购房款 3.售房款 4.其他（请注明）
厂房01	002704	51	100.00	1 000.00	100 000.00		
合计金额（大写）	人民币壹拾万元整					¥100 000.00	
税率、税额		完税凭证号码		主管税务机关及代码	105460546545210		
备注：							

开票人：张权　　开票单位签章　　收款方签章

长沙含光服饰公司 320303836556447 发票专用章

第三联：记账联（收款方记账凭证）

表 1-63

进账单（收账通知）　3

年　月　日

出票人	全　称		收款人	全　称	
	账　号			账　号	
	开户银行			开户银行	

金额	人民币（大写）		亿	千	百	十	万	千	百	十	元	角	分

票据种类		票据张数		
票据号码				
复核：	记账：			开户银行签章

收款人开户银行交给收款人的收账通知

表 1-64

中国工商银行
转账支票存根

附加信息

出票日期 2023 年 5 月 12 日

收款人：长沙市怡海公司

金　额：¥1 000.00

用　途：清理费用

单位主管 熊美丽 会计 刘艳丽

任务三　无形资产的核算

案例导入

长沙含光服饰有限公司为了提升品牌效应，用支票结算方式购买了一项专利权，该专利权能给企业带来一定的经济利益，但是它没有实物形态，既看不见也摸不着。公司会计岗位的实习生看到相关原始凭证后，就问会计人员这项专利权属于什么？应记入什么科目？会计员告诉他，该项专利权属于企业的无形资产。小企业在知识经济和信息化程度很高的今天，应加强对自身知识产权的保护意识，因此无形资产的核算是企业会计核算的一个重要组成部分。

任务描述

小企业在经营过程中往往需要使用一些看不见摸不着的资产，如专利权、商标权等。小企业对这些无形资产的取得、摊销、转让是怎样进行核算的呢？此任务将带你解决这类问题。

知识储备

小企业的无形资产包括土地使用权、专利权、商标权、著作权、非专利技术、特许经营权等。

无形资产的核算

一、无形资产的初始计量

1. 外购无形资产的成本包括购买价款、相关税费和相关的其他支出（包含相关的借款费用）。

2. 投资者投入的无形资产的成本，应当按照评估价值和相关税费确定。

3. 自行开发的无形资产的成本，由符合资本化条件后至达到预定用途前发生的支出（包含相关的借款费用）构成。

二、账户设置

1. 小企业应设置“无形资产”账户，核算持有的无形资产成本。该账户属于资产类账户，其账户结构如下：

借方　　**无形资产**　　贷方

借方	贷方
取得的无形资产的价值	转出的无形资产的价值
期末余额：反映无形资产价值	

该账户按照无形资产项目进行明细核算。

2. 小企业应设置“研发支出”账户，核算小企业进行研究与开发无形资产过程中发生的各项支出。月末，应将本账户归集的费用化支出金额转入“管理费用”账户。该账户属于资产类账户，其账户结构如下：

借方　　**研发支出**　　贷方

借方	贷方
①自行研究开发无形资产发生的研发支出	①研究开发项目达到预定用途转入无形资产的资本化支出 ②月末应结转的费用化支出
期末余额：反映小企业正在进行的无形资产开发项目满足资本化条件的支出	

该账户按照研究开发项目，分别按“费用化支出”“资本化支出”进行明细核算。

任务实施

一、无形资产取得的核算

1.购入的无形资产

【例1-38】2023年5月5日，长沙含光服饰公司购入一项专利技术，发票上注明的价款为220 000元，增值税为13 200元，款项已通过银行转账支付。

借：无形资产——专利技术	220 000	
应交税费——应交增值税（进项税额）	13 200	
贷：银行存款		233 200

【小知识1-6】

自行开发建筑厂房等建筑物，相关的土地使用权与建筑物应当分别进行处理。外购土地及建筑物支付的价款应当在建筑物与土地使用权之间按照合同的方法进行分配；难以合理分配的，应当全部作为固定资产。

2.接受投资者投入的无形资产

【例1-39】长沙含光服饰公司与湘江公司达成协议，接受该公司以一项专利技术作为投资。经某资产评估机构评估，确认该专利技术价值为200 000元。

借：无形资产——专利技术	200 000	
贷：实收资本——湘江公司		200 000

3.自行开发并按法律程序申请取得的无形资产

小企业自行开发无形资产发生的支出，同时满足下列条件的，才能确认为无形资产：

（1）完成该无形资产以使其能够使用或出售；

（2）具有完成该无形资产并使用或出售的意图；

（3）能够证明运用该无形资产生产的产品存在市场或无形资产自身存在市场，无形资产将在内部使用的，应当证明其有用性；

（4）有足够的技术、财务资源和其他资源的支出，以完成该无形资产的开发，并有能力使用或出售该无形资产；

（5）归属于该无形资产开发阶段的支出能够可靠地计量。

小企业研究开发过程中发生的材料费用、直接参与开发人员的工资及福利费等研发费用，应于发生时记入“研发支出”账户，期末将费用化支出转入当期损益，资本化支出于达到预定用途时转入“无形资产”账户。

【例1-40】长沙含光服饰公司于2023年年初开始研究某项产品生产技术，2023年1月发生材料费用15 000元，职工薪酬20 000元，用银行存款支付其他费用60 000元。2023年5月进入试运行阶段，假定已达到了资本化的相关条件，当月发生材料费用6 000元，职工工资30 000元，用银行存款支付其他费用6 000元。

2023年1月：

借：研发支出——费用化支出	95 000	
贷：原材料		15 000
应付职工薪酬		20 000

贷：银行存款 60 000

借：管理费用 95 000

贷：研发支出——费用化支出 95 000

2023年5月：

借：研发支出——资本化支出 42 000

贷：原材料 6 000

应付职工薪酬 30 000

银行存款 6 000

假定2023年6月该项技术确认为无形资产：

借：无形资产 42 000

贷：研发支出——资本化支出 42 000

二、无形资产的摊销

无形资产的摊销期自其可供使用时开始至停止使用或出售时止，有关法律规定或合同约定了使用年限的，可以按照规定或约定的使用年限分期摊销。小企业不能可靠估计无形资产使用寿命的，摊销期不得低于10年。（大中型企业不能可靠估计无形资产使用寿命的，不计提摊销）

1.小企业应设置“累计摊销”账户，核算小企业对无形资产计提的累计摊销。该账户属于资产类账户，其账户结构如下：

借方 **累计摊销** 贷方

借方	贷方
因处置无形资产而转出的累计摊销	小企业计提的无形资产摊销
期末余额：反映小企业现有无形资产的累计摊销额	

该账户按照无形资产项目进行明细核算。

【小知识1-7】

小企业不存在使用寿命不确定的无形资产，如果不能可靠估计，则强制要求按照至少10年的期限进行摊销。此外，小企业的无形资产摊销只能采用“直线法”，不允许采用其他方法。（大中型企业对使用寿命有限的无形资产摊销采用“直线法”和“生产总量法”，对使用寿命不确定的无形资产不计提摊销）

2.无形资产摊销的账务处理

无形资产应当在其使用寿命内采用“年限平均法”进行摊销，根据其受益对象计入相关资产成本或者当期损益。

【小提示1-8】

无形资产摊销一般应计入当期损益，但如果某项无形资产是专门用于生产某种产品的，则其所包含的经济利益是通过转入到所生产的产品中体现的，其摊销额应构成产品成本的一部分。

【例1-41】2023年4月5日，长沙含光服饰公司购买了一项专利使用权，合同规定受益年限为10年，公司共支付480 000元。根据4月30日的无形资产摊销计算表（见表1-65），长沙含光服饰公司编制记账凭证（见表1-66）。

表1-65

无形资产摊销计算表

2023年4月30日

名称	原始成本	摊销期限（年）	月摊销金额	记入账户
专利权	480 000.00	10	4 000.00	管理费用
合　计	¥480 000.00		¥4 000.00	

表1-66

记账凭证

2023年5月30日　　　　记字第36号

摘要	总账科目	明细科目	记账√	借方金额										记账√	贷方金额									
				千	百	十	万	千	百	十	元	角	分		千	百	十	万	千	百	十	元	角	分
摊销无形资产	管理费用							4	0	0	0	0	0											
	累计摊销																		4	0	0	0	0	0
合　计							¥	4	0	0	0	0	0					¥	4	0	0	0	0	0

附件1张

会计主管 熊美丽　　记账　　出纳　　审核　　制单 刘艳丽

三、无形资产的处置

因报废处置无形资产，处置收入扣除其账面价值、相关税费等后的净额，应当计入营业外收入或营业外支出。因出售无形资产，应将所取得的价款与该无形资产账面价值的差额记入“资产处置损益”账户。无形资产的账面价值，是指无形资产的成本扣减累计摊销后的金额。（大中型企业无形资产的账面价值指无形资产的成本扣除累计摊销和无形资产减值准备后的金额）

【例1-42】长沙含光服饰公司拥有一项商标权，成本为500 000元，已摊销金额为300 000元。2023年4月18日，公司出售该商标权的所有权，取得出售收入400 000元，应交的增值税税率按6%计提。不考虑其他因素，编制会计分录如下：

借：银行存款	424 000	
累计摊销	300 000	
贷：无形资产		500 000
应交税费——应交增值税（销项税额）		24 000
资产处置损益		200 000

【小思考1-4】

1.下列项目中，不属于无形资产的是（　　）。

A.专利权　　B.商标权

C.著作权　　D.商誉

2.用于产品生产的专利权，其价值的摊销应计入（　　）。

A.管理费用　　B.制造费用

C.销售费用　　D.其他业务成本

3.影响出售无形资产的净损益的项目包括（　　）。（多选）

A.累计摊销　　B.出售无形资产取得的收入

C.无形资产的成本　　D.出售无形资产时应交纳的税金

【小练习1-22】

甲公司（小企业）2023年5月发生下列无形资产相关业务，要求编制相关会计分录。

（1）4日，外购一项专利权，支付的买价和相关手续费160 000元，款项已通过银行转账支付。

（2）10日，收到P公司以土地使用权作价投资，双方约定价值1 000 000元，甲公司用银行存款支付土地使用权过户费等相关费用24 000元。

（3）21日，公司因市场竞争需要，组织研究人员进行新产品研发，在研发过程中领用原材料一批，价款100 000元，该原材料的进项税额13 000元，应付研发人员薪酬52 000元，以银行存款支付设备租金等相关费用6 000元。根据《企业会计准则》规定，上述支出中应予以资本化的部分是150 000元，应予以费用化的部分是8 000元。

（4）24日，公司出售一项专利权的所有权，出售价格为200 000元，该专利权的成本为180 000元，累计已提摊销额41 000元，增值税税率为6%。

（5）31日，按规定对一项专利权进行摊销，此项专利权购买成本为480 000元，公司规定的摊销期限为10年。

【小实训1-7】

1.2023年4月12日，长沙含光服饰公司用现金支付新技术研究阶段的研究开发专家指导费。要求根据支出凭单（见表1-67），填制记账凭证（见表1-68，假设本月记账凭证已编至记字20号）。

表1-67

支出凭单

2023年4月12日　　第18号

即　付：新技术研究开发专家指导费

款　　对方科目编号

现金付讫

计人民币：叁仟元整　　¥3 000.00

领款人：陈丽　　主管审批：熊美丽

附单据1张

财务主管：熊美丽　　记账：　　出纳：陈兰英　　审核：　　制单：刘艳丽

表1-68

记账凭证

年　月　日　　　　字第　号

摘要	总账科目	明细科目	记账√	借方金额										记账√	贷方金额								
				千	百	十	万	千	百	十	元	角	分		千	百	十	万	千	百	十	元	角	分
合　计																								

附件　张

会计主管　　记账　　出纳　　审核　　制单

2.2023年5月6日，长沙含光服饰公司以200 000元的价格将一项专利出售，款项已存入银行。该专利技术成本为300 000元，已累计摊销180 000元，增值税税率为6%。要求根据服务发票（见表1-69）和进账单（见表1-70），填制记账凭证（见表1-71，假设本月已编至记字12号）。

表1-69

长沙市服务业统一发票

记　账　联

发票代码：12456788

客户名称：湘华有限责任公司　　2023年5月6日　　发票号码：13545858

项　目	摘　要	单　位	数　量	单　价	金　额
专利转让费					200 000.00
合　计（大写）	人民币贰拾万元整				¥200 000.00

第三联：记账联

收款：李婷　　经办：刘阳　　收款单位（盖章）

（手填无效）　　税控码：

表1-70

中国工商银行进账单（收账通知）　3

2023年5月6日

出票人	全　称	湘华有限责任公司	收款人	全　称	长沙含光服饰公司
	账　号	1104562479523566478		账　号	1102021845672108901
	开户银行	中国建设银行长沙中山支行		开户银行	中国工商银行中山支行

			亿	千	百	十	万	千	百	十	元	角	分
金额	人民币（大写）	贰拾壹万贰仟元整			¥	2	1	2	0	0	0	0	0

票据种类	转账支票	票据张数	壹张	中国工商银行 长沙市中山支行办理处 20230506 办讫章 开户银行签章
票据号码	1265465			
复核：刘丽		记账：赵湘		

收款人开户银行交给收款人的收账通知

表1-71

记账凭证

年　月　日　　　　字第　号

摘要	总账科目	明细科目	记账√	借方金额										记账√	贷方金额									
				千	百	十	万	千	百	十	元	角	分		千	百	十	万	千	百	十	元	角	分
合　计																								

附件　张

会计主管　　记账　　出纳　　审核　　制单

3.2023年6月30日，长沙含光服饰公司摊销无形资产。要求根据摊销表（见表1-72），填制记账凭证（见表1-73，假设本月记账凭证已编至记字18号）。

表1-72

无形资产摊销计算表

2023年6月30日

名称	原始成本	摊销期限（年）	月摊销金额	记入账户
专利权	50 000.00	10	416.67	管理费用
商标权	200 000.00	10	555.56	管理费用
合　计	¥250 000.00		¥972.23	

表1-73

记账凭证

年　　月　　日　　　　　　　　字第　　号

摘要	总账科目	明细科目	记账√	借方金额										记账√	贷方金额									
				千	百	十	万	千	百	十	元	角	分		千	百	十	万	千	百	十	元	角	分
合　计																								

附件　　张

会计主管　　　　记账　　　　出纳　　　　审核　　　　制单

项目小结

本项目通过长沙含光服饰公司的部分日常业务，主要介绍了小企业的原材料按实际成本和计划成本的核算，周转材料购进和发出的核算；固定资产增加的核算，固定资产折旧额的计算与核算，固定资产处置（出售、报废、毁损）的核算，固定资产清查及盘亏的核算；无形资产的增加与摊销及其处置的核算。选用了适当的实务操作例题，便于学生理解，并提供了较多的训练题让学生进行训练。学生通过本章的学习和训练，能够熟练地掌握小企业财产物资的账务处理。

项目训练

一、单项选择题

1.小企业对于购入材料发生的运输费用，处理正确的是（　　）。

A.运输费用应计入材料的采购成本　　B.运输费用直接计入销售费用

C.运输费用应计入管理费用　　D.运输费用不能计算增值税进项税额

2.“材料成本差异”账户是（　　）账户的调整账户。

A.“在途物资”　　B.“原材料”

C.“主营业务收入”　　D.“主营业务成本”

3.小企业存货盘盈是指存货的实存金额大于账存金额的差额，对于盘盈的各种材料或商品等，按照管理权限经批准后处理时，借记“待处理财产损溢”账户，贷记（　　）账户。

A.“营业外收入”　　B.“其他应收款”

C.“营业外支出”　　D.“管理费用”

4.“固定资产”账户用于核算小企业持有的（　　）。

A.固定资产原价　　B.固定资产折余价值

C.固定资产损耗价值　　D.固定资产账面价值

5.在小企业中，应计提折旧的是（　　）。

A.已提足折旧仍在使用的固定资产　　B.单独计价入账的土地

C.以融资租赁方式租入的固定资产　　D.以经营租赁方式租入的固定资产

6.固定资产预计净残值是指（　　）。

A.固定资产预计处置收入

B.固定资产预计处置费用

C.固定资产预计处置收入减去预计处置费用

D.固定资产原值减去预计处置费用

7.小企业因出售、报废、毁损、对外投资等原因转入清理的固定资产账面价值，应记入（　　）账户。

A.“管理费用”　　B.“营业外支出”

C.“固定资产清理”　　D.“待处理财产损溢”

8.下列关于小企业无形资产的表述中，正确的是（　　）。

A.没有实物形态的资产就是无形资产

B.无形资产都是可以辨认的

C.无形资产的使用期限都是可以确定的

D.有些无形资产是不可以辨认的

9.小企业研究开发无形资产，在研究过程中发生的支出应计入（　　）。

A.管理费用　　B.无形资产

C.其他业务成本　　D.研发支出

10.甲公司（小企业、一般纳税人）将拥有的一项专利权出售，取得30万元收入，增值税税率为6%。甲公司取得该无形资产时实际成本为40万元，已摊销12万元。甲公司出售该项无形资产应计入当期损益的金额为（　　）万元。

A.-10　　B.-7

C.2　　D.0.5

11. 下列各项支出中，属于一般纳税人的制造类小企业不应计入存货成本的是（　　）。

A. 保险费用　　B. 入库前的挑选整理费

C. 购买存货而发生的运输费用　　D. 购买存货而支付的增值税

12. 出售固定资产收取的价款，应贷记（　　）科目。

A. “营业外支出”　　B. “资本公积”

C. “固定资产清理”　　D. “营业外收入”

13. 某小企业2023年12月购入一台机器设备原值90 000元，预计净残值8 000元，预计可使用10年，按直线法计提折旧，则2023年应计提折旧（　　）元。

A.6 600　　B.8 000

C.9 000　　D.8 200

14. 某小企业为一般纳税人，企业购入原材料一批，购入价为30 000元，增值税为3 900元，发生运杂费240元，入库前的挑选整理费为160元，则该批原材料的实际成本为（　　）元。

A.35 200　　B.34 800

C.30 400　　D.35 040

15. 某小企业月初结存材料计划成本为100 000元，成本差异为节约差1 000元，本月入库材料的计划成本为100 000元，成本差异为超支差400元，当月生产车间领用材料计划成本为150 000元。假定该企业按月末计算的材料成本差异率后分配和结转材料成本差异，则当月生产车间领用材料应负担的材料成本差异为（　　）元。

A.450　　B.-450

C.1 050　　D.-1 050

16. 下列各因素中，小企业计提固定资产折旧时通常不考虑的是（　　）。

A. 固定资产原值　　B. 固定资产实际净残值

C. 固定资产使用年限　　D. 固定资产预计净残值

17. “生产成本”账户期末借方余额表示（　　）。

A. 在产品和完工产品成本之和　　B. 产成品成本

C. 销售成本　　D. 在产品成本

18. 企业经营出租固定资产的折旧费，应记入（　　）账户。

A. “制造费用”　　B. “管理费用”

C. “销售费用”　　D. “其他业务成本”

19.2023年10月9日，某小企业（增值税小规模纳税人）购入材料一批，取得的增值税专用发票注明的价款为21 200元，增值税为2 756元，该企业适应的增值税征收率为3%。材料入库前的挑选整理费为200元，材料已验收入库，则该企业取得的入账价值应为（　　）元。

A.20 200　　B.21 400

C.24 592　　D.24 792

20.2023年5月5日，某小企业以80 000元购入一项专利权，预计使用年限为10年。2015年1月1日，该企业将该专利权以70 000元对外出售，出售无形资产的增值税税率为6%，则出售该专利权实现的营业外收入为（　　）元。

A.2 500　　B.6 700

C.6 500　　D.10 000

二、多项选择题

1.下列关于“材料成本差异”账户结构的说法中，正确的有（　　）。

A.借方登记入库材料的超支差异

B.贷方登记入库材料的节约差异

C.借方登记发出材料应负担的节约差异

D.贷方登记发出材料应负担的超支差异

2.下列关于小企业“原材料”总分类账的说法中，正确的有（　　）。

A.只核算金额，不核算材料的数量

B.总账账页格式采用三栏式

C.原材料总账可以根据记账凭证逐笔登记

D.原材料总账可以根据科目汇总表定期登记

3.下列属于小企业固定资产的有（　　）。

A.房屋　　B.建筑物

C.生产设备　　D.运输汽车

4.下列项目中，属于小企业（一般纳税人）外购的设备构成固定资产成本的有（　　）。

A.固定资产的运杂费　　B.固定资产的买价

C.购进固定资产产生的进项税额　　D.固定资产的安装费

5.影响小企业固定资产折旧的因素主要有（　　）。

A.固定资产原价　　B.固定资产预计净残值

C.固定资产净值　　D.固定资产使用寿命

6.下列关于小企业固定资产折旧的说法中，正确的有（　　）。

A.已提足折旧，仍继续使用的固定资产不再计提折旧

B.提前报废的固定资产，应继续补提折旧

C.当月增加的固定资产，当月不计提折旧，从下月起计提折旧

D.当月减少的固定资产，当月仍计提折旧，从下月起不计提折旧

7.下列各项业务中，小企业应通过“固定资产清理”账户核算的有（　　）。

A.对外投资的固定资产　　B.出售的固定资产

C.报废的固定资产　　D.损毁的固定资产

8.小企业的固定资产在使用中发生的日常修理费应按照固定资产的受益对象借记（　　）账户。

A.“制造费用”　　B.“管理费用”

C.“生产成本”　　D.“财务费用”

9.下列项目中，属于小企业无形资产特征的有（　　）。

A.不具有实物形态　　B.具有可辨认性

C.属于非货币性长期资产　　D.企业可以短期受益

10.下列各项支出中，小企业应计入无形资产成本的有（　　）。

A.购入专利权发生的支出　　B.购入非专利技术发生的支出

C.取得土地使用权发生的支出　　D.以无偿划拨方式取得的土地使用权

11.某小企业为增值税一般纳税人，其购入的用于生产经营的固定资产的入账价值应是买价加上与购置固定资产有关的（　　）。

A.运输费　　B.装卸费

C.增值税　　D.包装费

12.小企业发出材料可以在借方登记的账户有（　　）。

A."生产成本"　　B."管理费用"

C."制造费用"　　D."在建工程"

13.小企业计提固定资产折旧时，与"累计折旧"账户相对应的账户可能有（　　）。

A."财务费用"　　B."其他业务成本"

C."制造费用"　　D."销售费用"

14.下列各项中，小企业应计提折旧的固定资产有（　　）。

A.融资租入的固定资产　　B.大修理停用的固定资产

C.经营租出的设备　　D.已提足折旧继续使用的固定资产

15.小企业在确定固定资产使用寿命时，应当考虑的因素有（　　）。

A.预计生产能力或实物产量　　B.预计有形损耗

C.预计无形损耗　　D.法律的限制

16.下列固定资产中，小企业应计提折旧的有（　　）。

A.当月增加的固定资产　　B.当月减少的固定资产

C.提前报废的固定资产　　D.大修理停用的固定资产

17.下列各项中，应计入小企业存货成本的有（　　）。

A.进口原材料支付的关税　　B.生产过程中发生的制造费用

C.原材料入库前的挑选整理费　　D.自然灾害造成的原材料净损失

18.下列项目中，属于小企业在编制资产负债表时应列入"存货"项目的有（　　）。

A.材料采购　　B.原材料

C.材料成本差异　　D.工程物资

19."材料成本养异"账户的贷方可以用来登记（　　）。

A.购进材料实际成本小于计划成本的差额

B.发出材料应负担的超支差异

C.发出材料应负担的节约差异

D.购进材料实际成本大于计划成本的差额

20."固定资产清理"账户贷方登记的项目有（　　）。

A.转入清理的固定资产的净值　　B.变价收入

C.结转的清理净收益　　D.结转的清理净损失

三、判断题

1.小企业原材料的日常收发及结存，可以采用实际成本核算，也可以采用计划成

本核算。 ( )

2.规模较小、材料品种较少、收发业务不多的小企业，适宜采用按实际成本组织材料的核算。 ( )

3.小企业（批发业、零售业）在购买商品过程中发生的运输费用，在“销售费用”账户核算，不在“在途物资”账户核算。 ( )

4.“材料成本差异”账户，用于核算小企业采用计划成本进行日常核算的材料计划成本与实际成本的差异。 ( )

5.小企业期末计算和结转入库产成品的实际成本时，借记“库存商品”账户，贷记“生产成本”账户。 ( )

6.固定资产的成本是指小企业购建某项资产达到预定可使用状态前所发生的一切合理、必要的支出。 ( )

7.小企业当月增加的固定资产，当月不计提折旧，从下月起计提折旧；当月减少的固定资产，当月仍计提折旧，从下月起不计提折旧。 ( )

8.小企业固定资产出售、报废、毁损、对外投资的净损益，均应转入“营业外收入”或“营业外支出”账户核算。 ( )

9.《小企业会计准则》规定，已经计入费用的研发支出，在该项无形资产获得成功并依法申请取得权力时，应将原已计入研发支出的费用资本化。 ( )

10.《小企业会计准则》规定，无形资产应在预计使用年限内平均摊销。 ( )

四、实务题

1.长沙含光服饰公司（小企业、增值税一般纳税人）2023年5月发生下列发出原材料的业务（材料采用计划成本核算）：

（1）本月生产产品（男上衣）领用棉布材料的计划成本为653 830元，本月材料成本差异率为4%。

要求：编制月末结转发出材料的计划成本和结转发出材料应负担的成本差异的会计分录，并计算本月发出材料的实际成本。

（2）小企业材料按计划成本计价，月初结存材料计划成本40 000元，结存材料超支差异500元；本月以存款购买材料的实际成本为37 000元，计划成本为36 000元，超支差异为1 000元；本月发出材料（用于生产产品）的计划成本为45 000元。

要求：①编制企业材料入库、结转入库材料成本差异的会计分录。

②计算材料成本差异率和发出材料应负担的成本差异。

③编制发出材料、结转发出材料成本差异的会计分录。

2.长沙含光服饰公司周转材料和产成品按实际成本进行核算，发生相关业务如下：

（1）购进低值易耗品一批，购买价款为23 200元，增值税为3 016元，款项以存款支付，低值易耗品已验收入库。企业基本生产车间领用工具一批，实际成本为2 950元，采用一次摊销法。

要求：编制购进、领用低值易耗品的会计分录。

（2）购进包装物一批，购买价款为8 530元，增值税为1 108.9元，款项以银行存款支付，包装物已验收入库。基本生产车间为包装产品，领用包装物的实际成本为5 730元。

要求：编制购进、领用包装物的会计分录。

（3）月末进行汇总计算，本月共生产完工入库产成品（男上衣）820件，每件生产成本为153元，仓库共发出产成品760件，企业采用全月一次加权平均法计算发出产品成本，得出加权平均单位成本为155元。

要求：编制月末结转入库产成品成本和发出产成品成本的会计分录。

（4）A种男式休闲裤9月初结存数量600件，单位成本120元；本月生产完工验收入库该产成品数量3 400件，单位成本122元；本月销售该产成品3 500件。

要求：采用加权平均法计算本月该种男式休闲裤销售成本和月末结存成本，并编制产品入库和产品出库的会计分录。

3.长沙含光服饰公司购进一条需要安装的休闲裤生产线，增值税专用发票上注明的价款为189 000元，增值税为24 570元，运杂费为6 000元，款项均以银行存款支付。安装过程中企业以存款支付安装费用5 000元，该生产线已安装完毕交付使用。该生产线预计使用寿命为8年，预计残值为10 000元，预计清理费用为2 000元。

要求：（1）根据上述资料编制固定资产购进、安装、交付使用的会计分录。

（2）采用年限平均法计算该设备年折旧额、月折旧额、年折旧率、月折旧率。

（3）编制按月计提折旧的会计分录。

4.长沙含光服饰公司2023年发生的有关固定资产业务如下：

（1）5月15日，将一栋多年闲置不用的厂房出售，出售价款为720 000元，增值税为64 800元，款项已收入银行。该厂房原始价值为1 080 000元，累计折旧为450 000元，出售过程中企业支付整理费用500元。清理完毕，结转清理净损益。

（2）5月22日，将一台生产设备报废，该设备原始价值为360 000元，累计折旧为32 400元，报废时以现金支付清理费用200元，残料已验收并交原材料仓库保管，估价700元。清理完毕，结转清理净损益。

（3）6月27日，因火灾烧毁一台设备，该设备原始价值为70 200元，累计折旧为23 400元，清理现场时发生清理费用300元，经核定，保险公司同意赔偿损失40 000元，残料变卖收入为600元已存入银行。清理完毕，结转清理净损益。

要求；根据上述业务编制相关会计分录（不考虑相关税费）。

5.长沙含光服饰公司自行研究、开发一项技术，截至2023年6月30日，发生研发支出合计2 000 000元，经测试该项研发活动完成了研究阶段。从2024年1月1日开始进入开发阶段，2024年发生研发支出300 000元，假定符合规定开发支出资本化的条件，2024年6月30日，该项研发活动结束，最终开发出一项非专利技术。上述款项均以银行存款支付。

要求：计算无形资产的入账价值，并编制相关会计分录。

6.2023年5月23日，长沙含光服饰公司将拥有的一项专利权出售，取得收入150 000元，增值税为9 000元（不考虑其他相关税费），该专利权的入账价值为128 090元，累计摊销4 330元。

要求：编制出售无形资产的会计分录。

7.2023年7月1日，长沙含光服饰公司从高新科技开发公司购入一项专利的所有权，以银行存款支付买价和有关费用共计100万元，该专利自可供使用时开始至不再作为无形资产确认时为止的年限为10年。假定长沙含光服饰公司年末一次计提全年的无形资产摊销，2027年1月1日长沙含光服饰公司将上述专利权出售给兴盛企业，取得收入90万元存入银行，增值税税率为6%（不考虑其他相关税费）。

要求：编制相关会计分录。

五、操作题

1. 长沙含光服饰公司（小企业、增值税一般纳税人）采用先进先出法计算发出材料和结存材料的成本，5月份原材料（棉布C）的有关资料，见表1–74。

表1–74

材料收发结存情况

材料品种：棉布C　　　　金额单位：元

日期	摘要	数量（米）	单价	金额
5.1	月初结存	200	30	6 000
5.5	购入	310	32	9 920
5.10	发出	400		
5.15	购入	350	33	11 550
5.23	发出	320		

要求：（1）采用先进先出法计算发出材料和结存材料的成本。

（2）采用先进先出法登记棉布明细账（见表1–75）。

表1–75

材料明细账（先进先出法）

材料名称：　　　　数量单位：米

年		凭证号数	摘要	收入			发出			结存		
月	日			数量	单价	金额	数量	单价	金额	数量	单价	金额

2. 长沙含光服饰公司（小企业、增值税一般纳税人）采用加权平均法计算发出商品和结存商品的成本，2023年5月库存商品（休闲裤）收入、发出和结存的有关资料，见表1–76。月初休闲裤单位成本为132元。

要求：（1）计算该种休闲裤的加权平均单价和发出休闲裤的总成本。

（2）登记“库存商品——休闲裤”明细账（见表1–77）。

表1-76

库存商品收发结存情况

金额单位：元

日期	业务	增加			发出数量（件）	结存数量（件）
		数量（件）	单位成本	金额		
1日	月初结存					720
30日	生产入库	2 980	135	402 300		3 700
30日	销售发出				2 800	900

表1-77

最高存量__________

最低存量__________

编　　号__________规格__________

库存商品明细账

本账页数	
本户页数	

单位（　　　　　）名称__________

年		凭证号数	摘要	账页	借方												贷方												结存											
月	日				数量	单价	金额										数量	单价	金额										数量	单价	金额									
							千	百	十	万	千	百	十	元	角	分			千	百	十	万	千	百	十	元	角	分			千	百	十	万	千	百	十	元	角	分

3.长沙含光服饰公司（小企业、增值税一般纳税人）2023年6月发生下列存货清查盘点业务：

（1）期末盘点，发现B类短裤溢余8个，每个进价11元，溢余的原因待查。之后查明系商品收发计量差错，经批准予以转账。

（2）在财产清查过程中发现原材料盘盈170千克，结合同类原材料的单位成本确定其总成本为630元。

（3）在财产清查过程中发现盘亏材料730元（属于责任者失职造成，应由其赔偿），盘亏库存商品420元（属于收发计量不准确造成的）。

（4）在财产清查过程中发现盘亏材料1 800元（属于非正常损失，应由责任人赔偿），其进项税额为234元。

要求：（1）分别编制上述存货清查业务批准前、批准后（应由责任人赔偿）的会计分录。

（2）根据存货溢余（短缺）情况（见表1-78），分别编制批准前、批准后的会计分录。（假设盘盈、盘亏均为计量不准）

表1-78

材料盘盈盘亏报告表

2023年6月30日

编号	品名	单位	账面数量	实存数量	盘盈		盘亏		原因
					数量	金额	数量	金额	
05	涤纶布	米	317.00	310.00			7.00	56.00	计量不准
06	棉纶布	米	245.00	240.00	5.00	35.00			计量不准

编制：刘艳丽　　　　审核：熊美丽

4.2023年6月30日，长沙含光服饰公司根据车间和部门的固定资产使用情况，采用年限平均法计算本月固定资产的折旧（见表1-79）。假定固定资产原价均为应计折旧的固定资产原始价值，将基本生产车间固定资产折旧费列入制造费用，将对外提供劳务的设备的折旧费列入其他业务成本。

要求：（1）完成“固定资产折旧计算表”。

（2）编制本月计提折旧的记账凭证（见表1-80，假设本月记账凭证已编至记字20号）。

5.2023年6月5日，长沙含光服饰公司购买了一项专利权，合同规定收益年限为10年，公司共支付5 000 000元。

要求：（1）计算6月份的摊销额。

（2）填制“无行资产摊销计算表”（见表1-81）。

（3）编制无形资产购入、摊销的记账凭证（见表1-82、表1-83，假设本月记账凭证已编至记字6号）。

表1-79

固定资产折旧计算表

2023年6月30日

固定资产类别	使用部门	品名	单位	数量	原价（元）	月折旧率	月折旧额
房屋建筑物	基本生产车间	厂房	栋	1	1 630 000.00	0.02	
	企业管理部门	办公楼	栋	1	3 000 000.00	0.03	
机器设备	基本生产车间	生产线	条	1	900 000.00	0.02	
办公设备	企业管理部门	电脑	台	17	170 000.00	0.01	
运输设备	企业管理部门	汽车	台	1	80 000.00	0.01	
合　计					¥5 780 000.00		

编制：刘艳丽　　　　　　　　　　审核：熊美丽

表1-80

记账凭证

年　　月　　日　　　　　　　　字第　　号

摘要	总账科目	明细科目	记账√	借方金额										记账√	贷方金额									
				千	百	十	万	千	百	十	元	角	分		千	百	十	万	千	百	十	元	角	分
合　计																								

附件　　张

会计主管　　　　记账　　　　出纳　　　　审核　　　　制单

表1-81

无形资产摊销计算表

年 月 日

名称	原始成本	摊销期限（年）	月摊销金额	记入账户
合 计				

表1-82

记账凭证

年 月 日 字第 号

摘要	总账科目	明细科目	记账√	借方金额										记账√	贷方金额									
				千	百	十	万	千	百	十	元	角	分		千	百	十	万	千	百	十	元	角	分
合 计																								

附件 张

会计主管 记账 出纳 审核 制单

表1-83

记账凭证

年 月 日 字第 号

摘要	总账科目	明细科目	记账√	借方金额										记账√	贷方金额									
				千	百	十	万	千	百	十	元	角	分		千	百	十	万	千	百	十	元	角	分
合 计																								

附件 张

会计主管 记账 出纳 审核 制单

项目评价

项目评价表

内容			评价		
学习目标		评价项目	3	2	1
职业能力	存货的核算	1.原材料按实际成本核算、按计划成本核算			
		2.周转材料的核算			
		3.库存商品的核算			
		4.存货的结存与清查			
	固定资产的核算	1.固定资产取得的核算			
		2.固定资产折旧的计算			
		3.固定资产处置的核算			
	无形资产的核算	1.无形资产取得的核算			
		2.无形资产的摊销			
		3.无形资产的处置			
通用能力	组织能力				
	沟通能力				
	解决问题的能力				
	自我提高的能力				
	创新能力				
综合评价					

等级说明：

3——能高质、高效地完成此学习目标的全部内容，并能解决遇到的特殊问题

2——能高质、高效地完成此学习目标的全部内容

1——能完成此学习目标的全部内容，无须任何帮助和指导

评价说明：

优秀——达到3级水平

良好——达到2级水平

合格——全部任务都达到1级水平

不合格——不能达到1级水平

育人主题

财产物资管理——鸿星尔克“破产式”捐款

2021年7月，因向河南水灾捐赠价值5 000万元的物资，鸿星尔克突然走入大众视野。不少人被鸿星尔克“虽然巨亏但不忘做慈善”的情怀感动，称其为“国货之光”，因此大量涌入直播间购买该公司产品，鸿星尔克抖音直播间一周内就完成了7 700万元的销售额。此后该公司又相继捐款给山西、泉州等省市。根据媒体披露的数据，2019年，鸿星尔克营业收入为22.27亿元。2020年，其营业收入为28.43亿元。至于鸿星尔克具体的利润金

额和更详细的财务情况，暂无官方数据。不过也有多家媒体报道称，2020年该公司营业收入为28.43亿元，亏损2.2亿元；2021年上半年，鸿星尔克净亏损6 000万元。

如此，一边亏损一边捐款，鸿星尔克被网友贴上“破产式捐款”的标签。

同学们，鸿星尔克作为国产老品牌，它的这种捐款方式给我们带来了什么样的启发？为什么在国内市场高度集中和国货名气渐起的今天，我们的国货仍然保持着“潜水”的状态？而你们作为新时代中职财经商贸类的学生，应如何对自己的财产进行管理，提高它们的价值呢？

【思考与启发】

一、鸿星尔克作为国产老品牌，虽然平时“存在感”很低，企业发展不是很好，但是仍积极捐款，驰援灾区。这一行为不仅表现出其作为中国企业的责任与担当，更体现了“岂曰无衣，与子同袍”的互助精神，是这样的大爱感动了无数网友，以致于大家理性消费最后心甘情愿地变成“野性消费”。

二、一些国货仍保持“潜水”的状态，分析原因可知：

其一，品牌效应不足，大而不强。中国当前是世界第一制造大国和第一出口大国，但“大”并不意味着“强”，中国仍是一个品牌弱国。同时，品牌提升往往需要企业巨大而持续的投入，回报周期长，且具有较大的不确定性，相比之下我国企业更愿意将资金投入回收期短、边际收益高的房地产或金融业务中去，实体品牌发展仍然艰难。

其二，产品和服务质量不足。国产品牌常常依靠价格低、制造规模大等优势占领市场，而在安全性、质量、可靠性、设计能力及社会责任等方面却存在一些问题，例如2008年中国奶制品污染事件。正所谓“质量放空，劳而无功”，产品和服务质量是一家企业长久发展的根，这一点应成为共识。

三、作为新时代中职财经商贸类的学生，我们首先应明确财产是什么，物品所有权归于我们个体的是我们的财产，比如我们的书籍、文具等。我们所处的教室、寝室内的公共物品虽然所有权属于学校，是学校的财产，但由于使用者是我们，也是我们班集体的财产，比如班级的课桌椅、电脑、广播设备等需要以班级为单位进行管理。其次，除了日常使用，还需要及时对其进行清查，分清哪些是易损品、哪些是耐用品，并对其进行补充或修复，在加强管理的同时去提高它们的使用效益，发挥各项财产的作用。最后，我们通过对物品的管理，更要不断地学习与努力，学习鸿星尔克的责任与担当，通过勤奋学习、刻苦训练将学习的知识转化为我们储备的存货，厚积薄发，变为更优秀的自己。

资料来源：鸿星尔克“破产式捐赠”：是营销，还是慈善？[EB/OL].(2022-08-04). https://gongyi.ifeng.com/c/8ICFhLis6Xp.有改动.

项目二　往来款项

学习目标

知识目标

1. 了解应收账款、预收账款，应收票据、应付票据，应付账款、预付账款，以及其他应收款、其他应付款等往来款项的概念。

2. 理解应收账款、预收账款，应收票据、应付票据，应付账款、预付账款，以及其他应收款、其他应付款等往来款项的核算内容，理解应交税费的核算内容。

能力目标

1. 能运用《小企业会计准则》对小企业与供货方、购货方的往来款项进行正确的账务处理。

2. 能运用《小企业会计准则》对小企业与税务机关、其他单位和个人的往来款项进行正确的账务处理。

任务一　应收账款与预收账款的核算

案例导入

长沙含光服饰公司的小李在往来结算岗位工作了大半年，有一天，他遇到公司销售部的小刘，小刘向小李发起了牢骚，说他上个月帮公司做成了一笔大生意，替公司赚了不少钱，但他应得的奖金却没有及时发给他。

小李把小刘拉到办公室对他说："你搞销售的应该知道销售有现销与赊销之分吧？"小刘说："这我当然知道。"小李说："你知道，赊销必然会产生应收账款，而应收账款就像一把'双刃剑'，其对公司的影响有好的一面，也有不利的一面。好的是，应收账款意味着公司既扩大了销售，又拥有了一项对客户资产的要求权；不利的是，公司可能由于应收账款的存在而导致资金回笼的困难，甚至会发生坏账损失。你那一笔大生意，表面上公司的销售额上去了，实际上公司到现在还没有收到钱。今天正好遇上你，你去找找那个客户，催他们把款付了。等我们收到了货款，你的奖金就不用愁了。"小刘的这笔销售业务使公司产生了应收账款，商业信用引起的债权与债务等往来款项在小企业日常经济业务中是普遍现象，也是会计核算的重要内容之一。

任务描述

小企业从事销售商品、提供劳务等日常生产经营活动时会形成应向购货方收取的款项，即应收账款；小企业从事销售商品、提供劳务等日常生产经营活动时会预先收到购货方的定金，即预收账款。那么小企业对应收账款和预收账款应怎样进行确认和记录呢？此任务将带你解决这些问题。

应收账款的核算

知识准备

1. 应收账款的核算

（1）应收账款入账时间的确定

应收账款是指小企业因销售商品、提供劳务等日常生产经营活动而应收取的款项。

对于应收账款而言，应在商品、产品的所有权或控制权转移时，以及所提供劳务完成时确认其债权成立，这也是权责发生制的具体体现。

小企业销售商品或提供劳务，在已确认实现收入而销货款尚未收到的情况下，应根据已经取得的索取价款的凭据，确认应收账款。

在不同的销售方式和结算方式下，应收账款确认的依据是不一样的。

小企业采用托收承付结算方式时，如果商品、产品已经发出，劳务已经提供，并且已将发票账单提交开户银行办妥了托收手续，就应该依据办妥托收手续后银行退回的托收凭证第一联（回单联）以及有关销售凭证，确认应收账款。

小企业采用委托代销方式销售时，应以收到的代销单位报来的代销清单为依据确认应收账款。

（2）应收账款入账价值的确定

小企业赊销商品或提供劳务，在已确认实现收入而销货款尚未收到时，应根据已经取得的索取价款的凭据，确认应收账款。

应收账款通常应于实现收入时按实际发生额计价入账，主要包括小企业销售商品或提供劳务等应向有关债务人收取的价款、支付的增值税及代购货单位垫付的包装费、运杂费等，计价时还需要考虑商业折扣和现金折扣等因素。

为了核算小企业因销售商品、提供劳务等日常生产经营活动应收取的款项，应设置“应收账款”账户。该账户属于资产类，其账户结构如下：

借方　　　　　　　　　　**应收账款**　　　　　　　　　　贷方

借方	贷方
小企业销售商品和提供劳务而发生的应收账款	收回的应收账款和转销的无法收回的应收账款（坏账损失）
期末余额：反映小企业尚未收回的应收账款	期末余额：反映小企业预收的账款

该账户可按对方单位或个人（购货单位）名称进行明细核算。

2. 预收账款的核算

预收账款是指小企业按照合同规定预收的款项，即小企业在销售前预先收取的购货方的货款。预收账款是销售方的一种负债，这项负债由销售方通过以后付出商品或提供劳务等偿还。

小企业应开设“预收账款”账户核算小企业按合同规定预收的账款。该账户属于负债类，其账户结构如下：

借方　**预收账款**　贷方

预收货款的减少	小企业预收货款的增加
期末余额：反映尚未转销的应收款项	期末余额：反映小企业预收的款项

该账户可按对方单位（或个人）进行明细核算。

销售商品采取预收款方式的，预先收款时不确认收入，而是在发出商品时确认收入。预收款与实际价款的差额多退少补。销售方的预收账款，就是购买方的预付账款。

任务实施

一、应收账款的账务处理

1.收款人办理委托收款后，根据银行盖章退回的托收凭证第一联回单和发票等有关凭证，进行账务处理。小企业销售商品、提供劳务发生应收账款时，借记“应收账款”账户，贷记“主营业务收入”、“应交税费——应交增值税（销项税额）”等账户。

2.收回应收账款时，根据托收凭证的收账通知等凭证，借记“银行存款”等账户，贷记“应收账款”账户。

3.小企业代购货单位垫付的包装费、运杂费，借记“应收账款”账户，贷记“银行存款”账户。收回代垫费用时，借记“银行存款”账户，贷记“应收账款”账户。

【例2-1】2023年4月6日，长沙含光服饰公司向富能公司销售男上衣（L）100件，每件售价288元，增值税专用发票注明货款28 800元，增值税3 744元，商品已发运并办妥托收手续。长沙含光服饰公司编制会计分录如下：

借：应收账款——富能公司　32 544
　贷：主营业务收入　28 800
　　应交税费——应交增值税（销项税额）　3 744

9月18日，长沙含光服饰公司收到上述款项：

借：银行存款　32 544
　贷：应收账款——富能公司　32 544

【例2-2】2023年4月8日，长沙含光服饰公司向长沙华强公司销售休闲裤200条，每条售价158元，增值税专用发票注明货款31 600元，增值税4 108元，采用委托收款结算，填写“托收凭证”，已办妥托收手续。长沙含光服饰公司编制会计分录如下：

（1）实现销售

借：应收账款——华强公司　35 708
　贷：主营业务收入　31 600
　　应交税费——应交增值税（销项税额）　4 108

（2）4月15日，长沙含光服饰公司接到银行收账通知，收回长沙华强公司前欠款

借：银行存款　35 708

贷：应收账款——华强公司 35 708

【小知识2-1】

委托收款是收款人委托银行向付款人收取款项的结算方式。单位或个人凭已承兑的商业汇票、债券、存单等付款人债务证明办理款项的结算，均可以使用委托收款结算方式。委托收款结算方式既可以用于同城结算，也可以用于异地结算。收款人办理委托收款结算业务，应填写“托收凭证”一式五联。托收凭证格式，见表2-1。

表2-1

托收凭证（受理回单） 1

委托日期 年 月 日

<table>
<tr><td colspan="2">业务类型</td><td colspan="16">委托收款（□邮划、□电划） 托收承付（□邮划、□电划）</td></tr>
<tr><td rowspan="3">付款人</td><td>全 称</td><td colspan="3"></td><td rowspan="3">收款人</td><td>全 称</td><td colspan="11"></td></tr>
<tr><td>账 号</td><td colspan="3"></td><td>账 号</td><td colspan="11"></td></tr>
<tr><td>地 址</td><td>省 市县</td><td>开户行</td><td></td><td>地 址</td><td colspan="6">省 市县</td><td colspan="3">开户行</td><td colspan="2"></td></tr>
<tr><td rowspan="2">金额</td><td colspan="5" rowspan="2">人民币（大写）</td><td>亿</td><td>千</td><td>百</td><td>十</td><td>万</td><td>千</td><td>百</td><td>十</td><td>元</td><td>角</td><td>分</td></tr>
<tr><td></td><td></td><td></td><td></td><td></td><td></td><td></td><td></td><td></td><td></td><td></td></tr>
<tr><td colspan="2">款项内容</td><td></td><td>托收凭据名 称</td><td colspan="3"></td><td colspan="4">附寄单证张数</td><td colspan="7"></td></tr>
<tr><td colspan="2">商品发运情况</td><td colspan="3"></td><td colspan="4">合同名称号码</td><td colspan="9"></td></tr>
<tr><td colspan="3">备注：

复核 记账</td><td colspan="5">款项收妥日期

年 月 日</td><td colspan="10">收款人开户银行签章
年 月 日</td></tr>
</table>

此联作收款人开户银行给收款人的受理回单

委托收款结算程序的业务流程：①收款单位委托银行办理托收；②银行传递单证；③送交单证，银行通知付款；④付款单位承付款项；⑤银行划转款项；⑥银行通知收款单位款项收妥入账。

【小思考2-1】

1.“应收账款”账户的期末借方余额反映小企业（　　）的应收款项。

A.购进商品　　B.已经收回

C.不需收回　　D.尚未收回

2.“应收账款”应按（　　）设置明细账户进行明细分类核算。

A.购货单位　　B.供货单位

C.售出产品　　D.费用项目

【小练习2-1】

2023年5月15日，甲小企业销售给黄河公司一批A产品，售价65 000元，增值税1 950元（适用的增值税税率为3%），以现金代垫运费800元，货款采用委托收款的方式结算，当日已向银行办妥托收手续。5月22日接银行通知，已收到黄河公司付来的货款67 750元。要求分别编制甲小企业5月15日、5月22日的会计分录。

【小实训2-1】

2023年5月6日，海达有限责任公司向长沙华强公司销售甲产品100件，每件售价500元，增值税专用发票注明价款50 000元，增值税6 500元，开支票代垫运杂费1 000元（假定运杂费不考虑增值税）。要求为海达有限责任公司填写相关原始凭证并编制记账凭证。

相关资料如下：

名称：长沙华强公司（小企业），纳税人识别号：440104661305143，地址、电话：湖南长沙芙蓉北路380号，开户行及账号：中国工商银行长沙市北站支行2856784321。

名称：海达有限责任公司（小企业），纳税人识别号：440106868268123，地址、电话：湖南长沙蔡锷南路243号，开户行及账号：中国建设银行长沙市蔡锷路支行，33286688568。

（1）5月6日，填写下列增值税专用发票（见表2-2），并编制销售商品（尚未收款）的记账凭证（见表2-3）。

表2-2

增值税专用发票

№

此联不作报销、扣税凭证使用　　　　开票日期：

<table>
<tr><td>购买方</td><td colspan="3">名　　称：
纳税人识别号：
地 址、电 话：
开户行及账号：</td><td colspan="2"></td><td>密码区</td><td colspan="2">略</td></tr>
<tr><td colspan="2">货物或应税劳务名称</td><td>规格型号</td><td>单位</td><td>数量</td><td>单价</td><td>金额</td><td>税率</td><td>税额</td></tr>
<tr><td colspan="2">

合　计</td><td></td><td></td><td></td><td></td><td></td><td></td><td></td></tr>
<tr><td colspan="2">价税合计（大写）</td><td colspan="7">（小写）</td></tr>
<tr><td>销售方</td><td colspan="3">名　　称：
纳税人识别号：
地 址、电 话：
开户行及账号：</td><td colspan="2"></td><td>备注</td><td colspan="2"></td></tr>
</table>

第一联：记账联　销售方记账凭证

收款人：　　　　复核：　　　　开票人：　　　　销售方（章）

表2-3

记账凭证

年　月　日　　　　字第　　号

摘要	总账科目	明细科目	记账	借方金额										记账	贷方金额									
			√	千	百	十	万	千	百	十	元	角	分	√	千	百	十	万	千	百	十	元	角	分
合　计																								

附件　张

会计主管　　记账　　出纳　　审核　　制单

【小提示2-1】

增值税专用发票由销售方开出，是会计核算的原始凭证，基本联次为三联：发票联、抵扣联和记账联。发票联，作为购买方核算采购成本和增值税进项税额的记账用凭证；抵扣联，作为购买方报送主管税务机关认证和留存备查的凭证；记账联，作为销售方核算销售收入和增值税销项税额的记账用凭证。

目前我国统一采用防伪税控系统开具增值税专用发票。在填写“增值税专用发票”时，开票日期由税控机内部自动生成；密码区由税控机内部自动生成，每份发票密码不相同；价税合计由税控机内部自动生成；在发票联和记账联加盖销货单位的发票专用章，将抵扣联交给税务机关防伪税控系统验证，不加盖发票专用章。

（2）5月18日，海达有限责任公司接到银行收账通知，收回长沙华强公司前欠货款，遂填写下列进账单（见表2-4），并编制收到货款的记账凭证（见表2-5）。

表2-4

进账单（收账通知）　3

年　月　日

<table>
<tr><td rowspan="3">出票人</td><td>全　称</td><td colspan="3"></td><td rowspan="3">收款人</td><td>全　称</td><td colspan="11"></td></tr>
<tr><td>账　号</td><td colspan="3"></td><td>账　号</td><td colspan="11"></td></tr>
<tr><td>开户银行</td><td colspan="3"></td><td>开户银行</td><td colspan="11"></td></tr>
<tr><td rowspan="2">金额</td><td rowspan="2">人民币（大写）</td><td colspan="5" rowspan="2"></td><td>亿</td><td>千</td><td>百</td><td>十</td><td>万</td><td>千</td><td>百</td><td>十</td><td>元</td><td>角</td><td>分</td></tr>
<tr><td></td><td></td><td></td><td></td><td></td><td></td><td></td><td></td><td></td><td></td><td></td></tr>
<tr><td colspan="2">票据种类</td><td></td><td>票据张数</td><td></td><td colspan="13" rowspan="3">开户银行签章</td></tr>
<tr><td colspan="2">票据号码</td><td colspan="3"></td></tr>
<tr><td colspan="5">复核：　　　记账：</td></tr>
</table>

收款人开户银行交给收款人的收账通知

表2-5

记账凭证

年　月　日　　　　　　　　字第　号

摘要	总账科目	明细科目	记账	借方金额										记账	贷方金额									
			√	千	百	十	万	千	百	十	元	角	分	√	千	百	十	万	千	百	十	元	角	分
合　计																								

附件　张

会计主管　　记账　　出纳　　审核　　制单

【小知识2-2】

商业折扣是指小企业根据市场供需情况，为了扩大销售，在商品标价上给予的扣除。商业折扣是企业最常用的促销手段。

商业折扣一般在交易发生时即已确定，不需在买卖双方任何一方的账上反映。因此，在存在商业折扣的情况下，企业应收账款的入账金额应按扣除商业折扣之后的实际售价确认。

【小提示2-2】

假设某种商品标价为每件300元，购买10件以上给予客户10%的商业折扣，现有客户购买了15件，则每件可扣除30元，实际的售价为270元。这实际上就是人们平时所说的薄利多销。

【小练习2-2】

2023年5月4日，长沙含光服饰公司（小企业）向长沙春光服装店销售休闲裤50条，每条标价198元（不含税），假设增值税税率为13%。由于是成批销售，长沙含光服饰公司给予春光服装店20%的商业折扣。当日收到春光服装店开出的转账支票并送存银行。要求编制相关会计分录。

【小知识2-3】

现金折扣是指债权人为鼓励债务人在规定的期限内付款，而向债务人提供的债务扣除。现金折扣通常发生在以赊销方式销售商品及提供劳务的交易中。

小企业为了鼓励客户提前偿付货款，通常与债务人达成协议，债务人在不同期限内付款可享受不同比例的折扣。现金折扣一般用符号“折扣/付款期限”表示。

例如，常见的现金折扣符号“2/10，1/20，N/30”，其中“2/10”的意思为：买方（即债务人）在10天内付款，按售价的2%给予折扣；“1/20”的意思为：买方在10天至20天这一时段内付款，按售价的1%给予折扣；“N/30”的意思为：买方在20天至30天这一时段内付款，则不给折扣。

存在现金折扣的情况下，应收账款入账金额是未减去现金折扣前的实际售价作为应收账款的入账价值。现金折扣只有客户在折扣期内支付货款时，才予以确认。在这种方法下，销售方（即债权人）把给予客户的现金折扣视为融资的一种理财费用，会计上作为财务费用处理。

【例2-3】2023年4月22日，长沙含光服饰公司向株洲卢淞商场销售男上衣50件，每件售价288元，销售休闲裤100条，每条售价158元，开出的增值税专用发票注明售价为30 200元，增值税为3 926元，开出的现金折扣条件为“2/10，1/20，N/30”（假定计算现金折扣时不考虑增值税）。长沙含光服饰公司编制会计分录如下：

9月22日，销售实现：

借：应收账款——卢淞商场	34 126	
贷：主营业务收入		30 200
应交税费——应交增值税（销项税额）		3 926

若长沙含光服饰公司4月30日收到卢淞商场的购货款，则按销售收入的2%给予其现金折扣604元，实收款项为33 522元。收到货款时的会计分录为：

借：银行存款	33 522	
财务费用	604	
贷：应收账款——卢淞商场		34 126

【小练习2-3】

沿用上例资料，若长沙含光服饰公司5月5日收到卢淞商场的购货款，则按销售收入的1%给予其现金折扣，那么购货方应享受多少折扣？实收款项为多少？编制公司收到货款时的会计分录。

二、预收账款的账务处理

购买方预付了货款，销售方就是预收了货款，作为销售方应如何进行会计处理呢？设置预收账款账户核算小企业按合同规定预收的款项，包括预收的销货款、工程款等。

其主要账务处理如下：

1. 小企业向购货单位预收款项时，借记“银行存款”等账户，贷记“预收账款”账户。

2. 销售收入实现时，按照实现的收入金额，借记“预收账款”账户，贷记“主营业务收入”账户，涉及增值税销项税额的，还应贷记“应交税费——应交增值税（销项税额）”账户。

【例2-4】2023年4月15日，长沙含光服饰公司预收大华公司4万元的货款。5月9日，长沙含光服饰公司将商品及有关票据发给大华公司，增值税专用发票注明价款5万元，增值税0.65万元。5月12日，大华公司通过银行向长沙含光服饰公司结清余款。长沙含光服饰公司编制会计分录如下：

（1）4月15日，收到预收款项：

借：银行存款	40 000	
贷：预收账款——大华公司		40 000

（2）5月9日，发出商品，确认销售收入：

借：预收账款　56 500

　贷：主营业务收入　50 000

　　　应交税费——应交增值税（销项税额）　6 500

（3）5月12日，收到大华公司补付的货款：

借：银行存款　16 500

　贷：预收账款——大华公司　16 500

【小练习2-4】

2023年5月23日，荷花公司通过银行电汇50 000元至长沙含光服饰公司，预付购买棉质大号休闲裤的订货款。6月4日，长沙含光服饰公司发出棉质大号休闲裤500条，货款60 000元，增值税7 800元，货款原先已预付50 000元，余款荷花公司当日以转账支票补付。要求分别编制长沙含光服饰公司5月23日预收货款、6月4日发出商品的会计分录。

【小提示2-3】

当小企业预收账款的情况不多时，可以不设置“预收账款”账户核算，将预收的款项直接记入“应收账款”账户的贷方。

【小练习2-5】

2023年5月19日，长沙含光服饰公司预收荷花公司的订货款50 000元。6月8日，将商品及有关票据发给荷花公司，增值税专用发票注明价款50 000元，增值税6 500元。6月10日，荷花公司通过银行结清余款。假定长沙含光服饰公司对荷花公司没有设置预收账款明细账户，应怎样进行账务处理？要求为长沙含光服饰公司编制下列会计分录：

（1）5月19日，收到预收款项。

（2）6月8日，发出商品。

（3）6月10日，结清余款。

三、坏账损失的核算

小企业的应收及预付款项如果符合下列条件之一，减除可收回的金额后确认的无法收回的应收及预付款项，应确认为坏账损失：

（1）债务人依法宣告破产、关闭、解散、被撤销，或者被依法注销、吊销营业执照，其清算财产不足清偿的；

（2）债务人死亡，或者依法被宣告失踪、死亡，其财产或者遗产不足清偿的；

（3）债务人逾期3年以上未清偿，且有确凿证据证明已无力清偿债务的；

（4）与债务人达成债务重组协议或法院批准破产重整计划后，无法追偿的；

（5）因自然灾害、战争等不可抗力导致无法收回的；

（6）国务院财政、税务主管部门规定的其他条件。

（大中型企业计提坏账损失时采用备抵法和直接法）

应收及预付款项的坏账损失应当于实际发生时直接计入营业外支出，同时冲减应收及预付款项。

【例2-5】长沙含光服饰公司应收荷花公司账款50 000元。2023年5月30日，长沙含光服饰公司获知荷花公司经营业绩明显下滑，为了早日收回货款，经协商，长沙含光服饰公司同意将荷花公司的债务减为40 000元。荷花公司于6月1日支付了上述款项。

借：银行存款　　40 000
　　营业外支出　　10 000
　贷：应收账款——荷花公司　　50 000

任务二 应付账款与预付账款的核算

案例导入

长沙含光服饰公司的销售员小刘之前促成了公司与高新百货公司的那笔大生意，表面上销售额上去了，实际上公司到现在还没有收到钱。小刘听了会计小李的话，觉得这笔货款的收回应该由自己负责，就去了购货单位高新百货公司，催他们的会计部门尽快将货款付清，这样小刘自己的奖金就不用愁了。销货方长沙含光服饰公司的应收账款实际上就是购货方高新百货公司的应付账款。小企业因购买商品或提供劳务应该支付却还没有支付的款项，欠着别人的钱不给，相当于拿别人的钱给自己用，而且不用付利息。“难怪国美电器可以利用供应商的钱去搞房地产，国美把电器卖给消费者，收到的是现金，而其进货款却可以是应付账款，这不是空手套白狼吗？”小刘突然想：“这高新百货公司该不会像国美电器一样吧？”

任务描述

小企业在采购过程中产生应向销货方支付的款项，即应付账款；小企业预先支付了销货方的定金，即预付账款。那么小企业与销货方发生的往来款项应如何进行确认、计量，又怎样进行账务处理呢？此任务将带你解决这些问题。

知识准备

应付账款的核算

1. 应付账款的核算

应付账款是指小企业因购买材料、商品和接受劳务等日常生产经营活动而应支付的款项。这是由于在购销活动中购买方取得货物与支付货款在时间上的不一致而产生的，即在购货验收时款未付。

（1）应付账款入账时间的确定

应付账款入账时间的确定，应以与所购买物资所有权有关的风险和报酬已经转移或劳务已经接受为标志。在实际工作中，应根据以下情况分别处理：

①未付款，先收到发票，后收到货物，或者同时收到发票和货物的情况。此时应以货物到达验收入库为应付账款的入账时间。

这主要是为了确认所购物资是否在质量、数量和品种上都与合同上订明的条件相符，以免因先入账而在验收入库时发现购入物资有供方错发、漏发或破损等问题时再进行调账。

②未付款，先收到货物，后收到发票的情况。此时发票等单据未到达，会计人员无法准确地确定所购物资的入账价值，所以不能记账。

后续处理分两种情况：

一是当前会计期内，发票到达，则发票到达时为应付账款的入账时间。

二是直到当前会计期末，发票也未到达，由于所购货物的主要风险和报酬已经转移到购买方，负债已经成立，在资产负债表日，会计报表上应当反映已收到的货物和相应负债，此时应当做暂估入账处理，下月初用红字冲销或做相反分录。

（2）应付账款入账价值的确定

小企业购入材料、商品或接受劳务所产生的应付账款，按应付金额入账。

应付账款附有现金折扣的，应按照未扣除现金折扣前的应付款总额入账。因在折扣期限内付款而获得现金折扣，应在偿付应付账款时冲减财务费用。

应付账款核算的内容包括应付账款的形成及其偿还。小企业应设置“应付账款”账户，核算小企业发生的应付账款。该账户属于负债类账户，其账户结构如下：

借方　**应付账款**　贷方

应付账款的偿还或者转出	应付账款的增加
	期末余额：反映小企业尚未支付的应付账款

该账户应按照对方单位或个人（销货方）名称进行明细核算。

2. 预付账款的核算

预付账款是购货方预先订购材料物资，按购货合同规定预先付给供货单位的货款。

在一些小企业的生产经营过程中，会看到这样一种经济现象：当小企业需要购买某种物资而该物资却比较紧缺，或者小企业需要供货方按照要求定时定量生产某种商品时，供货方往往会通过签订购销合同的方式，要求购货小企业预先支付部分或全部货款，从购货小企业的角度来看，这就是预付账款。也就是说，要购买那些十分受欢迎的企业的产品，就需要先付款后给货，在付钱后至给货前的这部分款项就是预付账款。

为了核算预付账款业务，小企业应设置“预付账款”账户。该账户属于资产类，其账户结构如下：

借方　**预付账款**　贷方

小企业按规定预付给供应单位的货款	收到所购货物而冲减的预付账款
期末余额：反映小企业向供货单位预付的货款	期末余额：反映的是小企业尚未补付的货款

该账户应按对方单位（供应单位）的名称进行明细核算。

任务实施

一、应付账款的账务处理

1. 小企业购买材料、商品等验收入库，但货款尚未支付时，借记“原材料”“库存商品”等账户，贷记“应付账款”账户。

2. 接受供应单位提供劳务而发生的应付未付款项（如电费）时，借记“生产成本”“管理费用”等账户，贷记“应付账款”账户；偿付应付账款时，借记“应付账款”账户，贷记“银行存款”账户。

3.如果小企业购买材料、商品时形成的是一项存在现金折扣条件的应付账款，那么小企业应按发票上记载的金额，借记有关账户，贷记“应付账款”账户；待实际获得现金折扣时，冲减当期财务费用。

4.小企业转销确实无法支付的应付账款，应按其账面余额计入营业外收入，借记“应付账款”账户，贷记“营业外收入”账户。

【例2-6】长沙含光服饰公司从圣达工厂购入一批原材料，并已入库，取得的增值税专用发票上注明价款20万元，增值税2.6万元，款项尚未支付。长沙含光服饰公司编制会计分录如下：

借：原材料　　200 000

　　应交税费——应交增值税（进项税额）　　26 000

　贷：应付账款——圣达工厂　　226 000

以后，实际偿付应付账款时：

借：应付账款——圣达工厂　　226 000

　贷：银行存款　　226 000

【小提示2-4】

预收账款与应付账款有什么区别？预收账款与应付账款都属于小企业的债务，但两者产生的原因不同。预收账款是小企业按照合同约定向购货单位预收的款项，与应付账款不同，预收账款所形成的负债不是以货币偿付，而是以货物偿付。有些购销合同规定，销货小企业可以向购货小企业预先收取一部分货款，待向对方发货后再收取其余货款。

【小练习2-6】

2023年6月12日，长沙含光服饰公司向长江工厂购买B布料，买价100 000元，增值税13 000元，运费1 000元，运费增值税税率9%，B布料已验收入库，但款未付。6月23日公司以银行存款结算货款。要求分别编制长沙含光服饰公司6月12日购买材料、6月23日结算货款的会计分录。

【例2-7】2023年5月15日，长沙含光服饰公司收到增值税专用发票和收料单各一张。单据表明，长沙含光服饰公司从万达公司采购修理用备件一批，价款50 000元，增值税6 500元，已办理入库，但货款尚未结算。与万达公司的合同规定：商业折扣条件为“2/10，1/20，N/30”，按价款计算现金折扣。长沙含光服饰公司于5月20日开出转账支票付款。

根据原始凭证，编制会计分录如下：

借：原材料——修理用备件　　50 000

　　应交税费——应交增值税（进项税额）　　6 500

　贷：应付账款——万达公司　　56 500

5月20日，支付货款时：

应享有的现金折扣=50 000×2%=1 000（元）

借：应付账款——万达公司　　56 500

　贷：银行存款　　55 500

　　　财务费用　　1 000

【小练习2-7】

沿用上例资料，如果长沙含光服饰公司在5月26日支付货款，那么应编制怎样的会计分录呢？

二、预付账款的账务处理

1. 小企业按规定预付货款时，借记“预付账款”账户，贷记“银行存款”账户。

2. 小企业收到已预付账款的货物时，应根据发票账单载明的货款和增值税，借记“原材料”和“应交税费”账户，按价税合计的数额，贷记“预付账款”账户。

3. 补付货款时，借记“预付账款”账户，贷记“银行存款”账户；收到退回多付的货款时，编制相反的会计分录。

【例2-8】2023年5月1日，长沙含光服饰公司按合同规定开出转账支票向长沙环宇公司预付货款5 000元。长沙含光服饰公司编制会计分录如下：

借：预付账款——环宇公司 5 000

　贷：银行存款 5 000

【小提示2-5】

预付账款与应收账款有什么区别？预付账款与应收账款都属于小企业的债权，但两者产生的原因不同。应收账款是小企业应收的销货款，是由于销货而引起的，通常需要购货方用货币清偿；预付账款是小企业由于购货引起的债权，通常是由债务方用商品来清偿。因此，两者应当分别设置账户，即销货方的应收货款设置“应收账款”账户核算；购货方的预付货款设置“预付账款”账户核算。

【例2-9】沿用【例2-8】资料，长沙含光服饰公司收到长沙环宇公司发来的1 000千克A棉纱，经验收无误开出收料单（见表2-6）、增值税普通发票（见表2-7），并开出支票补付不足款项（见表2-8），编制相关记账凭证（见表2-9）。

表2-6

收　料　单

供货单位：长沙市环宇公司　　　　2023年5月9日　　　　金额单位：元

名称	规格	计量单位	数量		实际成本				
			应收	实收	买价		运杂费	其他	合计
					单价	金额			
A棉纱		千克	1 000.00	1 000.00	30.00	30 000.00			30 000.00
合　计			1 000.00	1 000.00		¥30 000.00			¥30 000.00

主管：熊美丽　　　验收：张好　　　采购：李平　　　制单：刘艳丽

表2-7

湖南增值税普通发票

发　票　联

№14578912

开票日期：2023年5月9日

购买方	名　　称：长沙含光服饰公司 纳税人识别号：320303836556447 地址、电话：长沙市开福区芙蓉中路155号（电话略） 开户行及账号：中国工商银行中山支行1102021845672108901				密码区	略	
货物或应税劳务名称	规格型号	单位	数量	单价	金额	税率	税额
A棉纱	30*40	千克	1 000.00	30.00	30 000.00		
合　计					¥30 000.00		
价税合计（大写）	⊗叁万元整					（小写）¥30 000.00	
销售方	名　　称：长沙市环宇公司 纳税人识别号：320157867890012 地址、电话：长沙市雨花区环保路152号（电话略） 开户行及账号：长沙市商业银行雨花支行1106245980089383700				备注	长沙市环宇公司 320157867890012 发票专用章	

第二联：发票联　购买方记账凭证

收款人：余梦　　复核：李清　　开票人：张平　　销售方（章）

表2-8

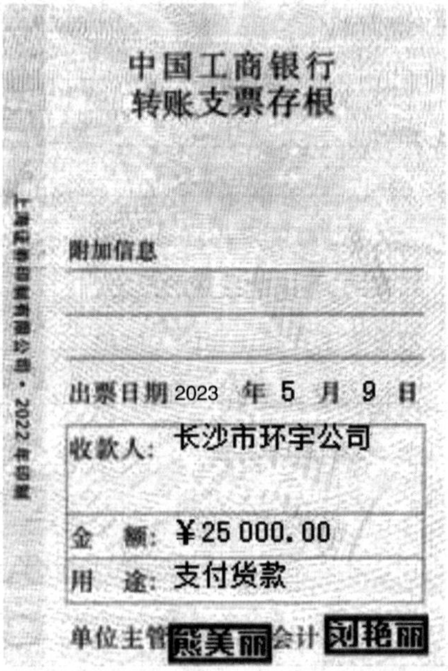

中国工商银行
转账支票存根

附加信息

出票日期 2023 年 5 月 9 日

收款人：长沙市环宇公司

金　额：¥25 000.00

用　途：支付货款

单位主管 熊美丽 会计 刘艳丽

表2-9

记账凭证

2023年5月9日　　　　记字第15号

摘要	总账科目	明细科目	记账√	借方金额										记账√	贷方金额								
				千	百	十	万	千	百	十	元	角	分		千	百	十	万	千	百	十	元	角	分
购买材料	原材料	A棉纱					3	0	0	0	0	0	0											
	预付账款	长沙市环宇公司																	5	0	0	0	0	0
	银行存款																	2	5	0	0	0	0	0
合　计						¥	3	0	0	0	0	0	0				¥	3	0	0	0	0	0	0

附件3张

会计主管 熊美丽　　记账　　出纳 陈兰英　　审核　　制单 刘艳丽

【例2-10】2023年5月19日，长沙含光服饰公司向供应单位裕湘公司订购生产所需的B种布匹，按照购货合同规定，以货款60 000元的40%预付给裕湘公司货款24 000元。6月21日公司收到订购的B种布匹，增值税专用发票上注明货款为60 000元，增值税7 800元。6月28日结清余款。按不同日期编制会计分录如下：

5月19日，借：预付账款——裕湘公司　　24 000
　　贷：银行存款　　24 000

6月21日，借：原材料——B种布匹　　60 000
　　应交税费——应交增值税（进项税额）　　7 800
　　贷：预付账款——裕湘公司　　67 800

6月28日，借：预付账款——裕湘公司　　43 800
　　贷：银行存款　　43 800

如果收到材料和补付货款的业务同时发生，那么也可以合并起来编制会计分录如下：

借：原材料——B种布匹　　60 000
　　应交税费——应交增值税（进项税额）　　7 800
　贷：预付账款——裕湘公司　　24 000
　　　银行存款　　43 800

【小知识2-4】

对于预付货款情况不多的小企业，可以不设置“预付账款”账户，而将预付的货款直接记入“应付账款”账户的借方。预付货款时，应借记“应付账款”账户，贷记“银行存款”账户；收到货物时，再予以转销。这样，应付账款可能出现期末借方余额，其实质就是小企业的“预付账款”，期末编制资产负债表时，应填写在“预付账款”项目中。

【小练习2-8】

2023年5月23日，长沙含光服饰公司通过银行电汇50 000元至荷花公司，预付购买A种棉纱的货款。6月4日收到荷花公司发来A种棉纱，货款60 000元，增值税7 800元，货款原已预付50 000元，余款当日以支票补付，A种棉纱已如数验收入库。要求分别编制长沙含光服饰公司5月23日预付货款、6月4日收到商品的会计分录。

【小思考2-2】

1.小企业中关于“预付账款”账户，下列说法正确的有（　　）。

A.该账户借方余额反映小企业向供货单位预付的货款

B.预付货款不多的小企业，可以不单独设置“预付账款”账户，将预付的货款记入“应付账款”账户的借方

C.“预付账款”账户核算的是小企业因销售业务产生的往来款项

D.“预付账款”账户的贷方余额反映的是应付供货单位的款项

2.预付货款不多的小企业，可以将预付的货款直接记入（　　）账户的借方，而不单独设置“预付账款”账户。

A.“应收账款”　　B.“其他应收款”

C.“应付账款”　　D.“应收票据”

任务三 应收票据与应付票据的核算

案例导入

长沙含光服饰公司前天销售给雨花商场的一批服装，含税售价总额为580 000元，今天雨花商场的财务主管打电话到长沙含光服饰公司财务部，说他们公司最近资金链出了一点小问题，前天的购货款是否能采用商业汇票的方式进行结算，他们可以开出一张由银行承兑的三个月期的汇票来抵付货款，看长沙含光服饰公司是否同意。长沙含光服饰公司财务主管考虑到雨花商场是公司长期的客户，最近遇到了困难，帮忙通融一下，不会对公司有太大的影响，于是就同意了雨花商场的要求。于是长沙含光服饰公司收到了一张由银行承兑的三个月到期、金额为人民币伍拾捌万元整的商业汇票，长沙含光服饰公司应作为应收票据核算，而雨花商场开出的这张由银行承兑的商业汇票，则应作为应付票据核算。

任务描述

小企业销售商品、提供劳务，当买卖双方采用商业汇票结算方式进行交易时，就会产生债权与债务，作为销货方就形成一项债权为应收票据，作为购货方就形成了一项债务为应付票据，那么小企业对应收票据的取得、收回票款应怎样进行核算？小企业对应付票据的开出及支付票款应如何核算？此任务将带你解决这些问题。

知识准备

应收票据的核算

一、应收票据的核算

1.应收票据的概念

应收票据是指小企业持有的、尚未到期兑现的商业票据。它是小企业未来收取货款的

权利，这种权利是将来应收取的货款金额以书面文件形式约定下来的，受法律保护。

2.应收票据的分类

在我国，应收票据主要是指应收的商业汇票，商业汇票按承兑人不同可以分为商业承兑汇票和银行承兑汇票。商业承兑汇票的出票人可以是该商业汇票的承兑人，也可以是收款人，交由付款人承兑的票据。银行承兑汇票是在承兑银行开立存款账户的存款人签发，由开户银行承兑付款的票据。

3.商业汇票的业务流程及核算

商业汇票是出票人签发的，委托付款人在指定日期无条件支付确定的金额给收款人或者持票人的票据。在银行开立存款账户的法人以及其他组织之间，具有真实的交易关系或债权债务关系的，可使用商业汇票。商业汇票结算方式既可以用于同城结算也可以用于异地结算。

（1）商业承兑汇票的格式和业务流程：

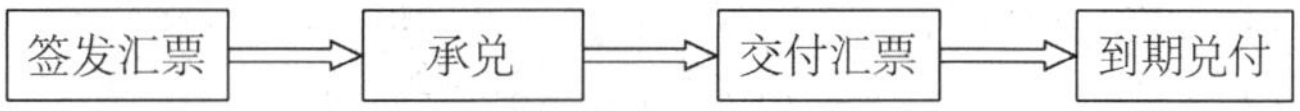

商业承兑汇票由销货小企业或购货小企业签发，但由购货小企业承兑。商业承兑汇票的付款期限最长不超过6个月。

（2）银行承兑汇票由银行承兑，由在承兑银行开立存款账户的存款人签发，承兑银行按票面金额向出票人收取万分之五的手续费。

银行承兑汇票的业务流程：存款人向银行提出申请，签发银行承兑汇票给银行，银行审核后承兑，银行交付承兑后将汇票给存款人，存款人到期兑付。

4.应收票据的入账价值

按现行制度规定，小企业收到商业汇票无论是否带息、均按应收票据的票面价值入账。

5.票据期限与到期价值的确定

票据期限是指从票据签发日至到期日的时间间隔。票据的期限一般有按月表示和按日表示两种。

（1）票据按月表示期限时：计算到期日不考虑月份的实际天数，统一按次月对应日为整月计算。

【小提示2-6】

例如，收到签发日为3月5日，为期3个月的票据，到期日应为6月5日。在计算时按到期月份的对应日确定，若到期月份无此对应日，应按到期月份的最后一日确定。例如，10月31日开出的4个月商业汇票，到期日应为下一年2月28日（若有29日为29日）；若此汇票为6个月，则到期日应为下一年的4月30日。

（2）票据按日表示期限时：计算到期日时则应以足日为准，在计算时按算头不算尾或算尾不算头的方式确定。例如，4月20日开出的60天商业汇票的到期日为6月19日。

票据到期价值要根据票据是否带息来确定：

①若是不带息票据，到期价值就是票面价值即本金。

②若是带息票据，到期价值为票据面值加上应计利息。

票据到期价值=票据面值×（1+票面利率×票据期限）

注意：计算时票面利率应与票据的期限一致。

利率一般以年利率表示，常把一年定为360天。如一张面值为10 000元、期限为90天、票面利率为10%的商业汇票，到期价值为10 250元（10 000+10 000×10%×90/360）。

6.应收票据贴现的核算原则

（1）附追索权的贴现：小企业将应收票据向银行等金融机构申请贴现时，小企业与银行等金融机构签订的协议中规定，当贴现的应收票据到期，债务人未按期偿还时，申请贴现的小企业负有向银行等金融机构还款的责任。对于附追索权的贴现，申请小企业一般按照以票据为质押取得借款的核算原则进行会计处理（也可根据实际情况判断是否终止确认应收票据）。

（2）不附追索权的贴现：如果小企业与银行等金融机构签订的协议中规定，当贴现的票据到期时，债务人未按期偿还，申请贴现的小企业不负有任何还款责任时，应视同应收票据的出售，并按相关核算规定进行处理。不附追索权的贴现才是小企业真正地将收款的权利转让给银行的贴现。

二、应付票据的核算

1.应付票据的概念

应付票据是指小企业因购买材料、商品和接受劳务等日常生产经营活动开出、承兑的商业汇票（银行承兑汇票和商业承兑汇票）。应付票据是由于小企业采用商业汇票结算方式形成的，其核算的内容包括签发并承兑商业汇票、到期支付票款。商业汇票的付款期限最长不超过6个月，提示付款期限自汇票到期日起10日。

2.应付票据的分类

票据按承兑人的不同，分为商业承兑汇票和银行承兑汇票。票据按是否带息，分为带息商业汇票和无息商业汇票。无息商业汇票到期时，承兑人只按票面金额向收款人或被背书人支付款项；带息商业汇票到期时，承兑人必须按票面金额加上利息向收款人或被背书人支付款项。目前我国常用的是不带息票据。

3.应付票据的入账价值

对于应付票据入账价值，企业应分两种情况处理：不带息应付票据应按票据面值计价入账；带息应付票据应于小企业开出承兑票据时按面值计价入账，期末计算的应付利息应列为应付票据款计价入账。

任务实施

一、应收票据的账务处理

小企业应设置“应收票据”账户，核算应收票据的增减变动及结余情况。小企业应设置“应收票据备查簿”，逐笔登记商业汇票的种类、号数、出票日期、票面金额、交易合同号、付款人、承兑人、背书人、到期日、收款日期、收款金额等事项。该账户属于资产类账户，其账户结构如下：

借方 **应收票据** 贷方

借方	贷方
取得应收票据的面值	到期收回或到期前向银行贴现的应收票据的票面金额
期末余额：反映小企业持有的尚未到期收回的应收票据的票面金额	

该账户按债务人进行明细核算。

1.小企业因销售商品、提供劳务等而收到已承兑的商业汇票时，借记“应收票据”账户，贷记“主营业务收入”“应交税费——应交增值税（销项税额）”等账户。

2.收到债务人用以抵偿前欠货款的商业汇票时，借记“应收票据”账户，贷记“应收账款”账户。

3.小企业将持有的商业汇票背书转让时，按取得所需物资的成本价值，借记“原材料”等账户，按专用发票上注明的增值税，借记“应交税费——应交增值税（进项税额）”账户；按应收票据账面余额，贷记“应收票据”账户；如有差额，借记或贷记“银行存款”等账户。

4.票据到期收回时，借记“银行存款”账户，贷记“应收票据”账户；若到期无法收回票据款项时，借记“应收账款”账户，贷记“应收票据”账户。

【例2-11】2023年5月12日，长沙含光服饰公司销售给黄河商场休闲裤100条，每条零售价158元，增值税专用发票注明货款15 800元，增值税2 054元，收到黄河商场开出并承兑的面值17 854元、2个月期限的不带息商业承兑汇票。2个月后（7月12日）接银行通知，已收到黄河商场付来的商业汇票款。长沙含光服饰公司编制会计分录如下：

（1）5月12日，长沙含光服饰公司实现销售。

借：应收票据——黄河商场　　17 854

　贷：主营业务收入　　15 800

　　　应交税费——应交增值税（销项税额）　　2 054

（2）7月12日，商业汇票到期收到票款。

借：银行存款　　17 854

　贷：应收票据——黄河商场　　17 854

如果7月12日黄河商场因存款不足不能支付商业汇票款，那么长沙含光服饰公司对于到期不能收回的应收票据款项应当：

借：应收账款——黄河商场　　17 854

　贷：应收票据——黄河商场　　17 854

【小练习2-9】

2023年5月15日，甲小企业销售给长江公司E产品一批，售价65 000元，增值税8 450元，贷款采用商业承兑汇票结算，汇票期限4个月。9月15日接银行通知，已收到长江公司付来的贷款。要求分别编制甲小企业5月15日销售商品收到商业承兑汇票、9月15日收到票款或者未收到票款的会计分录。

二、应付票据的账务处理

小企业应设置“应付票据”账户，核算小企业因购买材料、商品或接受劳务等日常经营活动开出并承兑的商业汇票。该账户属于负债类账户，其账户结构如下：

应付票据

借方	贷方
偿还的应付票据的面值	小企业开出的应付票据的面值
	期末余额：反映小企业开出、承兑的尚未到期的商业汇票的票面金额

该账户按债权人进行明细核算。

1. 小企业购买材料、商品而开出承兑的商业汇票时，借记“原材料”“库存商品”等账户，贷记“应付票据”账户。涉及增值税进项税额的，还应进行相应的账务处理。

2. 小企业向承兑银行支付银行承兑汇票的手续费时（按票面金额万分之五计算），借记“财务费用”账户，贷记“银行存款”账户。

3. 小企业在商业汇票到期后支付应付票据的票款时，借记“应付票据”账户，贷记“银行存款”账户。

4. 银行承兑汇票到期，小企业无力支付票款的，则在接到银行转来的有关凭证时，按照银行承兑汇票的票面金额，借记“应付票据”账户，贷记“短期借款”账户。承兑银行将无条件把款项划给收款方，同时对购货方尚未支付的汇票金额转作对其贷款处理。

5. 如果是商业承兑汇票到期，小企业无力支付票款，则按照商业承兑汇票的票面金额转入“应付账款”账户，即借记“应付票据”账户，贷记“应付账款”账户。

【例2-12】长沙含光服饰公司为增值税一般纳税人，增值税税率为13%。2023年5月5日，长沙含光服饰公司向风华工厂购入一批原材料，材料价款为10万元，增值税专用发票上注明增值税为1.3万元。材料采用实际成本法核算，材料已验收入库。长沙含光服饰公司开出并由开户行承兑的一张期限为3个月的银行承兑汇票抵付货款（见表2-10），另用存款支付银行承兑汇票手续费58.5元。长沙含光服饰公司编制会计分录如下：

表2-10

银行承兑汇票（存根）　3

出票日期（大写）　贰零贰叁年伍月零伍日

出票人全称	长沙含光服饰公司	收款人	全　称	风华工厂
出票人账号	1102021845672108901		账　号	1975432158461111101
付款行全称	中国工商银行中山支行		开户银行	中国建设银行星沙支行
出票金额	人民币（大写）壹拾壹万叁仟元整			亿 千 百 十 万 千 百 十 元 角 分：¥ 1 1 3 0 0 0 0 0
汇票到期日（大写）	贰零贰叁年捌月零伍日	付款行	行号	1102021845672108901
承兑协议编号	0512		地址	长沙市开福区芙蓉中路
本汇票请你行承兑，到期无条件付款。出票人签章	本汇票已经承兑，到期日由本行付款。承兑行签章	备注：		复核：张清　记账：刘力

此联由出票人存查

（1）支付银行承兑汇票手续费58.5元。

借：财务费用　58.5

　贷：银行存款　58.5

（2）5月5日，公司开出并由银行承兑的商业汇票。

借：原材料　100 000

　　应交税费——应交增值税（进项税额）　13 000

贷：应付票据——风华工厂　113 000

（3）8月5日，公司按期支付票款

借：应付票据——风华工厂　113 000

贷：银行存款　113 000

（4）8月5日，如果公司无力偿还银行承兑汇票款

借：应付票据——风华工厂　113 000

贷：短期借款　113 000

【小提示2-7】

商业汇票包括银行承兑汇票和商业承兑汇票。银行承兑汇票由银行承兑，由在承兑银行开立存款账户的存款人签发，承兑银行按票面金额向出票人收取万分之五的手续费。商业承兑汇票由销货小企业或购货小企业签发，但由购货小企业（付款人）承兑。商业汇票到期时，如果付款方存款账户足以支付，则付款方开户银行将款项划给收款方银行。

如果付款方银行账户余额不足，对于银行承兑汇票，承兑银行将无条件把款项划给收款方，同时对付款方尚未支付的汇票金额按照每天万分之五计收罚息。

【小练习2-10】

2023年5月15日，甲小企业销售给黄河公司E产品一批，售价65 000元，增值税8 450元，货款采用商业承兑汇票结算，汇票期限4个月。9月15日接到银行通知，已收到黄河公司付来的货款。

要求：（1）编制黄河公司5月15日购买商品开出商业承兑汇票的会计分录。

（2）编制9月15日支付票款的会计分录。

（3）编制9月15日后该小企业无法支付款项的会计分录。

任务四　其他往来款的核算

案例导入

长沙含光服饰公司新上任的销售经理刘放，一心想扩大销售市场，增加公司的收入。以前他做销售员时，一些客户想多购一些商品，可是商品在运达小企业后，就将外包装的特制大箱子给拆了拿回来了，这样就影响客户对商品的保管。所以他想，如果将公司的部分包装物出租或出借给客户，就能让客户一次可以多买一些商品，但他又担心客户会损坏这些包装物，给公司造成不必要的损失。怎样才能管理好这些包装物呢？他与财会部门的李主管商量了一个方案，就是在客户需要借用或租用这些包装物时，要向长沙含光服饰公司交纳一定的押金，如数归还时再退回上述押金，那么这些押金应该记入哪个科目呢？这就是其他往来款的核算，长沙含光服饰公司收取的押金应记入“其他应付款”账户，支付押金的一方应记入“其他应收款”账户。

任务描述

小企业在经营活动中常常会产生一些其他应收、暂付款项或其他各项应付暂收的款

项，那么对这些其他往来款的发生应怎样进行正确的会计处理呢？此任务将带你解决这类问题。

知识准备

其他往来款的核算

1.其他应收款的核算内容

其他应收款是指小企业除应收账款、应收票据和预付账款等以外的其他各种应收、暂付款项。主要内容包括：

（1）应收的各种赔款、罚款（如因小企业财产等遭受意外损失而应向有关保险公司收取的赔款等）；

（2）应收出租包装物的租金；

（3）应向职工收取的各种垫付款项（如为职工垫付的水电费、应由职工负担的医药费、房租费）；

（4）存出的保证金（如租入包装物时暂时支出的押金）；

（5）其他各种应收、暂付款项。

2.其他应付款的核算内容

小企业的其他应付款主要有应付租入固定资产和包装物的租金、存入保证金等。

其他应付款与应付账款的区别在于：其他应付款是因非商品交易、非劳务供应而发生的其他应付或暂收的款项；应付账款是在商品交易、劳务供应中发生的应付给供应单位的款项。

任务实施

一、其他应收款的账务处理

小企业应设置“其他应收款”账户，核算小企业除应收票据、应收账款、预付账款、应收股利、应收利息等以外的其他各种应收及暂付款项，包括各种应收的赔款、应向职工收取的各种垫付款项等。该账户属于资产类账户，其账户结构如下：

借方　　　　**其他应收款**　　　　贷方

反映其他应收款的增加	反映其他应收款的收回或转销
期末余额：反映小企业尚未收回的其他应收款	

该账户应按照对方单位（或个人）进行明细核算。

相关会计分录举例如下：

1.小企业发生的其他各种应收款项

借：“其他应收款”账户

　贷：“库存现金”“银行存款”“固定资产清理”等账户

2.出口产品或商品按照税法规定应予退回的增值税款

借：“其他应收款”账户

　贷：“应交税费——应交增值税（出口退税）”账户

3.收回其他各种应收款项

借：“库存现金”“银行存款”“应付职工薪酬”等账户

贷："其他应收款"账户

【小知识2-5】

小企业的备用金通过"其他货币资金"账户核算。小企业出口产品或商品按照税法规定应予退回的增值税款，也通过"其他应收款"账户核算。（大中型企业的备用金通过"其他应收款"账户核算）

【例2-13】长沙含光服饰公司向大为工厂租入包装物一批，以银行存款向出租方大为工厂支付押金5 000元。

借：其他应收款——大为工厂　　5 000

　贷：银行存款　　5 000

【例2-14】长沙含光服饰公司以银行存款替公司的副总经理王伟垫付应由其个人负担的医疗费3 000元，拟从其工资中扣回。

垫付时：

借：其他应收款——王伟　　3 000

　贷：银行存款　　3 000

扣款时：

借：应付职工薪酬　　3 000

　贷：其他应收款——王伟　　3 000

【小练习2-11】

长沙含光服饰公司发生下列经济业务，要求编制相关会计分录。

（1）长沙含光服饰公司在采购过程中发生材料毁损，按保险合同规定，应由保险公司赔偿损失10 000元，赔偿款尚未收到。

（2）长沙含光服饰公司租入包装物一批，以银行存款向出租方支付押金1 000元。

（3）上述租入包装物按期如数退回，长沙含光服饰公司收到出租方退还的押金1 000元，已存入银行。

二、其他应付款的账务处理

小企业应设置"其他应付款"账户，核算其他应付款的发生与偿付情况。该账户属于负债类账户，其账户结构如下：

借方	其他应付款　　贷方
小企业实际支付或转销的其他应付款	小企业发生的其他各种应付、暂收的款项
	期末余额：反映小企业应付未付的其他应付款项

该账户按项目和对方单位（或个人）进行明细核算。

当小企业暂收某些款项时（如存入保证金、押金等），借记"银行存款""库存现金"等账户，贷记"其他应付款"账户。

偿还时，借记"其他应付款"账户，贷记"库存现金""银行存款"等账户。小企业确实无法支付的其他应付款，应当计入营业外收入。

【例2-15】长沙含光服饰公司收到荷花超市交来的租用包装物的押金1 500元，存入银行。

借：银行存款　　1 500

贷：其他应付款——荷花超市 1 500

公司以银行存款退还上述包装物押金时：

借：其他应付款——荷花超市 1 500

贷：银行存款 1 500

【例2-16】长沙含光服饰公司向盛达工厂租入生产经营用固定资产，本月应付租金2 000元。

借：制造费用 2 000

贷：其他应付款——盛达工厂 2 000

【小练习2-12】

甲小企业租入包装物一批，以银行存款向出租方丙公司支付包装物押金1 500元。要求分别编制甲小企业支付押金和丙公司收到押金时的会计分录。

任务五 与税务的往来款项核算

案例导入

实习生小张来到长沙含光服饰公司，在他心目中照章纳税是每家企业的义务，所以他主动要求到税务部门办理各税种的申报和缴纳事项，小张的想法和做法对吗？小企业应负担的税种税负是如何划分的呢？

任务描述

长沙含光服饰公司为生产销售休闲服装的小企业，按公司的经营项目，该申报交纳哪几种税款？税款金额应如何计算？应如何进行相关的账务处理呢？此任务将带你解决这些问题。

知识准备

与税务的往来款项核算

小企业按税法规定应交纳的各种税费包括：增值税、消费税、城市维护建设税、企业所得税、资源税、土地增值税、城镇土地使用税、房产税、车船税、教育费附加等。

由于税法规定的计税期与缴税期并不完全一致，如小企业以1个月为1个纳税期的，自期满之日起15日内申报纳税，小企业当月计提的税费在未缴之前形成了小企业的一项负债，即应交税费。

小企业应设置“应交税费”账户，核算小企业按税法规定计算应交纳的各种税费，如增值税、消费税、城市维护建设税、企业所得税、教育费附加等。该账户属于负债类，其账户结构如下：

借方 **应交税费** 贷方

核算实际交纳的税费	核算应当交纳的税费
期末余额：反映小企业多交纳的或尚未抵扣的税费	期末余额：反映小企业尚未交纳的税费

该账户应按应交纳的税费项目进行明细核算。

小企业交纳的印花税、耕地占用税、契税以及其他不需要预计应交纳的税金，不通过“应交税费”账户核算。其中，小企业交纳的印花税计入税金及附加，交纳的耕地占用税计入在建工程成本，交纳的契税计入固定资产或无形资产。

小企业应设置“税金及附加”账户，核算小企业开展日常生产经营活动应负担的消费税、城市维护建设税、资源税、土地增值税、城镇土地使用税、房产税、印花税、车船税和教育费附加等相关税费。该账户属于损益类账户，其账户结构如下：

借方　　　　**税金及附加**　　　　贷方

按规定计算确定的上述税费的增加数	期末结转至本年利润的减少数
期末余额：月末将本账户余额转入“本年利润”账户，结转后本账户应无余额	

该账户应按税费种类进行明细核算。

任务实施

一、应交增值税的核算

1. 一般纳税人增值税的核算

一般纳税人购进或销售货物应取得或开出增值税专用发票。增值税专用发票由销售方向购买方开出，增值税专用发票的基本联次为三联：发票联、抵扣联、记账联。

发票联，作为购买方核算采购成本和增值税进项税额的记账凭证。

抵扣联，作为购买方报送主管税务机关认证和留存备查的记账凭证。

记账联，作为销售方核算销售收入和增值税销项税额的记账凭证。

一般纳税人应交纳的增值税，在“应交税费——应交增值税”明细账内，设置“进项税额”“销项税额”“进项税额转出”“已交税金”等专栏进行核算。“应交增值税”明细账户贷方记录销项税额、进项税额转出；借方记录进项税额、已交税金；期末贷方余额反映小企业尚未交纳的增值税，如为借方余额则反映小企业多缴或尚未抵扣的增值税。

（1）进项税额的处理

纳税人购进货物或者接受应税劳务支付或者负担的增值税，为进项税额。准予从销项税额中抵扣的进项税额通常包括：

①从销售方取得的增值税专用发票上注明的增值税；

②从海关取得的完税凭证上注明的增值税；

③购进农产品，按农产品收购发票上注明的农产品买价和9%的扣除率计算的进项税额；

④购进或销售货物支付运输费用的，按运输费用金额增值税税率9%计算的进项税额。

【例2-17】长沙含光服饰公司为小企业一般纳税人，2023年5月18日购入材料一批（棉布、锦纶布），取得增值税专用发票（见表2-11），另以现金支付材料的运杂费1 000元（见表2-12），款项均以银行存款支付（见表2-13），材料采用实际成本核算并已验收入库（见表2-14）。编制长沙含光服饰公司的记账凭证（见表2-15）。

表2-11

湖南增值税专用发票

全国统一发票监制 国家税务总局监制

№24156732

发票联　　　　开票日期：2023年5月18日

购买方	名　　称：长沙含光服饰公司 纳税人识别号：320303836556447 地址、电话：长沙市开福区芙蓉中路155号 开户行及账号：中国工商银行中山支行1102021845672108901	密码区	略

货物或应税劳务名称	规格型号	单位	数量	单价	金额	税率	税额
棉布		米	800.00	10.00	8 000.00	13%	1 040.00
锦纶布		米	600.00	10.00	6 000.00	13%	780.00
合　计					¥14 000.00		¥1 820.00
价税合计（大写）	⊗壹万伍仟捌佰贰拾元整						（小写）¥15 820.00

销售方	名　　称：长沙市宁阳工厂 纳税人识别号：320125798345233 地址、电话：长沙市芙蓉区芙蓉路67号 开户行及账号：长沙市商业银行芙蓉支行1057893458945123879	备注	长沙市宁阳工厂 320125798345233 发票专用章

收款人：肖华　　复核：李红　　开票人：李波　　销售方（章）

第二联：发票联　购买方记账凭证

表2-12

现金支出凭单

对方科目

附件1张　　　　2023年5月18日　　　　编　号　第5号

用　款
事　项：支付材料运杂费

现金付讫

人民币
（大写）：壹仟元整　　　　¥1 000.00

收款人：	主管	会计	出纳员
刘　林	人员：熊美丽	人员：刘艳丽	收讫：陈兰英
（签章）	（签章）	（签章）	（签章）

表2-13

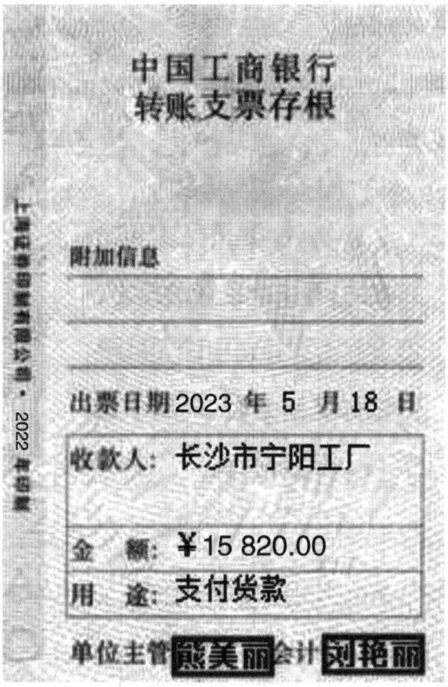
中国工商银行
转账支票存根

附加信息

出票日期2023 年 5 月18 日

收款人：长沙市宁阳工厂

金　额：¥15 820.00

用　途：支付货款

单位主管 熊美丽 会计 刘艳丽

表2-14

收　料　单

供货单位：长沙市宁阳工厂　　2023年5月18日　　金额单位：元

名称	规格	计量单位	数量		实际成本				
			应收	实收	买价		运杂费	其他	合计
					单价	金额			
A棉布		米	800.00	800.00	10.00	8 000.00	571.43		8 571.43
锦纶布		米	600.00	600.00	10.00	6 000.00	428.57		6 428.57
合　计			1 400.00	1 400.00		¥14 000.00	¥1 000.00		¥15 000.00

主管：熊美丽　　验收：张好　　采购：李平　　制单：刘艳丽

表2-15

记账凭证

2023年5月18日　　　　记字第28号

摘要	总账科目	明细科目	记账√	借方金额										记账√	贷方金额									
				千	百	十	万	千	百	十	元	角	分		千	百	十	万	千	百	十	元	角	分
购买材料	原材料	A棉布						8	5	7	1	4	3											
	原材料	锦纶布						6	4	2	8	5	7											
	应交税费	应交增值税（进项税额）						1	8	2	0	0	0											
	银行存款																	1	5	8	2	0	0	0
	库存现金																		1	0	0	0	0	0
合　计						¥	1	6	8	2	0	0	0				¥	1	6	8	2	0	0	0

附件4张

会计主管熊美丽　　记账　　出纳陈兰英　　审核　　制单刘艳丽

【例2-18】长沙含光服饰公司向农业生产者购入农产品（棉花）一批作为生产原料，共支付款项10 000元，规定的扣除率为9%，材料入库，货款已用银行存款支付。则长沙含光服饰公司计算出的进项税额为900元（10 000×9%），材料成本为9 100元（10 000-900）。编制会计分录如下：

借：原材料——棉花　　9 100

　　应交税费——应交增值税（进项税额）　　900

　贷：银行存款　　10 000

【例2-19】长沙含光服饰公司购入不需要安装的生产设备一台，增值税专用发票注明货款40 000元，增值税5 200元，另支付设备的运费2 000元（增值税税率9%），款项均以银行存款支付。该小企业购入设备的运费计算出的进项税额为180元。编制会计分录如下：

借：固定资产　　42 000

　　应交税费——应交增值税（进项税额）　　5 380

　贷：银行存款　　47 380

【例2-20】长沙含光服饰公司委托某修理厂修理机器设备，取得修理厂开来的增值税专用发票上注明修理费用10 000元，增值税1 300元，款项已用银行存款支付。编制会计分录如下：

借：制造费用　10 000

　应交税费——应交增值税（进项税额）　1 300

贷：银行存款　11 300

（2）销项税额的处理

纳税人销售货物或者应税劳务，应按照销售额和规定的税率计算增值税税额。如果一般纳税人取得的是含税销售额，则必须将其换算为不含税的销售额，则计算销项税额，其换算公式为：销售额=含税销售额÷（1+税率）。

例如，长沙含光服饰公司为增值税一般纳税人，适用的增值税税率为13%。2023年6月该公司当期实现的不含税的销售额为500万元，那么当月该公司的销项税额为65万元（500×13%）。如果当月取得的含税销售额是452万元，则不含税销售额为400万元（452÷（1+13%）），当月销项税额为52万元（400×13%）。

【例2-21】长沙含光服饰公司根据增值税专用发票（见表2-16）、进账单（见表2-17），编制销售商品的记账凭证（见表2-18）。

表2-16

湖南增值税专用发票

№45215789

此联不作报销、扣税凭证使用　　开票日期：2023年5月28日

<table>
<tr><td rowspan="4">购买方</td><td>名　　称：</td><td colspan="5">圣达公司</td><td rowspan="4">密码区</td><td rowspan="4" colspan="2">略</td></tr>
<tr><td>纳税人识别号：</td><td colspan="5">320158468400456</td></tr>
<tr><td>地 址 、电 话：</td><td colspan="5">长沙市芙蓉中路113号（电话略）</td></tr>
<tr><td>开户行及账号：</td><td colspan="5">中国建设银行长沙中山支行11045678798535997</td></tr>
<tr><td colspan="2">货物或应税劳务名称</td><td>规格型号</td><td>单位</td><td>数量</td><td>单价</td><td>金额</td><td colspan="2">税率</td><td>税额</td></tr>
<tr><td colspan="2">男上衣</td><td></td><td>件</td><td>50.00</td><td>288.00</td><td>14 400.00</td><td colspan="2">13%</td><td>1 872.00</td></tr>
<tr><td colspan="2">合　计</td><td></td><td></td><td></td><td></td><td>¥14 400.00</td><td colspan="2"></td><td>¥1 872.00</td></tr>
<tr><td colspan="2">价税合计（大写）</td><td colspan="6">⊗壹万陆仟贰佰柒拾贰元整</td><td colspan="2">（小写）¥16 272.00</td></tr>
<tr><td rowspan="4">销售方</td><td>名　　称：</td><td colspan="5">长沙含光服饰公司</td><td rowspan="4">备注</td><td rowspan="4" colspan="2">长沙含光服饰公司
320303836556447
发票专用章</td></tr>
<tr><td>纳税人识别号：</td><td colspan="5">320303836556447</td></tr>
<tr><td>地 址 、电 话：</td><td colspan="5">长沙市开福区芙蓉中路155号（电话略）</td></tr>
<tr><td>开户行及账号：</td><td colspan="5">中国工商银行中山支行1102021845672108901</td></tr>
</table>

第一联：记账联　销售方记账凭证

收款人：刘平　　复核：熊美丽　　开票人：陈全　　销售方（章）

表2-17

中国工商银行进账单（收账通知） 3

2023年5月28日

出票人	全　称	圣达公司	收款人	全　称	长沙含光服饰公司
	账　号	11045678798535997		账　号	1102021845672108901
	开户银行	中国建设银行长沙中山支行		开户银行	中国工商银行中山支行
金额	人民币（大写）	壹万陆仟贰佰柒拾贰元整		亿 千 百 十 万 千 百 十 元 角 分	¥ 1 6 2 7 2 0 0
票据种类	转账支票	票据张数	壹张		
票据号码	1236896				
复核：刘香	记账：赵立			开户银行签章	中国工商银行长沙市中山支行办理处 20230528 办讫章

收款人开户银行交给收款人的收账通知

表2-18

记账凭证

2023年5月28日　　　　记字第101号

摘要	总账科目	明细科目	记账√	借方金额 千	百	十	万	千	百	十	元	角	分	记账√	贷方金额 千	百	十	万	千	百	十	元	角	分
销售产品	银行存款						1	6	2	7	2	0	0											
	主营业务收入																	1	4	4	0	0	0	0
	应交税费	应交增值税（销项税额）																	1	8	7	2	0	0
合　计						¥	1	6	2	7	2	0	0				¥	1	6	2	7	2	0	0

附件2张

会计主管 熊美丽　　记账　　出纳 陈兰英　　审核　　制单 刘艳丽

小企业的有些交易和事项从会计角度看不属于销售行为，不能确认销售收入，但是按照税法规定，应视同对外销售处理计算应交增值税（销项税额），如将自产的货物用于非应税项目，以及在建工程、集体福利和对外捐赠。还有些交易或事项从会计角度上看也不属于销售行为，但却要确认收入，并按照税法计算"应交增值税（销项税额）"，如将自产产品或购买的货物作为投资分配给股东或投资者，或者作为非货币性福利发放给职工。

【例2-22】长沙含光服饰公司（增值税一般纳税人，小企业）将自产的服装商品作为福利发给职工（属于非货币性福利），商品成本15 000元，商品售价16 500元，销项税额2 145元。对于这种非货币性福利，应按商品的含税销售额18 645元（16 500+2 145）计入应付职工薪酬。长沙含光服饰公司编制会计分录如下：

①借：生产成本（或管理费用）　18 645

　贷：应付职工薪酬——非货币性福利　18 645

②借：应付职工薪酬——非货币性福利　18 645

　贷：主营业务收入　16 500

　　应交税费——应交增值税（销项税额）　2 145

③借：主营业务成本　15 000

　贷：库存商品　15 000

【例2-23】长沙含光服饰公司将自己生产的产品用于捐赠灾区，该批产品的成本为20 000元，计税价格为30 000元，增值税税率为13%。小企业对外捐赠自产产品的销项税额为3 900元（30 000×13%）。长沙含光服饰公司编制会计分录如下：

借：营业外支出　23 900

　贷：库存商品　20 000

　　应交税费——应交增值税（销项税额）　3 900

【小练习2-13】

某小企业将自己生产的产品用于厂房建筑的在建工程，产品成本为30 000元，计税价格为38 000元，增值税税率为13%。要求计算该小企业视同销售的销项税额，并编制会计分录。

（3）进项税额转出的处理

小企业购进的货物发生非常损失，以及购进货物改变用途（如在建工程领用原材料）等原因，其进项税额不能抵扣，会计上作进项税额转出处理。增值税一般纳税人计算当期应交增值税时，对进项税额转出的处理如下：

应交增值税=销项税额-进项税额+进项税额转出

或者：应交增值税=销项税额-（进项税额-进项税额转出）

【例2-24】长沙含光服饰公司因管理原因库存材料发生火灾，确认的成本为20 000元，增值税为2 600元。

借：待处理财产损溢——待处理流动资产损溢　22 600

　贷：原材料　20 000

　　应交税费——应交增值税（进项税额转出）　2 600

【例2-25】长沙含光服饰公司建造厂房（不动产）领用生产用原材料40 000元，该材料的增值税为5 200元。

借：在建工程　45 200

　贷：原材料　40 000

　　应交税费——应交增值税（进项税额转出）　5 200

【小练习2-14】

某小企业为增值税一般纳税人，材料按实际成本核算。要求编制下列业务的相关会计分录。

①购入免税农产品一批，价款为20 000元，规定扣除率为90%，货物已验收入库，款项已用银行存款支付。

②因意外火灾毁损一批原材料，成本为4 000元，其增值税为520元。

③在建工程领用原材料3 000元，其购入时支付的增值税为390元。

④销售商品一批，价款为100 000元，增值税为13 000元，款项已存入银行。

⑤将自产的产成品用于在建工程，该批产品的成本为20 000元，计税价格为30 000元，增值税税率为13%。

（4）交纳增值税的会计处理

应纳税额计算公式为：

应纳税额=当期销项税额-当期进项税额

当期销项税额小于当期进项税额不足抵扣时，其不足部分可以结转到下期继续抵扣。

如果某小企业2023年10月销项税额为84 770元，进项税额为50 440元，则10月份增值税应纳税额为34 330元（84 770-50 440）。如果当月还有进项税额转出4 578元，则增值税应纳税额为38 908元（84 770-50 440+4 578）。

【小提示2-8】

如果上例中还有上期留抵税额（即上月尚未抵扣的进项税额）1 200元，则增值税应纳税额为37 708元（84 770-50 440+4 578-1 200）。另外，如果某小企业9月销项税额84 770元，进项税额92 470元，则当月增值税应纳税额为-7 700元（84 770-92 470），这表示小企业在9月份不需要交纳增值税，可以继续抵扣10月份的增值税7 700元。

【小练习2-15】

某小企业本月销项税额85 890元，进项税额51 550元，进项税额转出1 250元，要求计算小企业本月应交纳的增值税。如果还有上月尚未抵扣的进项税额1 500元，则本月应交纳的增值税又是多少?

小企业（纳税人）以1个月或者1个季度为1个纳税期的，自期满之日起15日内申报纳税；于次月1日起15日内申报纳税并结清上月应纳税款。小企业申报交纳增值税要填写增值税纳税申报表。实际交纳增值税时，借记“应交税费——应交增值税（已交税金）”账户，贷记“银行存款”账户。

【例2-26】长沙含光服饰公司2023年5月份生产和销售服装，销售额85 000元，销项税额11 050元，进项税额10 070元，进项税额转出70元，应纳增值税1 050元，期初未缴税额4 119元，本期已缴税额（本期缴纳上期应纳税额）4 119元，期末未缴税额1 050元。根据上述资料，填写一般纳税人增值税纳税申报表（见表2-19）。要求编制交纳增值税的会计分录。

表2-19

增值税及附加税费申报表

（一般纳税人适用）

根据国家税收法律法规及增值税相关规定制定本表，纳税人不论有无销售额，均应按税务机关核定的纳税期限填写本表，并向当地税务机关申报。

税款所属时间：自2023年5月1日至2023年5月31日　填表日期：2023年6月10日　金额单位：元（列至角分）

纳税人识别号（统一社会信用代码）：320303836556447

纳税人名称		法定代表人姓名	肖华	注册地址	长沙市开福区芙蓉中路155号	生产营业地址	
开户银行及账号	中国工商银行中山支行21845672118901			企业登记注册类型		制造业	电话号码

	项　目	栏　次	一般项目		即征即退项目	
			本月数	本年累计	本月数	本年累计
销售额	（一）按适用税率征税货物及劳务销售额	1	85 000.00			
	其中：应税货物销售额	2	85 000.00			
	应税劳务销售额	3				
	纳税检查调整的销售额	4				
	（二）按简易征收办法征税货物销售额	5				
	其中：纳税检查调整的销售额	6				
	（三）免、抵、退办法出口货物销售额	7			—	—
	（四）免税货物及劳务销售额	8			—	—
	其中：免税货物销售额	9			—	—
	免税劳务销售额	10			—	—
税款计算	销项税额	11	11 050.00			
	进项税额	12	10 070.00			
	上期留抵税额	13				—
	进项税额转出	14	70			
	免抵退货物应退税额	15			—	—
	按适用税率计算的纳税检查应补缴税额	16			—	—
	应抵扣税额合计	17=12+13-14-15+16	10 000.00	—		—
	实际抵扣税额	18（如17<11，则为17，否则为11）				
	应纳税额	19=11-18	1 050.00			
	期末留抵税额	20=17-18	0			—
	简易征收办法计算的应纳税额	21				
	按简易征收办法计算的纳税检查应补缴税额	22			—	—
	应纳税额减征额	23				
	应纳税额合计	24=19+21-23	1 050.00			
税款缴纳	期初未缴税额（多缴为负数）	25	4 119.00			
	实收出口开具专用缴款书退税额	26			—	—
	本期已缴税额	27=28+29+30+31				
	①分次预缴税额	28		—		
	②出口开具专用缴款书预缴税额	29		—	—	—
	③本期缴纳上期应纳税额	30	4 119.00			
	④本期缴纳欠缴税额	31				
	期末未缴税额（多缴为负数）	32=24+25+26-27	1 050.00			
	其中：欠缴税额（≥0）	33=25+26-27		—		—
	本期应补（退）税额	34=24-28-29	1 050.00	—		—
	即征即退实际退税额	35	—	—		
	期初未缴查补税额	36			—	—
	本期入库查补税额	37			—	—
	期末未缴查补税额	38=16+22+36-37			—	—
附加税费	城市维护建设税本期应补（退）税额	39			—	—
	教育费附加本期应补（退）费额	40			—	—
	地方教育附加本期应补（退）费额	41			—	—

声明：此表是根据国家税收法律法规及相关规定填写的，本人（单位）对填报内容（及附带资料）的填实性、可靠性、完整性负责。

纳税人（签章）：刘艳丽　　2023年6月10日

经办人： 经办人身份证号： 代理机构签章： 代理机构统一社会信用代码：	受理人： 受理税务机关（章）：　受理日期　年　月　日

长沙含光服饰公司6月10日交纳5月份增值税13 600元的会计分录如下：

借：应交税费——应交增值税（已交税金） 1 050

　贷：银行存款 1 050

【小实训2-2】

长沙含光服饰公司2023年7月10日交纳2023年6月份的增值税44 500元，原始凭证为税收通用缴款书（见表2-20）。要求编制交纳增值税的记账凭证（见表2-21，假设本月记账凭证已编至记字12号）以及应交税费增值税明细账（见表2-22）。

表2-20

中国工商银行电子缴税付款凭证

转账日期：2023年7月10日

纳税人全称及纳税人识别号：320303836556447

付款人全称：长沙含光服饰公司

付款人账号：1102021845672108901　　征税机关名称：市国税局

付款人开户银行：中国工商银行中山支行　　收款国库（银行）名称：中央银行长沙市分行

小写（合计）金额：￥44 500.00　　缴款书交易流水号：12346789986514

大写（合计）金额：人民币肆万肆仟伍佰元整　　税票号码：15201953

税（费）种名称	所属时期	实缴金额
增值税	2023年6月	44 500.00

中国工商银行
长沙市中山支行办理处
20230710
办讫章

第20次打印

复核：李丽　　记账：黄品

第二联　作计款回单（无银行收讫章无效）

表2-21

记账凭证

年　月　日　　字第　号

摘要	总账科目	明细科目	记账	借方金额										记账	贷方金额									
			√	千	百	十	万	千	百	十	元	角	分	√	千	百	十	万	千	百	十	元	角	分
合　计																								

附件　张

会计主管　　记账　　出纳　　审核　　制单

表2-22

应交税费（增值税）明细账

页数________

年		凭证		摘要	借方			贷方			借或贷	余额
月	日	种类	编号		合计	进项税额	已交税金	合计	销项税额	已交税金		
					亿千百十万千百十元角分	亿千百十万千百十元角分	亿千百十万千百十元角分	亿千百十万千百十元角分	亿千百十万千百十元角分	亿千百十万千百十元角分		亿千百十万千百十元角分

2. 小规模纳税人增值税的核算

小规模纳税人销售货物或者、提供应税劳务，实行简易办法计算应纳税额。其计算公式为：

应纳税额=销售额×征收率

小企业（小规模纳税人）购进货物或接收应税劳务时支付的增值税，直接计入有关货物和劳务的成本。

小企业（小规模纳税人）“应交税费——应交增值税”账户，贷方登记增加，借方登记减少，只设借、贷、余额三栏式的账页，不需要设置“进项税额”“销项税额”等专栏；期末贷方余额反映小企业尚未交纳的增值税，如为借方余额则反映小企业多交的增值税。小规模纳税人计算交纳增值税，也需要填写“增值税纳税申报表”。

【例2-27】长沙含阳工厂为小企业（小规模纳税人），工厂购入材料一批，取得的专用发票中注明货款40 000元，增值税5 200元。材料运费500元，增值税税率9%，款项以银行存款支付，材料已验收入库（按实际成本计价核算）。该小企业编制会计分录如下：

借：原材料	45 745	
贷：银行存款		45 745

【例2-28】长沙含阳工厂为小规模纳税人、小企业，销售产品一批，开出的普通发票中注明：货款为26 500元，增值税征收率为3%，款项已存入银行。该小企业编制会计分录如下：

借：银行存款	26 500	
贷：主营业务收入		25 728.16
应交税费——应交增值税		771.84

不含税销售额=含税销售额÷（1+征收率）=26 500÷（1+3%）≈25 728.16（元）

应纳增值税=不含税销售额×征收率=25 728.16×3%≈771.84（元）

【例2-29】长沙含阳工厂为小企业（小规模纳税人），月末以银行存款交纳增值税771.84元。该小企业编制会计分录如下：

借：应交税费——应交增值税	771.84	
贷：银行存款		771.84

【小练习2-16】

长沙新东方公司（小企业、小规模纳税人）本月购入材料41 800元，款已付。本月销售商品取得含税销售额82 400元，款已收。要求计算本月不含税销售额和应交增值税，并编制购入材料、销售商品、交纳增值税的会计分录。

二、应交消费税的核算

1.消费税的纳税人

消费税的纳税人是指在我国境内生产、委托加工和进口应税消费品的单位和个人，消费税是消费税的纳税人按其应税消费品的销售金额或销售数量计算交纳的一种流转税。应税消费品主要有烟、酒、高档化妆品、贵重首饰及珠宝玉石、小汽车、实木地板、摩托车、高档手表、成品油等。

小企业生产的应税消费品销售后应同时交纳增值税和消费税。

2.消费税的账务处理

（1）小企业生产的应税消费品，于销售时纳税。消费税的征收方法采取从价定率和从量定额两种方法。会计上对于销售应税消费品应交的消费税，借记“税金及附加”账户，贷记“应交税费——应交消费税”账户。小企业实际交纳消费税时，借记“应交税费——应交消费税”账户，贷记“银行存款”账户。

【例2-30】长沙含新化妆品公司（小企业、增值税一般纳税人）生产并销售高档化妆品10箱，每箱不含税售价3 000元。高档化妆品适用增值税税率为13%。款项已收到存入银行，应交的增值税和消费税已通过银行支付。

本例中，增值税销售额和消费税销售额是相同的，都是30 000元（不含税）。假设公司本期进项税额为3 100元，则本期长沙含新化妆品公司的应交增值税为800元（30 000×13%-3 100）。

长沙含新化妆品公司编制会计分录如下：

①取得销售收入时

借：银行存款　　33 900

　贷：主营业务收入　　30 000

　　　应交税费——应交增值税（销项税额）　　3 900

②交纳增值税时

借：应交税费——应交增值税（已交税金）　　800

　贷：银行存款　　800

【例2-31】长沙含新化妆品公司（小企业、增值税一般纳税人）对外销售一批高档化妆品，取得含税销售收入45.2万元。高档化妆品适用消费税税率为15%。要求计算长沙含新化妆品公司应缴纳的消费税额，并编制计提消费税的会计分录。

高档化妆品的不含税销售收入=45.2÷（1+13%）=40（万元）

应缴纳的消费税=40×15%=6（万元）

计提应交消费税的会计分录如下：

借：税金及附加　　60 000

　贷：应交税费——应交消费税　　60 000

【小练习2-17】

长沙新达公司（小企业）销售所生产的应税消费品（珠宝玉石），取得含税销售收入22 600元，适用的消费税税率为10%。要求计算长沙新达公司该批消费品应交的消费税，并编制计提应交消费税的会计分录。

（2）小企业自产自用应税消费品（如用于在建工程、管理部门、非生产机构、广告、样品、对外捐赠），按税法规定应交的消费税，应计入有关的成本，借记“在建工程”“管理费用”等账户，贷记“应交税费——应交消费税”账户。

【例2-32】长沙含阳公司（小企业、增值税一般纳税人）适用增值税税率为13%，适用消费税税率为10%。长沙含阳公司领用自产应税消费品作为销售样品（广告宣传用），实际生产成本为45 000元，不含税销售总价为60 000元。长沙含阳公司编制会计分录如下：

自产自用应税消费品的行为属于视同销售行为，既要缴增值税又要缴消费税。

增值税（销项税额）=销售额×增值税税率=60 000×13%=7 800（元）

消费税=销售额×消费税税率=60 000×10%=6 000（元）

借：销售费用　　58 800

　贷：库存商品　　45 000

　　　应交税费——应交增值税（销项税额）　　7 800

　　　　　　　——应交消费税　　6 000

【小练习2-18】

长沙幸福摩托车制造厂（小企业、增值税一般纳税人）本月购进材料支付进项税额48万元，本月销售摩托车取得不含税收入470万元，销售成本为320万元，增值税税率为13%，消费税税率为10%。

要求：①计算本月增值税销项税额、应交增值税、应交消费税。

②编制销售确认收入、结转成本、计提消费税的会计分录。

【例2-33】长沙新新公司（零售小企业、增值税一般纳税人）本月销售金银首饰取得含税销售额565 000元，增值税税率为13%，金银首饰的消费税税率为5%，计提长沙新新公司本月应交纳的消费税。

消费税销售额=565 000÷（1+13%）=500 000（元）

应交消费税=500 000×5%=25 000（元）

借：税金及附加　　25 000

　贷：应交税费——应交消费税　　25 000

【小练习2-19】

长沙红新公司（小企业、增值税一般纳税人）本月销售金银首饰取得含税销售额452 000元，增值税税率为13%，金银首饰的消费税税率为5%。要求编制该小企业确认销售收入和计提本月零售金银首饰应交消费税的会计分录。

（3）小企业交纳的消费税，应借记“应交税费——应交消费税”账户，贷记“银行存款”账户。

【小提示2-9】

小企业进口需要交纳消费税的商品（如烟、酒、高档化妆品等），于报关进口时交纳消费税。其交纳的消费税应计入该项商品物资成本，而不通过“应交税费——应交消费税”账户核算，借记“原材料”“库存商品”等账户，贷记“银行存款”账户。

三、城市维护建设税的核算

1.城市维护建设税的纳税人

城市维护建设税以纳税人实际缴纳的增值税、消费税的税额为计税依据，分别与增值税、消费税同时缴纳。凡缴纳增值税、消费税的单位和个人，都是城市维护建设税的纳税人。城建税的税率按纳税人所在地分别规定为：市区7%，县城和镇5%，乡村1%。

2.城市维护建设税的账务处理

城市维护建设税计算公式为：

应纳税额=（实际缴纳的增值税+实际缴纳的消费税）×适用税率

（1）小企业应交纳的城市维护建设税，借记“税金及附加”账户，贷记“应交税费——应交城市维护建设税”账户。

（2）小企业实际交纳城市维护建设税时，借记“应交税费——应交城市维护建设税”账户，贷记“银行存款”账户。

【例2-34】某小企业本期应交纳增值税50 000元、消费税24 100元、该小企业适用的城建税税率为7%。要求计提本期应交的城建税，并编制计提和交纳城建税的会计分录。

本期应纳城建税=（50 000+24 100）×7%=5 187（元）

借：税金及附加　5 187

　贷：应交税费——应交城市维护建设税　5 187

四、教育费附加的核算

教育费附加以纳税人实际缴纳的增值税、消费税税额为计征依据，分别与增值税、消费税同时缴纳。凡缴纳增值税、消费税的单位和个人，都需要按规定缴纳教育费附加。教育费附加的征收率为3%。教育费附加计算公式为：

应纳教育费附加=（实际缴纳的增值税+实际缴纳的消费税）×征收率

小企业应交纳的教育费附加，记入“税金及附加”账户，账务处理与城建税核算相同。

【例2-35】长沙含光服饰公司（小企业）本月实际应交纳增值税50 000元、消费税1 000元，教育费附加征收率为3%，则本月应纳教育费附加为1 530元（（50 000+1 000）×3%）。

该小企业计提应交教育费附加的会计分录如下：

借：税金及附加　1 530

　贷：应交税费——应交教育费附加　1 530

以后，实际交纳教育费附加时：

借：应交税费——应交教育费附加　1 530

　贷：银行存款　1 530

【小练习2-20】

长沙红星公司（小企业）本期应交纳增值税62 000元，适用的教育费附加征收率为3%。要求计算本期应交纳的教育费附加，并编制计提和交纳教育费附加的会计分录。

【小实训2-3】

长沙含光服饰公司（小企业）本月实际应交纳增值税50 000元、消费税1 000元，适用城建税税率为7%，教育费附加费率为3%。城建税和教育费附加计提表，见表2-23。要求编制计提本期应交纳的城建税和教育费附加的记账凭证，见表2-24（假设本月记账凭证已编至记字10号）。

表2-23

城市维护建设税及教育费附加计算表

2023年7月8日

税种名称	计税（费）金额	城市维护建设税		教育费附加	
		税率	应纳税额	税率	应纳附加额
增值税	50 000.00	7%	3 500.00	3%	1 500.00
消费税	1 000.00	7%	70.00	3%	30.00
合　计	¥51 000.00		¥3 570.00		¥1 530.00

表2-24

记账凭证

年　月　日　　　　　　　　字第　号

摘要	总账科目	明细科目	记账√	借方金额										记账√	贷方金额									
				千	百	十	万	千	百	十	元	角	分		千	百	十	万	千	百	十	元	角	分
合计																								

附件　张

会计主管　　记账　　出纳　　审核　　制单

五、其他应交税费的核算

1.资源税的核算

资源税是对在我国境内开采矿产品（如原油、天然气、煤炭、黑色金属矿原矿、有色金属矿原矿）或者生产盐的单位和个人征收的税。资源税按照应税产品的课税数量和规定的单位税额计算。其计算公式为：

应纳税额=课税数量×单位税额

开采或生产应税产品对外销售的，以销售数量为课税数量；开采或生产应税产品自用的，以自用数量为课税数量。

对外销售应税产品应交纳的资源税，应记入“税金及附加”账户；自产自用应税产品应交纳的资源税，应记入“生产成本”等账户。

【例2-36】长沙含信黑金公司（小企业）本月开采并对外销售资源税应税矿产品2 000吨（煤炭），每吨矿产品应交资源税2.5元。要求计算本月应交纳的资源税，并编制相关会计分录。

该小企业的应交资源税=2 000×2.5=5 000（元），编制会计分录如下：

借：税金及附加　　5 000

　贷：应交税费——应交资源税　　5 000

实际交纳时：

借：应交税费——应交资源税　　5 000

贷：银行存款　5 000

2.印花税的核算

印花税是对经济活动和经济交往中书立、领受、使用应税凭证征收的一种税。因纳税人主要是通过在应税凭证（如经济合同、产权转移书据、营业账簿、权利、许可证照等）上粘贴印花税票来完成纳税义务，故名印花税。

印花税的纳税人可分为立合同人、立账簿人、立据人、领受人和使用人。一般情况下，小企业需要根据应纳税凭证的性质，分别按比例税率或者按件定额计算应纳税额。

预先购买印花税票，待发生应税行为时，再将已购买的印花税税票粘贴在应纳税凭证上，并在每枚税票的骑缝处盖戳注销或者划销，办理完税手续。

小企业计提印花税时，借记"税金及附加"账户，贷记"应交税费"账户，支付时，借记"应交税费"账户，贷记"银行存款"账户。

【例2-37】长沙含光服饰公司（小企业）计提购买印花税票600元。编制会计分录如下：

借：税金及附加——印花税　600

贷：应交税费——应交印花税　600

交纳印花税时：

借：应交税费——应交印花税　600

贷：银行存款　600

3.房产税的核算

房产税的纳税人是指在我国城市、县城、建制镇和工矿区内拥有房屋产权的单位和个人。房产税依照房产原值一次减除10%至30%后的余值计算交纳，税率为1.2%；房产出租的，以房产租金收入为房产税的计税依据，税率为12%。房产税按年征收，分期缴纳。

小企业交纳的房产税，应记入"税金及附加"账户。

【例2-38】长沙含光服饰公司出租闲置的房屋取得收入6 000元，房产税税率为12%，应交纳的房产税为720元。编制会计分录如下：

借：税金及附加　720

贷：应交税费——应交房产税　720

交纳房产税时：

借：应交税费——应交房产税　720

贷：银行存款　720

4.城镇土地使用税的核算

城镇土地使用税是国家为了合理利用城镇土地，调节土地级差收入，提高土地使用效益，加强土地管理而开征的一种税。在城市、县城、建制镇和工矿区范围内使用土地的单位和个人为城镇土地使用税的纳税人。城镇土地使用税以纳税人实际占用的土地面积为计税依据，其计算公式为：

应纳税额=实际占用的土地面积×适用税额

城镇土地使用税按年计算，分期缴纳。

小企业交纳的城镇土地使用税，应记入“税金及附加”账户。

【例2-39】长沙含光服饰公司按规定计算出本年应交纳的土地使用税8 000元。编制会计分录如下：

借：税金及附加　　8 000

　贷：应交税费——应交土地使用税　　8 000

5. 车船税的核算

车船税的纳税人是指在我国境内拥有或者管理车辆、船舶的单位和个人。车船税按年申报，分月计算，一次性缴纳。车船税采用定额税率，如商用车中的客车每辆年基准税额为480元至1 440元，货车按自重每吨每年基准税额为16元至120元，机动船舶年基准税额为净吨位每吨3元至6元。

小企业按规定计算出应交纳的车船税时，借记“税金及附加”账户，贷记“应交税费——应交车船税”账户；上缴税款时，借记“应交税费——应交车船税”账户，贷记“银行存款”账户。

【小思考2-3】

长沙大海公司（小企业）为增值税一般纳税人，本期应交纳并已实际交纳税费情况如下：增值税850万元，消费税150万元，城市维护建设税70万元，车船税0.5万元，印花税1.5万元，企业所得税120万元。请问上述各项税费应记入“应交税费”账户借方、贷方的金额各是多少？应记入“税金及附加”账户借方的金额是多少？

项目小结

本项目通过长沙含光服饰公司的部分日常业务，主要介绍了小企业的应收账款、预收账款，应收票据、应付票据，应付账款、预付账款，其他应收款、其他应付款以及应交税费等往来款项的核算。选用了适当的实务操作例题，便于学生理解，并提供了较多的训练题让学生进行训练。学生通过本章的学习和训练，能够熟练地掌握小企业销售过程中产生的往来款项、采购过程中产生的往来款项、其他往来款项以及税务的往来款项的账务处理。

项目训练

一、单项选择题

1.“应收票据”在取得时的入账价值为（　　）。

A. 票据面值　　B. 票据到期价值

C. 票据面值加应计利息　　D. 预付账款

2. 小企业的存出保证金，应借记（　　）账户。

A.“应收账款”　　B.“其他应付款”

C.“其他应收款”　　D.“预付账款”

3. 预付货款不多的小企业，可以将预付的货款直接记入（　　）账户的借方，而不单独设置“预付账款”账户。

A.“应收账款”　　B.“其他应收款”

C.“应付账款”　　D.“应收票据”

4.甲小企业向乙小企业赊销商品，商品售价600 000元，增值税78 000元，甲小企业为了促销，给予乙小企业10%的商业折扣。合同中规定的现金折扣条件为“1/10，2/20，N/30”。甲小企业销售商品时代乙小企业垫付运杂费100 000元，甲小企业应收账款入账金额为（　　）元。

A.625 800　　B.707 800

C.725 800　　D.778 000

5.甲公司（小企业）采用委托收款结算方式向乙小企业销售商品500件，甲公司为了促销规定凡购货500件（包括500件）以上，给予顾客5%的折扣，商品售价400元/件，增值税税率13%。甲公司为了及早收回货款，在合同中规定的现金折扣条件为“2/20，1/20，N/30”。甲公司代垫包装费450元，则该公司应确认的应收账款为（　　）元。

A.191 900　　B.220 850

C.220 400　　D.215 150

6.某小企业有一张2023年2月28日签发、期限为3个月的商业汇票，则该商业汇票的到期日为（　　）。

A.5月28日　　B.5月29日

C.5月30日　　D.5月31日

7.“应收账款”账户的期初余额为借方12 000元，本期借方发生额1 000元，本期贷方发生额8 000元，则该账户的期末余额为（　　）。

A.借方3 000元　　B.贷方8 000元

C.借方5 000元　　D.贷方5 000元

8.某小企业有一笔100 000元的赊销账款，规定的现金折扣条件为“2/10，1/20，N/30”。假如客户于10天内付款，则应收账款的实收数额为（　　）。

A.98 000元　　B.100 000元

C.99 000元　　D.95 000元

9.小企业销货时，商品报价扣除（　　）后的实际成交价格才是应收账款的入账金额。

A.现金折扣　　B.购货折扣

C.销货折扣　　D.商业折扣

10.我国的应收票据是一种（　　），在我国会计实务中，应收票据是小企业持有的（　　）。

A.非流动资产、银行汇票　　B.非流动负债、支票

C.流动资产、商业汇票　　D.流动负债、银行本票

11.小企业确实无法偿付的应付款项，应记入（　　）账户。

A.“坏账准备”　　B.“主营业务收入”

C.“营业外收入”　　D.“营业外支出”

12.小企业开出承兑的商业汇票，其付款期限最长不超过（　　），提示付款期限自汇票到期日起10天。

A.10天　　B.1个月

C.6个月　　D.9个月

13.假如商业承兑汇票到期，小企业无力支付票款，则按照商业承兑汇票的票面金额转入（ ）账户。

A.“应付账款” B.“短期借款”

C.“应付票据” D.“应收票据”

14.小企业向承兑银行支付银行承兑汇票的手续费时（按票面金额万分之五计算），应借记（ ）账户。

A.“应付票据” B.“财务费用”

C.“应付账款” D.“银行存款”

15.小企业缴纳的印花税，应记入（ ）账户。

A.“管理费用” B.“税金及附加”

C.“在建工程” D.“固定资产”或“无形资产”

16.小规模纳税人销售货物或者应税劳务，实行按照销售额和征收率计算应纳税额的简易办法，并且不得抵扣进项税额。增值税征收率为（ ）。小规模纳税人、小企业购进货物时交纳的增值税，直接计入有关货物和劳务的成本。

A.6% B.3%

C.10% D.7%

17.（ ）的纳税人是在我国境内提供应税劳务，转让无形资产或销售不动产的单位和个人。

A.增值税 B.消费税

C.印花税 D.资源税

18.出售应税消费品应交纳的消费税，计提时编制的会计分录为借记（ ）账户，贷记“应交税费”账户。

A.“营业外支出” B.“税金及附加”

C.“营业外收入” D.“固定资产清理”

19.小企业实际发生的与取得收入有关的、合理的支出，准予在计算应纳税所得额时扣除的不包括（ ）。

A.成本、费用

B.转让财产损失、呆账损失、坏账损失等

C.罚金、罚款

D.消费税、资源税、土地增值税、城市维护建设税、教育费附加等税金

20.城市维护建设税是不应以交纳的（ ）为计税依据征收的一种税。

A.资源税 B.消费税

C.印花税 D.增值税

二、多项选择题

1.按现行准则规定，小企业不能用“应收票据”及“应付票据”核算的票据包括（ ）。

A.银行汇票 B.银行承兑汇票

C.银行本票 D.商业承兑汇票

2.下列项目中，小企业应通过“其他应收款”科目核算的有（ ）。

A.拨付给小企业内部单位的备用金　B.应收的各种罚款
C.收取的各种押金　D.应向职工收取的各种垫付款项
3.下列关于小企业“预付账款”账户的说法中，正确的有（　）。
A.该账户借方余额反映小企业向供货单位预付的货款
B.预付货款不多的小企业，可以不单独设置“预付账款”账户，将预付的货款记入“应付账款”账户的借方
C.“预付账款”账户核算的是小企业因销售业务产生的往来款项
D.“预付账款”账户的贷方余额反映的是应付供货单位的款项
4.小企业应收款出现下列情况之一时，应确认为坏账（　）。
A.债务单位资不抵债　B.债务单位撤销
C.债务单位现金流量严重不足　D.债务单位经营不善，发生严重亏损
5.下列项目中，小企业应通过“其他应付款”科目核算的有（　）。
A.应付存入保证金　B.应付各种赔款
C.应付租金　D.应付职工困难补助
6.下列各项中，构成小企业应收账款入账价值的有（　）。
A.确认商品销售收入时尚未收到的价款
B.代替购货单位垫付的包装费
C.代替购货单位垫付的运杂费
D.销售货物发生的商业折扣
7.小企业通用的折扣办法包括（　）。
A.购货折扣　B.销货折扣
C.商业折扣　D.现金折扣
8.小企业一笔赊销账款规定的现金折扣条件为“2/10，1/20，N/30”，其含义为（　）。
A.10天期间内付款给予2%的折扣
B.第11天至第20天期间内付款给予1%的折扣
C.第21天至第30天期间内付款，不给折扣
D.付款期限为30天
9.应付账款是指小企业因（　）等日常生产经营活动而应支付的款项。
A.为购买材料等而借入的短期借款　B.购买商品
C.提供劳务　D.接受劳务
10.下列可以通过“应付票据”核算的有（　）。
A.银行本票存款　B.银行承兑汇票
C.银行汇票存款　D.商业承兑汇票
11.小企业的其他应付款主要有（　）。
A.应付租入生产经营用固定资产的租金　B.应付包装物的租金
C.收到租用包装物的押金　D.存入保证金
12.小企业交纳的（　）不通过“应交税费”账户核算。
A.印花税　B.耕地占用税
C.消费税　D.契税

13.“税金及附加”是损益类账户，核算小企业开展日常生产经营活动应负担（　　）等相关税费，本账户应按税费种类进行明细核算。

A.城镇土地使用税、房产税、印花税、车船税

B.消费税、城市维护建设税

C.资源税、土地增值税

D.教育费附加

14.为了核算应交增值税的发生、抵扣、缴纳、退税及转出等情况，小企业（一般纳税人）“应交税费——应交增值税”账户应当分别设置（　　）等专栏。

A.进项税额　　B.销项税额转出

C.销项税额　　D.已交税金

15.应税消费品主要有（　　）等商品。

A.烟、酒

B.高档手表、实木地板

C.高档化妆品、贵重首饰及珠宝玉石

D.小汽车、摩托车、成品油

16.小企业生产的应税消费品销售后，应同时交纳（　　）。

A.增值税　　B.印花税

C.消费税　　D.资源税

17.城市维护建设税以纳税人实际缴纳的（　　）税额为计税依据。

A.增值税　　B.消费税

C.资源税　　D.印花税

18.小企业确实无法偿付的应付款项，不应当记入（　　）账户。

A.“坏账准备”　　B.“主营业务收入”

C.“营业外收入”　　D.“营业外支出”

19.如果小企业购买材料、商品时形成的是一项存在现金折扣条件的应付账款，那么小企业实际获得现金折扣时，应记入（　　）账户。

A.“应付账款”　　B.“管理费用”

C.“应付票据”　　D.“财务费用”

20.下列关于小企业现金折扣与商业折扣的说法中，正确的有（　　）。

A.商业折扣是指在商品标价上给予的扣除

B.现金折扣是指债权人为鼓励债务人早日付款，而向债务人提供的债务扣除

C.在存在商业折扣的情况下，应收账款入账金额应按扣除商业折扣后的实际售价确认

D.我国会计实务中采用总价法核算存在现金折扣的交易

三、判断题

1.采用定额制核算备用金的小企业，备用金使用部门人员日常凭单据报销差旅费时，会计部门应按报销金额冲减“其他应收款”账户。（　　）

2.对于销货业务，销货小企业即使在向客户提供现金折扣的情况下，也应按总价法确认应收账款的入账价值。（　　）

3. 小企业无论采用何种方法核算坏账损失，其确认坏账的标准都是相同的。（ ）

4. 小企业的预付账款属于债权，存在发生坏账损失的风险，因此应提取一定比例的坏账准备。（ ）

5. 小企业收到的应收票据，均应按票据的票面金额入账。（ ）

6. 预付货款可以在“应付账款”账户核算，因此预付货款应作为小企业的一项负债。（ ）

7. 小企业持有的商业承兑汇票到期时，因承兑人的银行账户不足以支付，应将本息一并转入“应收账款”账户。（ ）

8. “应收账款”账户核算小企业因销售产品、材料、提供劳务、职工借款等业务，应向购货单位或本单位职工个人收取的款项。（ ）

9. 小企业向职工收取的暂付款项可在“应收账款”账户进行核算。（ ）

10. 小企业实际发生坏账损失时，应借记“坏账准备”账户，贷记“应收账款”账户。（ ）

四、实务题

1. 长沙细心公司（小企业）为一般纳税人，2023年10月发生下列销售商品的交易或者事项：

（1）赊销A商品1 000件，商品价目单所列单价为100元/件，给予购货方10%的商业折扣，应收取的增值税为实际售价的13%。

（2）（1）项赊销账款收回，款项已存入银行。

（3）销售B商品500件，价款50 000元，增值税6 500元，规定的付款条件为“2/10，1/20，N/30”。（假设现金折扣不考虑增值税）

（4）假设（3）项赊销B商品客户于10日内付款，实际收到款项55 500元，存入银行。

（5）假设（3）项赊销B商品客户于11日至20日之间付款，实际收到款项56 000元，存入银行。

（6）假设（3）项赊销B商品客户超过折扣期限付款，收到款项56 500元，存入银行。

要求：为细心公司编制相关会计分录。

2. 长沙勤奋公司（小企业）为一般纳税人，发生下列应收票据的交易或者事项：

（1）向含光服饰公司销售产品一批，价款80 000元，增值税10 400元，收到含光服饰公司承兑的商业承兑汇票一张，金额共计90 400元，票据签发承兑日期为5月1日。

（2）向大为公司赊销商品，价款100 000元，增值税13 000元，款项尚未收到。

（3）收到大为公司的银行承兑汇票一张，抵付其所欠账款113 000元。

（4）持有的一张商业承兑汇票到期，面值100 000元，票款已由银行收回。

（5）含光服饰公司承兑的商业汇票到期，无款支付，勤奋公司按规定转为应收账款。

要求：为勤奋公司编制相关会计分录。

3. 长沙华强公司和长沙大明公司均为增值税一般纳税小企业，长沙华强公司向长沙大明公司售出产品一批，增值税专用发票注明产品售价为1 000 000元，增值税为130 000元。货款尚未收取，长沙华强公司给予的付款条件为“3/10，1/20，N/30”（按不含税售价计算折扣额)。长沙大明公司购入的物资作为原材料入库。

要求:(1)分别编制长沙华强公司和长沙大明公司交易的会计分录。

(2)若长沙大明公司在10天内付款,编制长沙华强公司和长沙大明公司相应的会计分录。

(3)若长沙大明公司在20天内付款,编制长沙华强公司和长沙大明公司相应的会计分录。

(4)若长沙大明公司在30天内付款,编制长沙华强公司和长沙大明公司相应的会计分录。

4.长沙努力公司(小企业、一般纳税人)存货采用实际价核算,增值税税率13%,“应交税费——应交增值税”借方余额为30 000元,2019年4月份发生下列经济业务:

(1)外购材料一批,取得普通发票上注明价款702 000元,运杂费200元,增值税税率9%,已开出银行承兑汇票,材料已收妥。

(2)销售产品一批,开出的普通发票上注明价款580 000元,实际成本350 000元,款项未收。

(3)正在建设一条生产线,工程领用产品成本400 000元,售价500 000元。

(4)某无形资产处于研究阶段,研发支出领用材料20 000元。

(5)收到在建工程物资45 200元(含税),转作原材料。

(6)委托外单位对生产用的机器进行修理,对方开具的增值税专用发票注明修理费5 000元,增值税650元,款项已付。

(7)福利部门领用生产用材料一批,成本4 600元。

(8)外购材料一批,取得的增值税专用发票上注明价款70 000元,增值税9 100元,已开出银行汇票,材料在运输途中。

(9)销售产品一批,开出的增值税发票上注明售价500 000元,增值税65 000元,支付由企业负担的运费1 000元(增值税税率9%),该产品实际成本350 000元,收到银行本票一张。

(10)出售一栋办公楼,出售收入为640 000元,款项已存入银行。该办公楼的账面原价为800 000元,已提折旧200 000元;出售过程中用银行存款支付清理费用10 000元。销售该项固定资产适用的增值税税率为9%。

要求:(1)根据经济业务(1)~(10)题经济业务编制相关会计分录。

(2)计算本月应交增值税(城建税7%、教育费附加3%),并编制相关会计分录。

五、操作题

1.2023年6月8日,长沙含光服饰公司向长沙华强公司销售男上衣,开具增值税专用发票(见表2-25),款项暂未收到并以委托收款方式向银行办理托收手续,另开具支票代垫运杂费(见表2-26)。

要求:填制委托收款凭证(见表2-27),并编制相关记账凭证(见表2-28,假设本月记账凭证已编至记字102号)。

表2-25

湖南增值税专用发票

（印章：全国统一发票监制章 国家税务总局监制）

№00002460

此联不作报销、扣税凭证使用　　　开票日期：2023年6月8日

购买方	名　　称：长沙华强公司 纳税人识别号：320125467854125 地址、电话：湖南省长沙蔡锷北路380号（电话略） 开户行及账号：中国工商银行蔡锷支行110547893441254653					密码区	略
货物或应税劳务名称	规格型号	单位	数量	单价	金额	税率	税额
男上衣	XL	件	100.00	180.00	18 000.00	13%	2 340.00
合　计					¥18 000.00		¥2 340.00
价税合计（大写）	⊗贰万零叁佰肆拾元整						（小写）¥20 340.00
销售方	名　　称：长沙含光服饰公司 纳税人识别号：320303836556447 地址、电话：长沙市开福区芙蓉中路155号（电话略） 开户行及账号：中国工商银行中山支行110202184567210890l					备注	（印章：长沙含光服饰公司 320303836556447 发票专用章）

收款人：刘艳丽　　复核：熊美丽　　开票人：陈全　　销售方（章）

第一联：记账联　销售方记账凭证

表2-26

中国工商银行
转账支票存根

附加信息

出票日期 2023 年 6 月 8 日

收款人：大为运输公司

金　额：¥1 000.00

用　途：代垫运费

单位主管 熊美丽 会计 刘艳丽

上海证券印制有限公司·2022年印制

表2-27

委托收款凭证（回单）

委托日期：　年　月　日　　第　号

委托号码

<table>
<tr><td rowspan="3">付款人</td><td>全　称</td><td colspan="3"></td><td rowspan="3">收款人</td><td>全　称</td><td colspan="3"></td><td rowspan="7">此联为收款人开户银行给收款人的回单</td></tr>
<tr><td>账　号
或地址</td><td colspan="3"></td><td>账　号
或地址</td><td colspan="3"></td></tr>
<tr><td>开户银行</td><td colspan="3"></td><td>开户银行</td><td></td><td>行号</td><td></td></tr>
<tr><td>委收
金额</td><td>人民币
（大写）</td><td colspan="6"></td><td colspan="2">千 百 十 万 千 百 十 元 角 分</td></tr>
<tr><td>款项
内容</td><td colspan="2"></td><td>委托收款
凭据名称</td><td colspan="3"></td><td>附寄单
证张数</td><td colspan="2"></td></tr>
<tr><td colspan="3">备注：</td><td colspan="3">款项收妥日期

年　月　日</td><td colspan="4">收款人开户银行盖章　年　月　日</td></tr>
</table>

单位主管：　会计：　复核：　记账：

表2-28

记账凭证

年　月　日　　字第　号

<table>
<tr><td rowspan="2">摘要</td><td rowspan="2">总账科目</td><td rowspan="2">明细科目</td><td rowspan="2">记账√</td><td colspan="10">借方金额</td><td rowspan="2">记账√</td><td colspan="10">贷方金额</td><td rowspan="8">附件

张</td></tr>
<tr><td>千</td><td>百</td><td>十</td><td>万</td><td>千</td><td>百</td><td>十</td><td>元</td><td>角</td><td>分</td><td>千</td><td>百</td><td>十</td><td>万</td><td>千</td><td>百</td><td>十</td><td>元</td><td>角</td><td>分</td></tr>
<tr><td></td><td></td><td></td><td></td><td></td><td></td><td></td><td></td><td></td><td></td><td></td><td></td><td></td><td></td><td></td><td></td><td></td><td></td><td></td><td></td><td></td><td></td><td></td><td></td><td></td></tr>
<tr><td></td><td></td><td></td><td></td><td></td><td></td><td></td><td></td><td></td><td></td><td></td><td></td><td></td><td></td><td></td><td></td><td></td><td></td><td></td><td></td><td></td><td></td><td></td><td></td><td></td></tr>
<tr><td></td><td></td><td></td><td></td><td></td><td></td><td></td><td></td><td></td><td></td><td></td><td></td><td></td><td></td><td></td><td></td><td></td><td></td><td></td><td></td><td></td><td></td><td></td><td></td><td></td></tr>
<tr><td></td><td></td><td></td><td></td><td></td><td></td><td></td><td></td><td></td><td></td><td></td><td></td><td></td><td></td><td></td><td></td><td></td><td></td><td></td><td></td><td></td><td></td><td></td><td></td><td></td></tr>
<tr><td></td><td></td><td></td><td></td><td></td><td></td><td></td><td></td><td></td><td></td><td></td><td></td><td></td><td></td><td></td><td></td><td></td><td></td><td></td><td></td><td></td><td></td><td></td><td></td><td></td></tr>
<tr><td>合　计</td><td></td><td></td><td></td><td></td><td></td><td></td><td></td><td></td><td></td><td></td><td></td><td></td><td></td><td></td><td></td><td></td><td></td><td></td><td></td><td></td><td></td><td></td><td></td><td></td></tr>
</table>

会计主管　记账　出纳　审核　制单

2.2023年6月28日，长沙含光服饰公司接到银行收账通知（见表2-29），收回长沙华强公司前欠款。

要求：填写相关记账凭证（见表2-30，假设本月记账凭证已编至记字15号）。

表2-29

第　　　号

委托收款凭证（收账通知）

委托号码1234567

委托日期：2023年6月28日　　　　付款期限：2023年6月30日

<table>
<tr><td rowspan="3">付款人</td><td>全　称</td><td colspan="3">长沙华强公司</td><td rowspan="3">收款人</td><td>全　称</td><td colspan="10">长沙含光服饰公司</td></tr>
<tr><td>账　号
或地址</td><td colspan="3">1105478934412546753</td><td>账　号
或地址</td><td colspan="10">1102021845672108901</td></tr>
<tr><td>开户银行</td><td colspan="3">中国工商银行蔡锷支行</td><td>开户银行</td><td colspan="4">中国工商银行中山支行</td><td colspan="3">行号</td><td colspan="3">154636</td></tr>
<tr><td rowspan="2">委收
金额</td><td rowspan="2">人民币
（大写）</td><td colspan="5" rowspan="2">贰万零叁佰肆拾元整</td><td>千</td><td>百</td><td>十</td><td>万</td><td>千</td><td>百</td><td>十</td><td>元</td><td>角</td><td>分</td></tr>
<tr><td></td><td></td><td>¥</td><td>2</td><td>0</td><td>3</td><td>4</td><td>0</td><td>0</td><td>0</td></tr>
<tr><td>款项
内容</td><td colspan="2">销售货款</td><td>委托收款
凭据名称</td><td colspan="3">中国工商银行
长沙市中山支行办理处
20230628
办讫章</td><td colspan="3">附寄单
证张数</td><td colspan="7">3</td></tr>
<tr><td colspan="4">备注：</td><td colspan="13">上列款项
1.以上全部划回收入你方账户
2.全部未收到</td></tr>
</table>

此联收款人开户银行在款项收妥后给收款人

单位主管：陈香　　复核：刘陆　　记账：黄元　付款人开户银行收到日期2023年6月20日

支付日期2023年6月28日

表2-30

记账凭证

年　　月　　日　　　　　　字第　　号

<table>
<tr><td rowspan="2">摘要</td><td rowspan="2">总账
科目</td><td rowspan="2">明细
科目</td><td rowspan="2">记
账
√</td><td colspan="10">借方金额</td><td rowspan="2">记
账
√</td><td colspan="10">贷方金额</td></tr>
<tr><td>千</td><td>百</td><td>十</td><td>万</td><td>千</td><td>百</td><td>十</td><td>元</td><td>角</td><td>分</td><td>千</td><td>百</td><td>十</td><td>万</td><td>千</td><td>百</td><td>十</td><td>元</td><td>角</td><td>分</td></tr>
<tr><td></td><td></td><td></td><td></td><td></td><td></td><td></td><td></td><td></td><td></td><td></td><td></td><td></td><td></td><td></td><td></td><td></td><td></td><td></td><td></td><td></td><td></td><td></td><td></td><td></td></tr>
<tr><td></td><td></td><td></td><td></td><td></td><td></td><td></td><td></td><td></td><td></td><td></td><td></td><td></td><td></td><td></td><td></td><td></td><td></td><td></td><td></td><td></td><td></td><td></td><td></td><td></td></tr>
<tr><td></td><td></td><td></td><td></td><td></td><td></td><td></td><td></td><td></td><td></td><td></td><td></td><td></td><td></td><td></td><td></td><td></td><td></td><td></td><td></td><td></td><td></td><td></td><td></td><td></td></tr>
<tr><td></td><td></td><td></td><td></td><td></td><td></td><td></td><td></td><td></td><td></td><td></td><td></td><td></td><td></td><td></td><td></td><td></td><td></td><td></td><td></td><td></td><td></td><td></td><td></td><td></td></tr>
<tr><td></td><td></td><td></td><td></td><td></td><td></td><td></td><td></td><td></td><td></td><td></td><td></td><td></td><td></td><td></td><td></td><td></td><td></td><td></td><td></td><td></td><td></td><td></td><td></td><td></td></tr>
<tr><td>合　计</td><td></td><td></td><td></td><td></td><td></td><td></td><td></td><td></td><td></td><td></td><td></td><td></td><td></td><td></td><td></td><td></td><td></td><td></td><td></td><td></td><td></td><td></td><td></td><td></td></tr>
</table>

附件　　张

会计主管　　　　记账　　　　出纳　　　　审核　　　　制单

3.2023年2月14日，长沙含光服饰公司的主管王庆军到南昌市开会，预借差旅费2 000元，公司开出现金支票支付。

要求：填写借款单（见表2-31）及现金支票（见表2-32），并编制相关记账凭证（见表2-33，假设本月记账凭证已编至记字5号）。

表2-31

借 款 单

日期： №

借款人：	所属部门：
借款用途：	
借款数额： 人民币（大写）	小写：
部门负责人审批：	借款人（签章）：
财务部审核：	
单位负责人批示：	签字：
核销记录：	

第一联：付款联付款人记账

表2-32

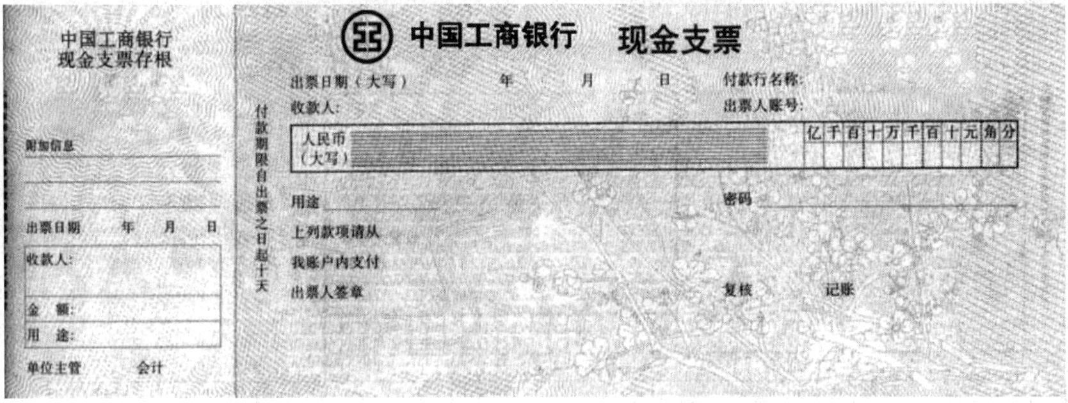
中国工商银行
现金支票存根

附加信息

出票日期 年 月 日

收款人：

金 额：

用 途：

单位主管 会计

中国工商银行 现金支票

出票日期（大写） 年 月 日 付款行名称：

收款人： 出票人账号：

付款期限自出票之日起十天

人民币（大写）	亿	千	百	十	万	千	百	十	元	角	分

用途 密码

上列款项请从

我账户内支付

出票人签章 复核 记账

表2-33

记账凭证

年 月 日 字第 号

摘要	总账科目	明细科目	记账√	借方金额 千	百	十	万	千	百	十	元	角	分	记账√	贷方金额 千	百	十	万	千	百	十	元	角	分
合 计																								

附件 张

会计主管 记账 出纳 审核 制单

4.2023 年 5 月 10 日，长沙华为有限公司交纳 4 月份的增值税 56 000 元（见表 2-34）。

要求：编制相关记账凭证（见表2-35，假设本月记账凭证已编至记字17号）。

表2-34

中国工商银行电子缴税付款凭证

转账日期：2023年5月10日

纳税人全称及纳税人识别号：320194678941345

付款人全称：长沙华为有限公司

付款人账号：110458795642315667

付款人开户银行：中国工商银行五一路支行

小写（合计）金额：¥56 000.00

大写（合计）金额：人民币伍万陆仟元整

征税机关名称：市国税局

收款国库（银行）名称：中央银行长沙市分行

缴款书交易流水号：12346789986513

税票号码：12019563

税（费）种名称	所属时期	实缴金额
增值税	2023年4月	56 000.00

中国工商银行
长沙市五一路支行办理处
办讫章

第25次打印

第二联　作讨款回单（无银行收讫章无效）

复核：李丽　　　　记账：黄品

表2-35

记账凭证

年　月　日　　　　字第　号

摘要	总账科目	明细科目	记账√	借方金额										记账√	贷方金额									
				千	百	十	万	千	百	十	元	角	分		千	百	十	万	千	百	十	元	角	分
合　计																								

附件　张

会计主管　　记账　　出纳　　审核　　制单

项目评价

项目评价表

内容			评价		
	学习目标	评价项目	3	2	1
职业能力	应收账项和预收账款的核算	1.应收账款的核算			
		2.预收账款的核算			
	应付账款和预付账款的核算	1.应付账款的核算			
		2.预付账款的核算			
	应收票据与应付票据的核算	1.应收票据的核算			
		2.应付票据的核算			
	其他往来款项的核算	1.其他应收款的核算			
		2.其他应付款的核算			
	与税务的往来款项核算	1.应交增值税的核算			
		2.应交消费税的核算			
		3.应交城建税的核算			
		4.应交教育费附加的核算			
		5.应交其他税费的核算			
通用能力	组织能力				
	沟通能力				
	解决问题的能力				
	自我提高的能力				
	创新能力				
综合评价					

等级说明：

3——能高质、高效地完成此学习目标的全部内容，并能解决遇到的特殊问题

2——能高质、高效地完成此学习目标的全部内容

1——能完成此学习目标的全部内容，无须任何帮助和指导

评价说明：

优秀——达到3级水平

良好——达到2级水平

合格——全部任务都达到1级水平

不合格——不能达到1级水平

育人主题

私户避税触犯法律

无锡市国家税务局发布通告，某公司因用个人银行卡收款未申报纳税，构成偷税，被追缴税款及罚款800多万元。经调查发现，该公司2022年～2023年账外取得电动车及配

件的销售货款，未申报纳税。2022年通过个人账户收取销售货款12 193 078.7元，其中11 495 378.7元未入账、未申报纳税。2023年通过个人账户收取销售货款27 883 309.65元，其中27 018 459.65元未入账、未申报纳税。

国家税务局决定追缴增值税税款：2022年1 670 268.7元，2023年3 839 500.25元；追缴企业所得税：2022年、2023年合计439 662.71元。该公司隐匿废料收入以及利用虚开增值税专用发票在账簿上少列收入、多列支出的行为构成偷税，国家税务局拟对该企业就应追缴的增值税、企业所得税处以50%的罚款，计2 974 715.87元。

【思考与启发】

在本案例中，公司管理层为了避税、少缴税款，用私人银行账户收支公司的资金往来，这种私户避税很显然是行不通的！而案例中我们不难发现办税环境变了，这充分体现了税务部门在为纳税人服务过程中思维的转变、角色的转换，以及征管方式、监管手段的日趋完善，让纳税人享受税收优惠和办税便利的同时，也要求纳税人要以更严格的标准约束自己的纳税行为，提高自己的纳税意识。

一、税务部门监管私户避税的手段

1.银行税务共享信息

如今银行、税务信息已经共享，税务部门如果有需要，想要掌握私人账户的资金变动，不再那么困难。目前，各地金融机构与税务、反洗钱机构的合作力度正在加大，公司老板私人账户与公司对公账户之间频繁的资金交易都将面临监控。税务监管没有法外之地，偷税漏税必将遭到严查！

2.大数据对比分析

金税四期税控系统的强大，自然不必赘言。企业的经营是否有异常，发票、申报数据是否真实，系统都会自动对比并分析。动态检测之下，一旦有异常（比如税务率低），系统就会自动预警。不用别人举报，税务局工作人员在办公室就知道哪家企业可能涉嫌偷税了。

虚开发票这条路被彻底堵死，税务部门已经打造了最新税收分类编码和纳税人识别号的大数据监控机制，系统甚至可以对企业因为历史欠账虚开发票进行识别，同时，高工资、多渠道、多类型收入的企业都将面临严查！

二、私户隐匿收入违法

有的企业用个人银行账户隐藏公司收入从而实现少缴税，该行为会导致企业除了需要补缴税款，还需要上缴大量的滞纳金和税务行政罚款，构成犯罪的，相关责任人还要承担刑事责任。

党的二十大报告对全面依法治国进行再次强调，依法治税是依法治国的重要组成部分，而依法治税的终极目标就是要让税收法治成为征纳双方共同的内心认同。我们坚信，中华民族必将在法治现代化征程上不断前行，让民族复兴的伟大梦想振翅高飞。

资料来源：国家税务总局无锡市税务局第一稽查局. 国家税务总局无锡市税务局第一稽查局关于送达税务处理决定书的通告（无锡市华发科技有限公司）[EB/OL].（2022-06-07）. https://jiangsu.chinatax.gov.cn/art/2022/6/7/art_9193_387899.html. 有改动.

项目三　对外投资

学习目标

知识目标

1.理解长期债券投资的特点及计量。

2.了解长期股权投资的特点和内容。

3.掌握短期投资、长期债券投资、长期股权投资的核算方法。

能力目标

1.能区分三种对外投资，初步树立正确的投资观念。

2.能正确进行小企业的短期投资、长期债券投资、长期股权投资的核算。

任务一　短期投资的核算

案例导入

我们的生活水平提高了，但是物价也在上涨，感觉钱是越来越不够花了，但到底多少钱才够花，如果光靠我们的工资来满足我们的日常开支，显然捉襟见肘。因此，我们需要灵活地运用闲散资金，让钱生钱，作为企业更应该如此。对于小企业而言，目前最稳健的投资就是从二级市场购入股票、债券、基金等，因为这样的投资风险小、收益稳定。小企业常常选择这种投资方式。

任务描述

小企业以赚取差价为目的从二级市场购入的股票、债券、基金等都属于短期投资，怎样对其进行核算呢？又该如何计量呢？应该怎样确认投资收益呢？此任务将带你解决这些问题。

知识准备

短期投资的核算

短期投资（大中型企业会计中称之为交易性金融资产）是指小企业购入的能够随时变现并且持有时间不准备超过1年（含1年，下同）的投资。

短期投资属于流动资产，具有三方面的特点：（1）很容易变现；（2）持有时间较短；（3）不以控制、共同控制被投资单位或对被投资单位实施重大影响为目的。

一、账户设置

为了核算短期投资业务，小企业应设置“短期投资”“应收股利”或“应收利息”“投资收益”等账户。

1.“短期投资”账户（大中型企业应设置“交易性金融资产”账户），核算小企业短期投资的增减变动及其结存情况。该账户属于资产类账户，其账户结构如下：

借方 **短期投资** 贷方

取得短期投资的实际成本	处置短期投资时结转的实际成本
期末余额：小企业结存的短期投资的实际成本	

该账户按短期投资的种类设置明细账户。此外，小企业应设置短期投资备查簿，以详细登记被投资单位的名称、投资种类、投资时间、取得成本、股票或债券的面值等有关资料。

2.“应收股利”账户，核算企业因进行股权投资而应收的现金股利或利润。该账户属于资产类账户，其账户结构如下：

借方 **应收股利** 贷方

应收取的现金股利或利润	实际收到的现金股利或利润
期末余额：小企业尚未收回的现金股利或利润	

该账户按被投资单位设置明细账户。

3.“应收利息”账户，核算小企业因进行债券投资而应收的利息。该账户属于资产类账户，其账户结构如下：

借方 **应收利息** 贷方

应收取的利息	实际收到的利息
期末余额：反映企业尚未收回的利息	

该账户按债券种类设置明细账户。

4.“投资收益”账户，核算小企业对外投资取得的收益或发生的损失。该账户属于损益类账户，其账户结构如下：

借方 **投资收益** 贷方

对外投资发生的损失	对外投资取得的收益

该账户期末将金额转入“本年利润”账户后应无余额。

二、短期投资的初始计量

小企业取得短期投资时，应按取得时的实际成本入账。实际成本是指企业为取得短期投资而实际支付的全部价款，包括税金、手续费等相关费用。按照企业会计准则，购买时支付的税金、手续费等相关税费应计入投资收益。

【小提示3-1】

短期投资在实际支付的价款中包含已宣告但尚未发放的现金股利或已到付息期但尚未领取的债券利息，应当单独确认应收股利或应收利息，不计入短期投资成本。

任务实施

一、取得短期投资的账务处理

小企业已存入证券公司但尚未进行短期投资的现金，应记入“其他货币资金——存出投资款”账户，待实际投资时，再转入“短期投资”账户。

【例3-1】长沙含光服饰公司向招商证券股份有限公司存入投资款，取得相关原始凭证（见表3-1、表3-2）。

表3-1

招商证券股份有限公司长沙营业部

2023年4月18日　　资金流水凭条　　单位：元

资金账号	1102021845672108901	客户	长沙含光服饰公司	银行	内部
发生日期	2023/4/18	流水号	86	币种	人民币
上次余额	110 000.00		发生金额	300 000.00	
本次结余	410 000.00		备注		
发生金额	人民币叁拾万元整				

操作柜员：124　　审核：赵东　　客户签章：周丽

表3-2

中国工商银行
转账支票存根

附加信息

出票日期 2023年 4 月18 日

收款人：招商证券股份有限公司

金　额：¥300 000.00

用　途：存出投资款

单位主管 熊美丽 会计 刘艳丽

依据证券公司转来的流水凭条、支票存根等相关原始凭证，编制记账凭证（见表3-3）。

表3-3

记账凭证

2023年4月18日　　记字第28号

摘要	总账科目	明细科目	记账√	借方金额 千	百	十	万	千	百	十	元	角	分	记账√	贷方金额 千	百	十	万	千	百	十	元	角	分
存出投资款	其他货币资金	存出投资款				3	0	0	0	0	0	0	0											
	银行存款																3	0	0	0	0	0	0	0
合　计					¥	3	0	0	0	0	0	0	0			¥	3	0	0	0	0	0	0	0

附件2张

会计主管熊美丽　　记账　　出纳陈兰英　　审核　　制单刘艳丽

【例3-2】长沙含光服饰公司购买短期持有的股票，应当按照购买价款和相关税费作为成本进行计量（见表3-4）。

表3-4

招商证券股份有限公司长沙营业部

2023年4月20日　人民币	成交过户交割单［买入］
公司代码：398213	申请编号：342
证券账号：38291328	证券名称：艾特股份有限公司0001
资金账号：1102021846572108901	成交数量：20 000
股东名称：长沙含光服饰公司	成交价格：9.00
申报时间：9：38：57	成交金额：180 000.00
成交时间：10：00：00	佣金：14 000.00
上次余额：410 000.00	印花税：6 000.00
实际收付：-200 000.00	过户费：0.00
资金余额：210 000.00	委托费：0.00
股票余数：20 000	其他费用：0.00
打印日期：2023年4月20日	备注：股票买入

经办单位：招商证券股份有限公司长沙营业部　　客户签章：王其

依据成交过户交割单，编制记账凭证（见表3-5）。

表3-5

记账凭证

2023年4月20日　　　　记字第30号

摘要	总账科目	明细科目	记账√	借方金额										记账√	贷方金额									
				千	百	十	万	千	百	十	元	角	分		千	百	十	万	千	百	十	元	角	分
购入股票	短期投资					2	0	0	0	0	0	0	0											
	其他货币资金	存出投资款															2	0	0	0	0	0	0	0
合　计					¥	2	0	0	0	0	0	0	0			¥	2	0	0	0	0	0	0	0

附件1张

会计主管 熊美丽　　记账　　出纳　　审核　　制单 刘艳丽

按照企业财务会计准则应编制如下会计分录：

借：交易性金融资产——成本　　200 000

　贷：其他货币资金——存出投资款　　200 000

【小练习3-1】

2023年5月20日，长旺小企业以银行存款50 000元购买股票，发生相关税费1 000元，增值税税率为6%，作为短期投资。要求编制该企业购买股票的会计分录。

【例3-3】2023年4月20日，长沙含光服饰公司以存出投资款购入某股票20 000股，每股10元，其购买的股票中包含已宣告但尚未发放的现金股利每股0.5元。另支付手续费12 000元（增值税税率6%）。按照小企业会计准则应编制如下会计分录：

借：短期投资——股票投资　　202 000

　　应收股利　　10 000

　　应交税费——应交增值税（进项税额）　　720

　贷：其他货币资金——存出投资款　　212 720

按照企业会计准则应编制如下会计分录：

借：交易性金融资产——成本　　190 000

　　应收股利　　10 000

　　应交税费——应交增值税（进项税额）　　720

　　投资收益　　12 000

　贷：其他货币资金——存出投资款　　212 720

【例3-4】2023年5月1日，长沙含光服饰公司收到【例3-3】中已宣告但尚未发放的现金股利10 000元（见表3-6）。

表3-6

中国工商银行进账单（收账通知）　3

2023年5月1日

出票人	全称	艾特股份有限公司	收款人	全称	长沙含光服饰公司
	账号	110426704900566750		账号	1102021845672108901
	开户银行	中国工商银行长沙东塘支行		开户银行	中国工商银行长沙中山支行

金额	人民币（大写）	亿	千	百	十	万	千	百	十	元	角	分
	壹万元整				¥	1	0	0	0	0	0	0

票据种类	转账支票	票据张数	壹张
票据号码	1236789		

复核：刘香　　记账：赵立　　开户银行签章

中国工商银行 长沙市中山支行 2023.05.01 办讫章

收款人开户银行交给收款人的收账通知

依据进账单，编制记账凭证（见表3-7）。

表3-7

记账凭证

2023年5月1日　　　　记字第3号

摘要	总账科目	明细科目	记账√	借方金额										记账√	贷方金额									
				千	百	十	万	千	百	十	元	角	分		千	百	十	万	千	百	十	元	角	分
收现金股利	其他货币资金	存出投资款					1	0	0	0	0	0	0											
	应收股利																	1	0	0	0	0	0	0
合　计						¥	1	0	0	0	0	0	0				¥	1	0	0	0	0	0	0

附件1张

会计主管熊美丽　　记账　　出纳陈兰英　　审核　　制单刘艳丽

【小练习3-2】

2023年7月1日，甲小企业以存款购入乙上市公司股票100 000股作为短期投资，每股成交价为9元，其中包括已宣告但尚未分派的现金股利每股0.2元，另支付相关手续费4 000元（增值税税率为6%）。7月15日，收到乙上市公司发放的现金股利。要求编制相关会计分录。

二、持有期间确认现金股利或计提利息的账务处理

在持有短期投资期间，被投资单位宣告分派现金股利时，借记“应收股利”账户，贷记“投资收益”账户。在债务人应付利息日，借记“应收利息”账户，贷记“投资收益”账户。

【例3-5】长沙含光服饰公司持有股票期间，被投资单位宣告分派现金股利30 000元。

借：应收股利　　30 000

　贷：投资收益　　30 000

收到股利时：

借：其他货币资金——存出投资款　　30 000

　贷：应收股利　　30 000

【例3-6】2023年6月30日，长沙含光服饰公司对1月1日从二级市场购入随时变现的短期国债（面值为20 000元，票面利率为5%）计提利息，金额为500元。

借：应收利息　　500

　贷：投资收益　　500

【小提示3-2】

对于短期股票投资持有期间所获得的股票股利，小企业可不作账务处理，但应在备查账簿中登记增加的股份。

三、出售短期投资的账务处理

小企业出售短期投资时，应当按照实际收到的出售价款，借记“银行存款”或“其他货币资金”账户，按照该项短期投资的账面余额，贷记“短期投资”账户，按照未收到的现金股利或债券利息，贷记“应收股利”或“应收利息”账户，按照其差额，贷记或借记“投资收益”账户。

【例3-7】2023年5月20日，长沙含光服饰公司出售股票（见表3-8）。

表3-8

招商证券股份有限公司长沙营业部

2023年5月20日 人民币	成交过户交割单 ［卖出］
公司代码：398213	申请编号：342
证券账号：38291328	证券名称：艾特股份有限公司0001
资金账号：34475086	成交数量：20 000
股东名称：长沙含光服饰公司	成交价格：13.575
申报时间：10：45：57	成交金额：271 500.00
成交时间：11：00：00	佣金：15 000.00
上次余额：210 000.00	印花税：6 500.00
实际收付：＋250 000.00	过户费：0.00
资金余额：460 000.00	委托费：0.00
股票余数：20 000	其他费用：0.00
打印日期：2023年5月20日	备注：股票卖出

经办单位：招商证券股份有限公司长沙营业部　　　　客户签章：王其

依据成交过户交割单，编制记账凭证（见表3-9）。

表3-9

记账凭证

2023年5月20日　　　　记字第35号

摘要	总账科目	明细科目	记账	借方金额										记账	贷方金额									
			√	千	百	十	万	千	百	十	元	角	分	√	千	百	十	万	千	百	十	元	角	分
出售股票	其他货币资金	存出投资款				2	5	0	0	0	0	0	0											
	短期投资																2	0	0	0	0	0	0	0
	投资收益																	5	0	0	0	0	0	0
合　计					¥	2	5	0	0	0	0	0	0			¥	2	5	0	0	0	0	0	0

附件1张

会计主管熊美丽　　记账　　出纳　　审核　　制单刘艳丽

按照企业财务会计准则应编制如下会计分录：

借：其他货币资金——存出投资款　　250 000

　贷：交易性金融资产——成本　　200 000

　　　投资收益　　50 000

【小练习3-3】

2023年9月26日，天星公司（小企业）以银行存款92 000元购买股票，发生相关税费1 200元，作为短期投资。12月30日该公司将该批股票全部出售，售价扣除相关税费后的金额92 880元已存入银行。要求编制该企业购买股票和出售股票的会计分录。

任务二　长期债券投资的核算

案例导入

面对目前惨淡的投资环境，很多市民都很困惑，找不到适合的理财产品，那么在当前的市场上到底有没有相对稳定，且投资收益又不错的理财产品呢？专家给出了他们的意见，尽管市场资本经济不景气，但国债却持续热销，很多投资顾问表示，以投资10万元，利率5%的国债为例，假设单利计算，那么这5年的利息就为25 000元，国债投资因为其收益相对稳定、风险较小而受大家欢迎。小企业有时候为了求稳定的收益而购买的国债属于长期债券投资。

任务描述

小企业购买的这些长期债券应如何计量？怎样核算和确认投资收益呢？此任务将带你解决这些问题。

知识准备

长期债券投资的核算

一、长期债券投资的特点

长期债券投资是指小企业购入的准备长期（在1年以上）持有的1年内不能变现或者不准备随时变现的债券投资。它属于非流动资产，小企业进行长期债券投资的目的主要是获得稳定的收益。其具有三方面的特点：

1.投资的对象是债券；

2.投资的目的不是获得另一企业的剩余资产，而是获取高于银行存款利率的利息，并保证到期收回本金和利息；

3.持有期限超过1年。

二、长期债券投资的初始计量

长期债券投资应当按照购买价款和相关税费作为成本进行计量。

实际支付价款中包含的已到付息期但尚未领取的债券利息，应当单独确认为应收利息，不计入长期债券投资成本。

小企业购入长期债券时，按照购入价格与债券面值之间的差额可以分为平价购入、溢价购入和折价购入。平价购入是指按照债券面值购入；溢价购入指按高于债券面值的价格购入，溢价对于投资者来说，是为了以后多得利息而预先付出的代价；折价购入指按照低于债券面值的价格购入，折价对于投资者而言，是为了以后少得利息而预先得到的补偿。

三、账户设置

小企业应设置“长期债券投资”账户（按照企业财务会计准则应设置“债权投资”账户），核算小企业准备长期（在1年以上，下同）持有的债券投资。该账户属于资产类账户，其账户结构如下：

借方　　　　长期债券投资	贷方
①小企业购入债券实际支付的购买价款和相关税费 ②购入到期一次还本付息债券的应计利息 ③购入时产生的溢价 ④摊销的折价	①债券到期时收回的本金 ②债券到期时收回的一次还本付息的利息 ③摊销的溢价
期末余额：反映小企业持有的分期付息、一次还本债券投资的成本和到期一次还本付息债券投资的本息	

该账户按债券种类和被投资单位，分别设置“面值”“溢折价”“应计利息”等明细账户进行核算。按照企业财务会计准则，债权投资应按照债券种类和被投资单位，分别设置“成本”“利息调整”“应计利息”等明细账户进行核算。

任务实施

一、购入债券作为长期债券投资的账务处理

小企业初始购入债券作为长期投资，应当按照债券面值，借记“长期债券投资——面值”账户，按照实际支付的购买价款和相关税费，贷记“银行存款”账户，按其差额借记或贷记“长期债券投资——溢折价”账户。

【小提示3-3】

如果实际支付的购买价款中包含已到付息期但尚未领取的债券利息，则计入债券的成本。

【例3-8】2023年1月3日，长沙含光服饰公司购入天天公司2023年1月1日发行的期限为3年的分期计息（每年计息一次）、到期一次还本的债券，面值50 000元，票面利率6%，支付金额为50 000元，每年年末为付息日。

借：长期债券投资——面值　　　　50 000

　贷：银行存款　　　　50 000

按照企业财务会计准则应编制如下会计分录：

借：债权投资——成本　　　　50 000

　贷：银行存款　　　　50 000

【例3-9】2023年1月1日，长沙含光服饰公司用存款100 000元购入旺和公司同日发行的期限为3年、到期一次还本付息的债券，债券面值为100 000元，票面利率为5%，每年年末为付息日。

借：长期债券投资——面值　　　　100 000

　贷：银行存款　　　　100 000

按照企业财务会计准则应编制如下会计分录：

借：债权投资　　　　100 000

　贷：银行存款　　　　100 000

【小提示3-4】

小企业购入长期债券时，按照购入价格和债券面值之间的差额，形成溢折价，通过“长期债券投资——溢折价”账户核算，在确认投资收益时，将溢折价在持有期间平均摊销。

【小练习3-4】

2023年1月1日，天剑小企业用存款200 000元购入红星公司同日发行的期限为2年、到期一次还本付息的债券，面值为200 000元，票面利率为7%，每年年末为付息日。要求编制取得长期债券时的会计分录。

二、持有期间计提利息的账务处理

1.分期付息、一次还本的长期债券

小企业在持有长期债券投资期间，在债务人应付利息日，按照分期付息、一次还本的长期债券投资票面利率计算的应收未收利息收入，借记“应收利息”账户，贷记“投资收益”账户。

【例3-10】2023年12月31日，长沙含光服饰公司对其2023年1月3日购入的天天公司债券分期计提利息（见表3-10）。

表3-10

债券利息计算表

2023年12月31日　　　　金额单位：元

债券名称	面值	债券期限	年利率	发行日	购买日	计息期限	计息金额	投资收益	备注
天天公司债券	50 000	3年	6%	2023年1月1日	2023年1月3日	1年	3 000	3 000	分期付息

依据债券利息计算表，编制记账凭证（见表3-11）。

表3-11

记账凭证

2023年12月31日　　　　记字第55号

摘要	总账科目	明细科目	记账√	借方金额										记账√	贷方金额									
				千	百	十	万	千	百	十	元	角	分		千	百	十	万	千	百	十	元	角	分
分期付息	应收利息							3	0	0	0	0	0											
	投资收益																		3	0	0	0	0	0
合　计							¥	3	0	0	0	0	0					¥	3	0	0	0	0	0

附件1张

会计主管熊美丽　　记账　　出纳　　审核　　制单刘艳丽

【例3-11】2024年1月3日，长沙含光服饰公司收到【例3-10】中债券利息3 000元。编制会计分录如下：

借：银行存款　　3 000

　贷：应收利息　　3 000

2.到期一次还本付息的长期债券

小企业在持有长期债券投资期间，在债务人应付利息日，按照一次还本付息的长期债券投资票面利率计算的应收未收利息收入，借记“长期债券投资——应计利息”账户，贷记“投资收益”账户。按照企业财务会计准则借记“债权投资——应计利息”账户，贷记“投资收益”账户。

【例3-12】2023年12月31日，长沙含光服饰公司对其2023年1月1日购入的旺和公司债券计提利息（见表3-12）。

表3-12

债券利息计算表

2023年12月31日　　　　金额单位：元

债券名称	面值	债券期限	年利率	发行日	购买日	计息期限	计息金额	投资收益	备注
旺和公司债券	100 000	3年	5%	2023年1月1日	2023年1月1日	1年	5 000	5 000	一次还本付息

依据债券利息计算表，编制记账凭证（见表3-13）。

表3-13

记账凭证

2023年12月31日　　　　记字第66号

摘要	总账科目	明细科目	记账√	借方金额										记账√	贷方金额									
				千	百	十	万	千	百	十	元	角	分		千	百	十	万	千	百	十	元	角	分
计息	长期债券投资	应计利息						5	0	0	0	0	0											
	投资收益																		5	0	0	0	0	0
合　计							¥	5	0	0	0	0	0					¥	5	0	0	0	0	0

附件1张

会计主管熊美丽　　记账　　出纳　　审核　　制单刘艳丽

按照企业财务会计准则应编制如下会计分录：

借：债权投资——应计利息　　5 000

　贷：投资收益　　5 000

【小实训3-1】

2023年12月31日，天剑公司（小企业）对其2023年1月1日购入的红星公司债券计提利息（见表3-14）。

表3-14

债券利息计算表

2023年12月31日　　　　金额单位：元

债券名称	面值	债券期限	年利率	发行日	购买日	计息期限	计息金额	投资收益	备注
红星公司债券	200 000	2年	7%	2023年1月1日	2023年1月1日	1年			一次还本付息

依据该原始凭证进行账务处理，编制记账凭证（见表3-15，假设记账凭证已编至记字89号）。

表3-15

记账凭证

年 月 日　　　　字第 号

摘要	总账科目	明细科目	记账	借方金额										记账	贷方金额									
			√	千	百	十	万	千	百	十	元	角	分	√	千	百	十	万	千	百	十	元	角	分
合 计																								

附件 张

会计主管　　记账　　出纳　　审核　　制单

三、到期收回长期债券投资的账务处理

长期债券到期，收回长期债券投资，小企业应当按照收回的债券本金或本息，借记“银行存款”等账户，按照其账面余额，贷记“长期债券投资——面值/溢折价/应计利息”账户，按照应收未收的利息收入，贷记“应收利息”账户，有差额则记入“投资收益”账户。

【例3-13】假设2年后，长沙含光服饰公司购买的天天公司债券到期，收回本息。该债券面值为50 000元，最后一期应收未收的利息为3 000元。

借：银行存款　　53 000
　贷：长期债券投资——面值　　50 000
　　　应收利息　　3 000

按照企业财务会计准则应做如下会计分录：

借：银行存款　　53 000
　贷：债权投资——成本　　50 000
　　　应收利息　　3 000

【小提示3-5】

投资损失应当于实际发生时计入营业外支出，同时冲减长期债券投资账面余额。

【小练习3-5】

假定天剑小企业到期收回长期债券，收回金额为228 000元，该债券的账面余额为228 000元（面值为200 000元、应计利息为28 000元）。要求编制相关会计分录。

任务三 长期股权投资的核算

案例导入

今年年初，兴盛公司（小企业）决定以一台七成新的高科技设备以及一项产品的专利权向和顺公司（小企业）进行长期股权投资。在确认价值时，双方产生了争议，兴盛公司（小企业）认为应该按照两项资产的历史成本入账，和顺公司（小企业）则认为其已经不是最新设备和专利，应该按照账面净值入账，眼看合同就要签不成了。现在请大家来帮帮忙，两家企业到底应该如何确认该项长期股权投资价值？

任务描述

小企业准备长期持有的权益性投资称为长期股权投资，对长期股权投资应怎样进行核算呢？如何对它进行初始计量和后续计量呢？怎样确认持有期间的投资收益、投资损失呢？此任务将带你解决这些问题。

知识准备

长期股权投资的核算

一、长期股权投资核算内容

小企业长期股权投资是非流动资产，依据对被投资单位产生的影响，分为以下四种类型：

1. 控制，是指有权决定一家企业的财务和经营政策，并能据以从该企业的经营活动中获取利益，被投资单位为本企业的子公司。

2. 共同控制，是指按合同约定对某项经济活动所共有的控制，被投资单位为本企业的合营企业。

3. 重大影响，是指对一家企业的财务和经营政策有参与决策的权利，但并不决定这些政策，被投资单位为本企业的联营企业。

4. 无控制、无共同控制且无重大影响，是指以长期持有为目的的其他权益性投资。

二、长期股权投资的特点

1. 长期持有。

2. 利益风险并存，可以获取经济利益但须承担相应的风险。

3. 通常不能随时出售。

4. 投资风险较大。

三、长期股权投资的初始计量

根据《小企业会计准则》，长期股权投资应当按照成本进行计量。也就是说，以支付现金取得的长期股权投资，应当按照购买价款和相关税费作为成本进行计量，实际支付价款中包含的已宣告但尚未发放的现金股利，应当单独确认为应收股利，不计入长期股权投资成本。

通过非货币性资产交换取得的长期股权投资，应当按照非货币性资产的评估价值加上相关税费作为成本进行计量。

四、账户设置

小企业应设置“长期股权投资”账户，核算小企业准备长期持有的权益性投资。该账户属于资产类账户，其账户结构如下：

借方　　　　　　　　长期股权投资	贷方
①购入时取得的长期股权投资成本	①处置时减少的长期股权投资成本 ②确认实际发生的长期股权投资损失
期末余额：反映小企业持有的长期股权投资成本	

该账户应按照被投资单位进行明细核算。

任务实施

一、取得长期股权投资的账务处理

以支付现金取得的长期股权投资，按照购买价款加上相关税费，借记“长期股权投资”账户，贷记“银行存款”账户。实际支付价款中包含的已宣告但尚未发放的现金股利，应当单独确认为应收股利，不计入长期股权投资的成本。

【例3-14】2023年5月10日，长沙含光服饰公司购买A公司发行的股票100 000股，准备长期持有，每股买入价为8元，另支付有关税费5 000元，款项由银行存款支付。

（1）初始投资成本=100 000×8＋5 000=805 000（元）

（2）购入股票的会计分录如下：

借：长期股权投资——A公司　　805 000

　贷：银行存款　　805 000

【例3-15】2023年3月10日，长沙含光服饰公司购买红望股份有限公司发行的股票100 000股，准备长期持有，每股买入价为9元，其中包含0.5元的已宣告但尚未分派的现金股利。

（1）初始投资成本=100 000×9=900 000（元）

（2）购入股票的会计分录如下：

借：长期股权投资——红望股份有限公司　　900 000

　贷：银行存款　　900 000

收到股利时：

借：银行存款　　50 000

　贷：投资收益　　50 000

【小练习3-6】

甲小企业于2023年11月1日以银行存款购入F上市公司的股票10 000股，作为长期股权投资核算，每股买入价为9元，其中每股价格中包含0.3元的已宣告但尚未发放的现金股利，另支付相关税费800元。12月20日，甲小企业收到上述现金股利。要求编制甲小企业购买股票和收到现金股利的会计分录。

二、持有期间确认已宣告分派的现金股利的账务处理

小企业在长期股权投资持有期间，按应分得的现金股利，借记“应收股利”账户，贷记“投资收益”账户。

【例3-16】2023年6月30日，红望股份有限公司宣告发放现金股利，每股0.1元。长沙含光服饰公司编制的会计分录如下：

借：应收股利　　10 000

　贷：投资收益　　10 000

【例3-17】长沙含光服饰公司于7月10日收到红望股份有限公司发放的现金股利10 000元。长沙含光服饰公司编制的会计分录如下：

借：银行存款　　10 000

　贷：应收股利　　10 000

【小练习3-7】

甲小企业收到被投资单位宣告发放现金股利的通知，应分得现金股利9 000元。要求编制相关会计分录。

三、长期股权投资发生投资损失的账务处理

小企业长期股权投资符合下列条件之一的，减除可收回的金额后确认的无法收回的长期股权投资，作为长期股权投资损失，应当于实际发生时计入营业外支出，同时冲减长期股权投资账面余额。按照企业财务会计准则处理时，应将其账面余额减除可收回金额后确认的损失计入资产减值损失，作为长期股权投资损失，同时冲减长期股权投资账面余额。

【例3-18】2023年12月25日，长沙含光服饰公司获悉红望股份有限公司因财务状况严重恶化，累计发生亏损，且没有重新恢复经营的计划，此时长期股权投资账面余额为850 000元。长沙含光服饰公司编制的会计分录如下：

借：营业外支出　　850 000

　贷：长期股权投资——红望股份有限公司　　850 000

四、长期股权投资的处置

处置时，按照处置所收到的价款，借记“银行存款”等账户，按照其成本，贷记“长期股权投资”账户，按照应收未收的现金股利或利润，贷记“应收股利”账户，按照其差额，贷记或借记“投资收益”账户。

【例3-19】长沙含光服饰公司将持有的A公司股票10 000股（投资成本为80 500元）予以出售，发生相关税费100元，出售价款为85 000元，款项已存入银行。

借：银行存款　　84 900

　贷：长期股权投资——A公司　　80 500

　　　投资收益　　4 400

【小练习3-8】

甲小企业处置部分长期股权投资，出售价款为150 000元，另支付2 000元的相关税费，款项已由银行收妥。与该长期股权投资处置部分相对应的账面价值为145 000元。甲小企业该如何进行账务处理？

项目小结

本项目分三个任务完成：任务一主要完成小企业的短期投资在取得时投资成本的确定、持有期间获得的收益以及处置短期投资时所进行的会计核算；任务二主要完成小企业长期债券投资取得、利息收入计算以及处置长期债券投资的会计核算；任务三主要完成长期股权投资取得、持有期投资收益的确认、处置长期股权投资以及当发生投资损失时长期股权投资的核算。学生通过该项目的学习，不仅能从理论上区分三种对外投资，而且能对不同投资情况进行准确的核算。

项目训练

一、单项选择题

1.小企业取得短期投资时支付的价款中，包含的已宣告但尚未支付的现金股利，应记入（　　）账户。

A.“短期投资”　　B.“投资收益”

C.“应收股利”　　D.“营业外支出”

2.对于小企业进行短期投资发生的交易费用，正确的会计处理是（　　）。

A.计入初始投资成本　　B.记入“投资收益”账户

C.记入“应收股利”账户　　D.记入“应收利息”账户

3.短期投资持有期间从被投资单位分得的股票股利，正确的会计处理是（　　）。

A.记入“应收股利”账户　　B.记入“投资收益”账户的借方

C.记入“投资收益”账户的贷方　　D.不做账务处理，只登记股票数量的增加

4.小企业取得的长期股权投资，实际支付的价款中包含的已宣告但尚未支付的现金股利，应记入（　　）账户。

A.“应收股利”　　B.“投资收益”

C.“长期股权投资”　　D.“财务费用”

5.小企业购入长期的一次性还本付息债券，投资持有期间的利息收入，应借记（　　）科目。

A.“应收利息”　　B.“长期债券投资”

C.“投资收益”　　D.“应收股利”

6.长期债券投资损失应于实际发生时计入（　　）。

A.营业外支出　　B.投资收益

C.资本公积　　D.其他业务成本

7.以非现金资产取得的长期股权投资，其成本应当包括相关税费和所换出的非现金资产的（　　）。

A.历史成本　　B.可变现净值

C.评估价值　　D.重置成本

8.某小企业于2023年5月1日购入D公司股票2 000股作为短期投资，每股价格为6元。5月15日收到D公司分派的现金股利3 000元。收到分派的现金股利后，企业所持有的D公司股票成本为（　　）元。

A.15 000　　B.6.00

C.7.50　　D.12 000

9.某小企业以210 000元将上月购入的短期股票予以出售，该批股票的账面余额为200 000元。则该企业计入投资收益的金额为（　　）元。

A.10 000　　B.20 000

C.30 000　　D.40 000

10.小企业采用成本法核算长期股权投资时，假如股票持有期间被投资单位发放现金股利，则确认相应投资收益的时点是（　　）。

A.实际收到现金股利时

B.被投资单位宣告发放现金股利的股权登记日

C.被投资单位发放现金股利的除息日

D.被投资单位宣告发放现金股利时

二、多项选择题

1.小企业持有股权投资，在被投资企业宣告现金股利时，应当（　　）。

A.计入投资收益　　B.冲减投资成本

C.冲减应收股利　　D.计入应收股利

2.为了核算小企业长期股权投资的取得、收取现金股利、处置等业务，企业应当设置的账户有（　　）。

A."长期股权投资"　　B."投资收益"

C."应收股利"　　D."应收利息"

3.长期债权投资在持有期间，按期计算应收利息有两种情况，具体为（　　）。

A.分期计息，到期一次还本付息　　B.到期一次还本付息

C.分期计息，一次还本　　D.分期还本，到期计息

4.下列关于小企业长期债券投资后续计量的说法中，正确的有（　　）。

A.长期债券投资在持有期间发生的应收利息应当被确认为投资收益

B.分期付息、一次还本付息的长期债券，在债务人应付利息日计算的应收未收利息收入应增加长期债券投资的账面价值

C.一次还本付息的长期债券投资，在债务人应付利息日按照票面利率计算的应收未收利息收入应当增加长期债券的账面余额

D.债券的折价或者溢价在债券存续期间内于确认相关债券利息收入时采用直线法进行摊销

5.下列涉及投资收益内容的有（　　）。

A.于短期投资持有期间内确认的现金股利或债券利息

B.处置长期债券投资后的差额

C.收到的购入长期债券（分期付息债券）时支付的应收利息

D.长期股权投资发生的投资净损失

6.下列属于长期债券投资特点的有（　　）。

A.投资的目的是获取高于银行储蓄存款利率的利息，并保证到期收回本金和利息

B.投资的对象是债券

C.投资的目的是获取另一企业的剩余资产

D.持有期限超过1年

7.下列属于长期股权投资特点的有（　　）。

A.长期持有

B.利益与风险并存，可以获取经济利益但需承担相应风险

C.通常不能随时出售

D.投资风险较大

8.小企业长期股权投资，依据对被投资单位产生的影响，可以分为哪几种类型（　　）。

A.控制

B.共同控制

C.重大影响

D.无控制、无共同控制且无重大影响

9.小企业购入长期债券时，按照购入价格与债券面值之间的差额，可以分为（　　）。

A.平价购入　　B.面值购入

C.溢价购入　　D.折价购入

10.下列说法中，正确的有（　　）。

A.小企业以赚取差价为目的从二级市场购入的股票、债券、基金等都属于短期投资

B.小企业购入准备长期（在1年以上）持有的在1年内不能随时变现或者不准备随时变现的债券属于长期债权投资

C.小企业以现金取得的长期股权投资，应当按照购买价款和相关税费作为成本进行计量

D.短期股票投资持有期间所获得的股票股利，要做账务处理并在备查簿中登记所增股份

三、计算分录题

1.练习短期投资的核算

（1）甲小企业于2023年4月1日以银行存款购入H公司普通股60 000股作为短期投资，每股面值1元，买入价为每股4.50元，其中H公司已于3月1日宣告每股分派现金股利0.30元。另支付相关税费2 000元，已办妥有关手续。

（2）5月1日收到H公司发放的现金股利18 000元，存入银行。

（3）7月10日，H公司股东大会公告，宣告分派现金股利16 000元。甲小企业于8月4日收到其所分配的现金股利。

（4）9月15日，甲小企业以每股6元的价格全部出售该股票，同时支付手续费2 000元。

要求：根据上述业务编制会计分录。

2.练习长期债券投资的核算

（1）永印小企业于1月1日购入甲公司当日发行的2年期、到期一次还本付息债券100 000元，票面利率为6%，发生相关费用800元，款项已通过银行支付。

（2）1月2日该企业购入5年期国库券一批，面值200 000元，票面利率为8%，款项已通过银行付清。该债券每年年末计息一次，到期归还本金。

（3）12月15日因急需资金，该企业将已持有1年的丙公司的长期债券进行转让，该债券面值为120 000元，票面利率为8%，期限3年、到期一次还本付息，转让净收入为126 000元，已存入银行。

（4）12月31日该企业计提上述（1）、（2）题中债券投资的利息收入。

要求：根据上述业务编制会计分录。

3.练习长期股权投资核算的成本法

（1）A小企业于1月10日用银行存款购买N公司普通股100 000股，作为长期股权投资核算，每股买价6元，另付相关税费4 500元。

（2）N公司于2月15日宣告分派现金股利8 000元。

（3）A小企业于3月10日收到N公司分来的现金股利。

（4）第2年，A小企业将持有的N公司普通股以每股5.5元的价格出售，同时支付相关手续费1 000元。

要求：根据上述资料用成本法编制会计分录（不考虑相关税费）。

四、操作题

1.2023年2月13日，兴农公司向招商证券股份有限公司购入股票，根据成交过户交割单（见表3-16），编制记账凭证（见表3-17，假设记账凭证已编至记字27号）。

表3-16

招商证券股份有限公司长沙营业部	
2023年2月13日 人民币	成交过户交割单 ［买入］
公司代码：231548	申请编号：354
证券账号：8645999213102	证券名称：洪兴股份有限公司0001
资金账号：1662066241583786	成交数量：10 000
股东名称：兴农公司	成交价格：7.00
申报时间：10：38：57	成交金额：70 000.00
成交时间：11：00：00	佣金：2 000.00
上次余额：126 000.00	印花税：4 000.00
实际收付：-76 000.00	过户费：0.00
资金余额：50 000.00	委托费：0.00
股票余额：16 000.00	其他费用：0.00
打印日期：2023年2月13日	备注：用存出投资款进行股票买入

经办单位：招商证券股份有限公司长沙营业部 客户签章：王其

表3-17

记账凭证

年 月 日 字第 号

摘要	总账科目	明细科目	记账√	借方金额										记账√	贷方金额									
				千	百	十	万	千	百	十	元	角	分		千	百	十	万	千	百	十	元	角	分
合 计																								

附件 张

会计主管 记账 出纳 审核 制单

2.2023年5月13日，兴农公司（小企业）将持有的股票出售，根据过户交割单（见表3-18），编制记账凭证（见表3-19，假设记账凭证已编至记字67号）。

表3-18

招商证券股份有限公司长沙营业部	
2023年5月13日　人民币	成交过户交割单　［卖出］
公司代码：231548	申请编号：354
证券账号：8645999213102	证券名称：洪兴股份有限公司0001
资金账号：1662066241583786	成交数量：10 000
股东名称：兴农公司	成交价格：10.00
申报时间：8：45：57	成交金额：100 000.00
成交时间：9：06：00	佣金：3 000.00
上次余额：50 000.00	印花税：4 500.00
实际收付：+92 500.00	过户费：0.00
资金余额：142 500.00	委托费：0.00
股票余额：6 000.00	其他费用：0.00
打印日期：2023年5月13日	备注：股票卖出，存出投资款账户

经办单位：招商证券股份有限公司长沙营业部　　　　客户签章：王其

表3-19

记账凭证

年　月　日　　　　字第　号

摘要	总账科目	明细科目	记账√	借方金额										记账√	贷方金额									
				千	百	十	万	千	百	十	元	角	分		千	百	十	万	千	百	十	元	角	分
合　计																								

附件　张

会计主管　　　记账　　　出纳　　　审核　　　制单

3.2023年12月31日，长旺公司（小企业）对其2023年1月2日购入的长材公司债券分期计提利息（见表3-20），编制记账凭证（见表3-21，假设记账凭证已编至记字99号）。

表3-20

债券利息计算表

2023年12月31日　　　　金额单位：元

债券名称	面值	债券期限	年利率	发行日	购买日	计息期限	计息金额	投资收益	备注
长材公司债券	40 000	3年	6%	2023年1月1日	2023年1月2日	1年	2 400	2 400	分期付息

表3-21

记账凭证

年　月　日　　　　字第　号

摘要	总账科目	明细科目	记账√	借方金额										记账√	贷方金额									
				千	百	十	万	千	百	十	元	角	分		千	百	十	万	千	百	十	元	角	分
合　计																								

附件　张

会计主管　　记账　　出纳　　审核　　制单

项目评价

项目评价表

内　容			评价		
学习目标		评价项目	3	2	1
职业能力	短期投资	1.短期投资的取得			
		2.持有短期投资期间的利息确认			
		3.短期投资的处置核算			
	长期债券投资	1.长期债券的购入			
		2.长期债券持有期间计提利息			
		3.长期债券的到期收回			
	长期股权投资	1.长期股权投资的取得			
		2.长期股权投资持有期间确认现金股利			
		3.长期股权投资投资损失的核算			
		4.长期股权投资的处置核算			
通用能力	组织能力				
	沟通能力				
	解决问题的能力				
	自我提高的能力				
	创新能力				
综合评价					

等级说明：

3——能高质、高效地完成此学习目标的全部内容，并能解决遇到的特殊问题

2——能高质、高效地完成此学习目标的全部内容

1——能完成此学习目标的全部内容，无须任何帮助和指导

评价说明：

优秀——达到3级水平

良好——达到2级水平

合格——全部任务都达到1级水平

不合格——不能达到1级水平

育人主题

公司投资决策成功案例——无锡尚德电力

无锡尚德太阳能电力有限公司（简称尚德电力）是拥有业界领先的光伏技术的国际化高科技企业，专业从事太阳能光伏产品的研发、制造、销售和售后服务，可提供可靠、经济、高效的太阳能系统解决方案。自2001年9月由施正荣博士创立至今，短短数年尚德电力已快速成长为全球最大的晶硅组件制造商。尚德电力的产品已经遍布全球80多个国家，有阳光的地方，就有尚德太阳能。尚德电力于2005年在纽约证券交易所成功上市。目前其分支机构已遍及全球13个国家。

无锡创业投资集团有限公司前身为无锡市创业投资有限责任公司，创立于2000年8月，是无锡市规模最大的以政府资金为主导的高科技创业投资公司，公司主要负责对科技型企业的风险投资、管理咨询，助推科技创业企业的发展。2009年3月，公司重组为创投集团，注册资本5.3亿元人民币，下设5家控股子公司。至2010年年底，公司累计投资项目超过200个，投资领域涉及“IC”设计、生物工程、软件开发、新材料、新能源、电子信息、环保等。同时公司还与国内外知名创投企业合作组建设立风险投资基金，基金规模达36亿元人民币。

【思考与启发】

党的二十大报告强调，要增强投资对优化供给结构的关键作用。投资决策是企业所有决策中最为关键、最为重要的决策，投资决策的失误也会是企业最大的失误，一个重大的投资决策失误可能会使一家企业陷入困境，甚至破产。避免非科学的决策，应当做到以下几点：

一、确定投资目标

确定投资目标是投资决策的前提，正确确定投资目标必须要有正确的指导思想，要在指导思想上明确为什么投资，最需要投资的环节、自身的条件与资源状况、市场环境的状况等；要有全局观念，要考虑把眼前利益与长远利益结合起来，避免“短期与近视”可能带来的影响到企业全局和长远发展的不利情况；要有科学的态度，科学的投资决策是保证投资有效性的前提；要实事求是，注重对数据资料的分析和运用，不能靠拍脑袋来决定事关重大的投资决策方案。这就好比树立我们的学习目标，要结合自身学习情况，关注短期现状又重视长期发展，科学确定可执行的目标。

二、明确投资方向

在明确投资目标后，企业就可以进一步拟定具体的投资方向。这一步也很重要，事关

企业今后往哪里发展的问题。在学习中，这一步就好比我们选专业方向，选择的专业很可能影响到以后职业的选择。

三、制定投资方案

在决定投资方向之后，企业就应着手制定具体的投资方案，并对方案进行可行性论证。一般情况下，可行性决策方案要有两个以上，因为这样可以对不同的方案进行比较分析，优中选优。同理，在我们的学习过程中，也要去思考用什么样的方法去提升学习效果。

资料来源：佚名. 公司投资决策成功案例［EB/OL］.（2019-05-15）. https://www.xiexiebang.com/a14/201905152/5dd5bbd9be4435fc.html. 有改动.

项目四　工资薪酬

学习目标

知识目标

1. 了解应付职工薪酬的内容。
2. 理解应付职工薪酬的计量。
3. 熟练掌握应付职工薪酬的核算。

能力目标

1. 能填制与职工薪酬有关的原始凭证、记账凭证。
2. 能对计提和支付、使用职工薪酬的相关业务进行账务处理。

任务一　应付职工薪酬的内容、工资的计量及核算

案例导入

张华是长沙含光服饰公司的一名会计，工资结算汇总表上密密麻麻的数字让他犯了愁，这时他表现出了会计人员应有的冷静，认真学习了《小企业会计准则》中与小企业职工薪酬有关的内容，并遵照《小企业会计准则》的要求进行了相关的会计处理。张华对自己的工作态度非常满意。那么《小企业会计准则》对职工薪酬的核算是怎样要求的呢？

任务描述

长沙含光服饰公司属于小企业，每月末应根据职工的劳动成果及相关规定定期计算职工薪酬，其计算结果应填在什么原始凭证上？职工薪酬包括哪些具体内容呢？该怎样进行账务处理呢？此任务将带你解决这些问题。

知识准备

对职工薪酬的核算

一、职工薪酬的内容

职工薪酬是指小企业为获得职工提供的服务而应付给职工的各种形式的报酬以及其他相关支出，其包括如下内容：

（1）职工工资、奖金、津贴与补贴；

（2）职工福利费；

（3）社会保险费（医疗保险费、工伤保险费、生育保险费）；

（4）住房公积金；

（5）工会经费和职工教育经费；

（6）非货币性福利；

（7）解除劳动关系补偿；

（8）其他与获得职工提供的服务相关的支出。

二、“应付职工薪酬——工资、奖金、津贴和补贴”的内容

工资包括工资、奖金、津贴及补贴。其中，职工工资包括计时工资和计件工资。职工奖金是指支付给职工的超额劳动报酬和增收节支的劳动报酬，如生产奖、节约奖、劳动竞赛奖等经常性奖金。津贴则是为了补偿职工特殊或额外的劳动消耗和因其他特殊原因支付给职工的劳动报酬，如高空津贴、井下津贴、工龄津贴等。补贴是国家为了保证职工工资水平不受物价变动影响而向职工支付的劳动报酬，如物价补贴等。

三、账户设置

小企业应设置“应付职工薪酬”账户，核算应付给职工的各种薪酬。该账户属负债类账户，其账户结构如下：

借方　　**应付职工薪酬**　　贷方

借方	贷方
实际发放职工薪酬的数额	已分配计入有关成本费用项目的职工薪酬数额
	期末余额：企业应付未付职工薪酬

该账户按照“工资、奖金、津贴和补贴”“职工福利费”“社会保险费”“住房公积金”“工会经费和职工教育经费”“非货币性福利”“辞退福利”等进行明细核算。

任务实施

一、应付工资的确认或分配

小企业应根据编制的工资结算汇总表，按职工提供服务的受益对象，将应确认的工资计入相关成本或费用，具体内容见表4-1。

表4-1

应付工资的确认分配

受益对象	应记借方科目	应记贷方科目
生产部门工人	生产成本	应付职工薪酬——工资、奖金、津贴和补贴
车间管理人员	制造费用	
行政管理人员	管理费用	
销售人员	销售费用	
在建工程人员	在建工程	
研发人员	研发支出	
劳务人员	劳务成本	

【例4-1】2023年5月31日，长沙含光服饰公司财会部门编制工资结算汇总表（见

表4-2）。

表4-2

工资结算汇总表

2023年5月31日　　　　单位：元

车间或部门		工资性费用合计				代扣款项（尚未支付）				实发工资
		职工工资	奖金	津贴补贴	合计	水电费	养老保险	个人所得税	合计	
一车间	生产工人	64 000	2 400	1 200	67 600	3 149	6 760	135	10 044	57 556
	管理人员	8 000	800	640	9 440	456	755	69	1 280	8 160
二车间	生产工人	48 000	2 400	1 320	51 720	2 344	4 137	96	6 577	45 143
	管理人员	7 040	160	336	7 536	288	602	65	955	6 581
行政管理部门		15 520	1 600	480	17 600	423	1 408	82	1 913	15 687
研发人员		4 800	320	496	5 616	117	448	51	616	5 000
在建工程人员		2 520	260	264	3 044	82	235	20	337	2 707
销售人员		1 280	336	256	1 872	60	149		209	1 663
合　计		151 160	8 276	4 992	164 428	6 919	14 494	518	21 931	142 497

根据长沙含光服饰公司应付职工薪酬的（确认或分配）情况，编制记账凭证（见表4-3、表4-4）。

表4-3

记账凭证

2023年5月31日　　　　记字第$107\frac{1}{2}$号

摘要	总账科目	明细科目	记账√	借方金额										记账√	贷方金额									
				千	百	十	万	千	百	十	元	角	分		千	百	十	万	千	百	十	元	角	分
汇总5月份工资	生产成本	基本生产成本（一车间）					6	7	6	0	0	0	0											
	生产成本	基本生产成本（二车间）					5	1	7	2	0	0	0											
	制造费用						1	6	9	7	6	0	0											
	管理费用						1	7	6	0	0	0	0											
	研发支出							5	6	1	6	0	0											
合　计																								

附件1张

会计主管熊美丽　　记账　　出纳　　审核　　制单刘艳丽

表4-4

记账凭证

2023年5月31日　　　　记字第107$\frac{2}{2}$号

摘要	总账科目	明细科目	记账√	借方金额										记账√	贷方金额									
				千	百	十	万	千	百	十	元	角	分		千	百	十	万	千	百	十	元	角	分
汇总5月份工资	在建工程							3	0	4	4	0	0											
	销售费用							1	8	7	2	0	0											
	应付职工薪酬																1	6	4	4	2	8	0	0
合　计					¥	1	6	4	4	2	8	0	0			¥	1	6	4	4	2	8	0	0

附件1张

会计主管熊美丽　　记账　　出纳　　审核　　制单刘艳丽

【小提示4-1】

确认分配工资是按未扣除代扣款项的应付工资总额进行核算的，注意与实际发放工资的区别，实发工资=应付工资-代扣款项。

二、工资的发放

小企业按照有关规定向职工支付工资、奖金、津贴等，借记“应付职工薪酬——工资、奖金、津贴和补贴”账户，贷记“银行存款”“库存现金”等账户。

【例4-2】2023年6月10日，长沙含光服饰公司开出转账支票（见表4-5）发放工资，编制记账凭证（见表4-6）。

表4-5

中国工商银行
转账支票存根

附加信息

出票日期 2023 年 6 月 10 日

收款人：长沙含光服饰公司

金　额：¥142 497.00

用　途：发放工资

单位主管 熊美丽 会计 刘艳丽

表4-6

记账凭证

2023年6月10日　　　　记字第10号

摘要	总账科目	明细科目	记账√	借方金额										记账√	贷方金额									
				千	百	十	万	千	百	十	元	角	分		千	百	十	万	千	百	十	元	角	分
发放工资	应付职工薪酬	职工工资				1	4	2	4	9	7	0	0											
	银行存款																1	4	2	4	9	7	0	0
合　计					¥	1	4	2	4	9	7	0	0			¥	1	4	2	4	9	7	0	0

附件1张

会计主管熊美丽　　记账　　出纳陈兰英　　审核　　制单刘艳丽

三、结转代扣款项

小企业从应付职工工资、薪酬中扣还的各种款项（代垫的家属药费、个人所得税等），借记“应付职工薪酬——工资、奖金、津贴和补贴”账户，贷记“其他应收款”“其他应付款”“应交税费——应交个人所得税”等账户。

【例4-3】沿用【例4-1】资料，企业根据工资结算汇总表（见表4-2）结转代扣款项，编制会计分录如下：

借：应付职工薪酬——工资、奖金、津贴和补贴　　21 931

　贷：其他应付款——水电费　　6 919

　　　　　　　——养老保险　　14 494

　　　应交税费——应交个人所得税　　518

【小知识4-1】

对于在职工工资、奖金、津贴和补贴中代扣的各种款项，将应付给有关独立核算单位的转入“其他应付款”账户，对于企业原已垫付的款项，冲减“其他应收款”账户，对于代扣的职工个人所得税，贷记“应交税费——应交个人所得税”账户。

【小思考4-1】

1.“应付职工薪酬”的核算内容包括（　　）。

A.工资、奖金、津贴和补贴　　B.社会保险费

C.财产保险费　　D.辞退福利

2.工资结算汇总表属于（　　）。

A.外来一次原始凭证　　B.外来汇总原始凭证

C.自制一次原始凭证　　D.自制汇总原始凭证

3.不属于“应付职工薪酬”明细科目的有（　　）。

A.职工工资　　B.水电费

C.辞退福利　　　　　　　　　　　　　D.社会保险费

【小练习4-1】

含意公司（小企业）本月职工工资中生产工人工资496 800元，车间管理人员工资27 900元，企业行政管理人员工资57 200元。应从工资中代扣个人所得税400元，代扣其他应付未付款项2 800元。实际以现金支付工资578 700元。要求编制分配工资、提现并支付工资、结转代扣款项的会计分录。

【小实训4-1】

1.计算并填列长沙市百源公司（小企业）2023年7月工资结算汇总表（见表4-7）中的应付工资栏和实发工资栏。

表4-7

工资结算汇总表

2023年7月31日　　　　单位：元

车间或部门		计时工资	计件工资	奖金	津贴补贴	缺勤扣款	应付工资	代扣款项（未付）		实发工资
								保险费等	个人所得税	
一车间	甲产品	15 500	4 700	8 200	2 680	1 080		1 200	3 180	
	乙产品	12 000	9 260	5 400	1 430	90		560	2 720	
	管理人员	14 000		6 000	2 180	280		260	2 590	
厂部管理人员		17 000		8 000	1 240	240		450	2 860	
销售人员		8 080		4 800	2 120			320	2 270	
在建工程人员		4 600		2 500	960	60		210	1 100	
合　计		71 180	13 960	34 900	10 610	1 750		3 000	14 720	

2.根据上述工资结算汇总表，编制分配工资的记账凭证（见表4-8、表4-9，假设记账凭证已编至记字78号，采用分数编号法），同时编制结转代扣款项的记账凭证（见表4-10）。

表4-8

记账凭证

年　月　日　　　　字第　号

摘要	总账科目	明细科目	记账√	借方金额										记账√	贷方金额									
				千	百	十	万	千	百	十	元	角	分		千	百	十	万	千	百	十	元	角	分
合　计																								

附件　张

会计主管　　　记账　　　出纳　　　审核　　　制单

表4-9

记账凭证

年　月　日　　　　　　　　字第　号

摘要	总账科目	明细科目	记账√	借方金额										记账√	贷方金额								
				千	百	十	万	千	百	十	元	角	分		千	百	十	万	千	百	十	元	角	分
合　计																							

会计主管　　记账　　出纳　　审核　　制单

附件　张

表4-10

记账凭证

年　月　日　　　　　　　　字第　号

摘要	总账科目	明细科目	记账√	借方金额										记账√	贷方金额								
				千	百	十	万	千	百	十	元	角	分		千	百	十	万	千	百	十	元	角	分
合　计																							

会计主管　　记账　　出纳　　审核　　制单

附件　张

3.2023年8月2日，长沙市百源公司（小企业）开出现金支票提现备发工资。

要求：（1）填制现金支票（见表4-11）（长沙市百源公司账号为3202064231542462378；开户银行为中国建设银行五一支行）。

（2）编制提现的记账凭证（见表4-12）和发放工资的记账凭证（见表4-13，工资结算表略，假设记账凭证已编至记字12号）。

表4-11

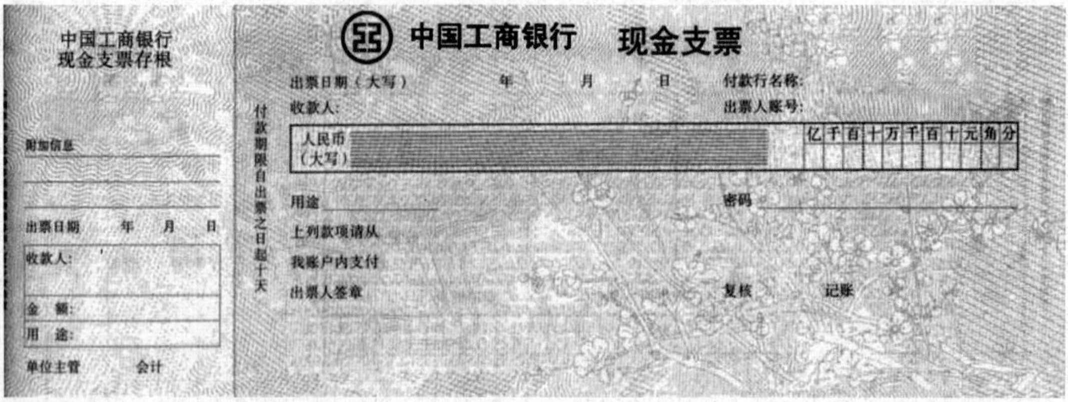

中国工商银行
现金支票存根
附加信息
出票日期 年 月 日
收款人：
金 额：
用 途：
单位主管 会计

中国工商银行 现金支票
出票日期（大写） 年 月 日 付款行名称：
收款人： 出票人账号：
付款期限自出票之日起十天
人民币（大写） 亿 千 百 十 万 千 百 十 元 角 分
用途 密码
上列款项请从
我账户内支付
出票人签章 复核 记账

表4-12

记账凭证

年 月 日 字第 号

摘要	总账科目	明细科目	记账√	借方金额										记账√	贷方金额								
				千	百	十	万	千	百	十	元	角	分		千	百	十	万	千	百	十	元	角	分
合 计																								

附件 张

会计主管 记账 出纳 审核 制单

表4-13

记账凭证

年 月 日 字第 号

摘要	总账科目	明细科目	记账√	借方金额										记账√	贷方金额								
				千	百	十	万	千	百	十	元	角	分		千	百	十	万	千	百	十	元	角	分
合 计																								

附件 张

会计主管 记账 出纳 审核 制单

任务二　工资附加费的核算

案例导入

会计张华看到工资结算汇总表后面还有一张工资附加费计算表，上面列出了职工关心的福利费和“五险一金”等内容，还有工会经费、职工教育经费等项目，张华进行了认真的审核，这次他已经胸有成竹。

任务描述

职工所得的劳动报酬除工资外，还有“五险一金”、职工福利费、工会经费和职工教育经费等，这些被统称为工资附加费。工资附加费应怎样计算？该如何进行账务处理呢？此任务将带你解决这些问题。

知识准备

工资附加费的核算

一、工资附加费的内容

1.职工福利费

职工福利费是指企业内设医务室、职工浴室、理发室等集体福利机构人员的工资、医务经费，职工因公负伤赴外地就医路费，职工生活困难补助以及按照国家规定开支的其他职工福利支出。

2.社会保险费

社会保险费主要包括医疗保险费、养老保险费、失业保险费、工伤保险费、生育保险费等，这些就是人们常说的“五险”。

3.住房公积金

住房公积金是指企业按照国家规定的基准和比例计算，向住房公积金管理机构缴存的住房公积金，这就是“五险一金”中的“一金”。

4.工会经费和职工教育经费

小企业为了改善职工文化生活，帮助职工学习先进技术和提高文化水平与业务素质，开展工会活动、职工教育及技能培训等，按照国家规定的工资总额的一定比例提取需要发生的相关支出。

二、工资附加费的计量

1.根据国务院、各地方政府规定的基准和比例计算工资附加费。

2.没有明确计提标准的货币性薪酬，小企业应当根据历史经验数据和自身实际情况计算确定应付金额，如“职工福利费”。

任务实施

“应付职工薪酬——工资附加费”的核算。

一、工资附加费的确认

小企业应根据工资附加费计算表，按职工提供服务的受益对象，将应确认的工资附加费计入相关资产成本或费用，具体内容见表4-14。

表4-14

工资附加费的确认

受益对象	应记借方科目	应记贷方科目
生产部门工人	生产成本	应付职工薪酬——职工福利费 ——社会保险费（医疗保险费、生育保险费、工伤保险费） ——住房公积金 ——工会经费和职工教育经费
车间管理人员	制造费用	
行政管理人员	管理费用	
销售人员	销售费用	
在建工程人员	在建工程	
研发人员	研发支出	
劳务人员	劳务成本	

【例4-4】沿用【例4-1】资料，假设长沙含光服饰公司按照工资总额的14%提取职工福利费，按工资总额的26%提取社会保险费，按工资总额的10%提取住房公积金，按工资总额的2%提取工会经费，按工资总额的2.5%提取职工教育经费（见表4-15）。

表4-15

工资附加费计算表

2023年5月31日　　　　单位：元

车间或部门		工资总额	职工福利费	社会保险费	住房公积金	工会经费	职工教育经费	附加费合计
一车间	生产工人	67 600	9 464	17 576	6 760	1 352	1 690	36 842
	管理人员	9 440	1 321.6	2 454.4	944	188.8	236	5 144.8
二车间	生产工人	51 720	7 240.8	13 447.2	5 172	1 034.4	1 293	28 187.4
	管理人员	7 536	1 055.04	1 959.36	753.6	150.72	188.4	4 107.12
行政管理部门		17 600	2 464	4 576	1 760	352	440	9 592
研发人员		5 616	786.24	1 460.16	561.6	112.32	140.4	3 060.72
在建工程人员		3 044	426.16	791.44	304.4	60.88	76.1	1 658.98
销售人员		1 872	262.08	486.72	187.2	37.44	46.8	1 020.24
合　计		164 428	23 019.92	42 751.28	16 442.8	3 288.56	4 110.7	89 613.26

根据表4-15，长沙含光服饰公司编制确认工资附加费的会计分录如下：

借：生产成本——基本生产成本（一车间）　　36 842

　　　　　——基本生产成本（二车间）　　28 187.40

　　制造费用　　9 251.92

　　管理费用　　9 592

　　研发支出　　3 060.72

　　在建工程　　1 658.98

　　销售费用　　1 020.24

贷：应付职工薪酬——职工福利费 23 019.92
——社会保险费 42 751.28
——住房公积金 16 442.80
——工会经费和职工教育经费（工会经费） 3 288.56
——工会经费和职工教育经费（职工教育经费） 4 110.70

二、工资附加费的支付、使用及缴纳

小企业支付职工福利费、工会经费和职工教育经费或按照国家有关规定缴纳社会保险费或住房公积金时，借记“应付职工薪酬——职工福利（或工会经费和职工教育经费、社会保险费、住房公积金）”账户，贷记“银行存款”“库存现金”等账户。

1.职工福利费的使用

【例4-5】长沙含光服饰公司用现金支付职工困难补助2 000元。

借：应付职工薪酬——职工福利费 2 000
贷：库存现金 2 000

2.支付职工教育经费

【例4-6】长沙含光服饰公司开出现金支票支付职工李青的新技术培训费1 000元。

借：应付职工薪酬——工会经费和职工教育经费（职工教育经费） 1 000
贷：银行存款 1 000

3.按照国家有关规定上交工会经费、缴纳社会保险费和住房公积金

【例4-7】长沙含光服饰公司将表4-15中提取的社会保险费和住房公积金上缴给相关部门。

借：应付职工薪酬——工会经费和职工教育经费（工会经费） 3 288.56
——社会保险费 42 751.28
——住房公积金 16 442.80
贷：银行存款 62 482.64

【小知识4-2】

职工福利费、职工教育经费是在使用时核算，而社会保险费、住房公积金则要按月计提，按期缴纳到相应社保中心及住房公积金中心，并予以核算。

【小思考4-2】

1.社会保险费包括的内容有（ ）。

A.医疗保险费　　B.养老保险费
C.职工福利费　　D.失业保险费

2.判断：工资附加费应按实付工资总额的一定比例计提。（ ）

【小练习4-2】

金谷公司（小企业）本月职工工资、奖金、津贴和补贴中生产工人工资496 800元，车间管理人员工资27 900元，企业行政管理人员工资57 200元。应从工资中代扣个人所得税400元，代扣其他应付未付款项2 800元。实际以现金支付工资578 700元，同时按20%的标准计提应交社会保险费并以存款支付。要求编制计提社会保险费、支付社会保险费的会计分录。

【小实训4-2】

1.计算并填列长沙市百源公司（小企业）2023年8月工资附加费计算表（见表

4-16)，并编制记账凭证（见表4-17、表4-18，假设记账凭证已编至记字86号，采用分数编号法）。

表4-16

工资附加费计算表

2023年8月31日　　单位：元

车间或部门	应付工资总额	应提福利费（14%）	应提社会保险费（33%）	应提住房公积金（10%）	应提工会经费（2%）	应提职工教育经费（2.5%）
生产甲产品工人	58 000					
车间管理人员	22 000					
行政管理部门	26 000					
销售机构人员	15 000					
在建工程人员	8 000					
合　计	129 000					

表4-17

记账凭证

年　月　日　　字第　号

摘要	总账科目	明细科目	记账√	借方金额										记账√	贷方金额									
				千	百	十	万	千	百	十	元	角	分		千	百	十	万	千	百	十	元	角	分
合　计																								

附件　张

会计主管　　记账　　出纳　　审核　　制单

表4-18

记账凭证

年　月　日　　字第　号

摘要	总账科目	明细科目	记账√	借方金额										记账√	贷方金额									
				千	百	十	万	千	百	十	元	角	分		千	百	十	万	千	百	十	元	角	分
合　计																								

附件　张

会计主管　　记账　　出纳　　审核　　制单

2. 2023年9月2日，用现金支付职工困难补助500元，职工培训费1 000元，要求编制记账凭证（见表4-19，假设记账凭证已编至记字9号）。

表4-19

记账凭证

年　月　日　　　　　　　　字第　号

摘要	总账科目	明细科目	记账	借方金额										记账	贷方金额									
			√	千	百	十	万	千	百	十	元	角	分	√	千	百	十	万	千	百	十	元	角	分
合　计																								

附件　张

会计主管　　记账　　出纳　　审核　　制单

3.2023年9月6日，通过银行转账支付工资附加费计算表（见表4-16）中的社会保险费，要求编制记账凭证（见表4-20，假设记账凭证已编至记字28号）。

表4-20

记账凭证

年　月　日　　　　　　　　字第　号

摘要	总账科目	明细科目	记账	借方金额										记账	贷方金额									
			√	千	百	十	万	千	百	十	元	角	分	√	千	百	十	万	千	百	十	元	角	分
合　计																								

附件　张

会计主管　　记账　　出纳　　审核　　制单

任务三 非货币性福利的核算

案例导入

会计张华在工作中还看到了为总经理及以上级别的公司负责人提供的汽车折旧、租用的住房租金、发放给职工的产品等业务的原始凭证，他知道小企业以自产产品或外购商品发放给职工作为福利，将本企业拥有的资产或租赁资产无偿提供给职工使用，为职工无偿提供医疗保健服务等都属于非货币性福利的核算内容，让我们跟随张华一起了解非货币性福利。

任务描述

小企业支付给职工的劳动报酬除货币性的报酬以外，是否还包括非货币性的报酬呢？如以自产产品或外购商品发放给职工，将自己拥有的资产或租赁资产无偿提供给职工使用，为职工无偿提供医疗保健服务等，这些也属于职工薪酬的核算内容吗？在核算和计量上与货币性薪酬有何区别呢？此任务将带你解决这些问题。

知识准备

非货币性福利的核算

一、非货币性福利的计量

1. 小企业以其生产的产品作为非货币性福利提供给职工的，应当按照该产品的公允价值和视同销售的相关税费来确定应付职工薪酬金额，并确定产品销售收入，其销售成本的结转和相关税费的处理与正常商品销售相同。

2. 小企业将拥有的资产或租赁资产无偿提供给职工使用的，应按这些资产每期计提的折旧费或每期资产的租赁费计量当期的应付职工薪酬金额。

二、非货币性福利的账户设置

小企业应通过“应付职工薪酬——非货币性福利”明细账户，核算非货币性福利的分配和发放情况。

任务实施

一、小企业以自产产品作为福利发放给职工时的账务处理

1. 按照该产品的公允价值加上相关税费，计入相关资产成本或当期损益，同时确认应付职工薪酬，借记“管理费用”“生产成本”“制造费用”等账户，贷记“应付职工薪酬——非货币性福利”账户。

2. 确认主营业务收入时，借记“应付职工薪酬——非货币性福利”账户，贷记“主营业务收入”账户，同时结转相关成本。

【例4-8】长沙含光服饰公司有职工100名，其中一线生产工人为70名，总部管理人员为30名。2023年5月，公司决定以其生产的衬衣、休闲裤作为福利发放给职工。该衬衣单位计税价格（公允价值）为288元，休闲裤单位计税价格（公允价值）为158元，适

用的增值税税率为13%。该批衬衣的总成本为18 000元，休闲裤的总成本为8 200元。

第一步：公司决定发放非货币性福利，确认应付职工薪酬。

计入生产成本的金额=70×288×（1+13%）+70×158×（1+13%）=35 278.6（元）

计入管理费用的金额=30×288×（1+13%）+30×158×（1+13%）=15 119.4（元）

借：生产成本　35 278.6

　　管理费用　15 119.4

　贷：应付职工薪酬——非货币性福利　50 398

第二步：确认主营业务收入。

应交增值税销项税额=70×288×13%+70×158×13%+30×288×13%+30×158×13%=5 798（元）

借：应付职工薪酬——非货币性福利　50 398

　贷：主营业务收入　44 600

　　　应交税费——应交增值税（销项税额）　5 798

同时，结转产品成本。

借：主营业务成本——衬衣　18 000

　　　　　　　　——休闲裤　8 200

　贷：库存商品——衬衣　18 000

　　　　　　　——休闲裤　8 200

二、小企业将拥有的房屋等资产无偿提供给职工使用时的账务处理

小企业将拥有的房屋等资产无偿提供给职工使用时，应将该住房每期应计提的折旧计入相关资产成本或当期损益，同时确认应付职工薪酬，借记“管理费用”“生产成本”“制造费用”等账户，贷记“应付职工薪酬——非货币性福利”账户，并且同时借记“应付职工薪酬——非货币性福利”账户，贷记“累计折旧”账户。

【例4-9】2023年5月31日，长沙含光服饰公司将拥有的汽车无偿提供给公司总部各部门经理级别以上管理人员免费使用，假定这批汽车每月计提折旧4 800元（见表4-21）。试根据原始凭证编制确认非货币性福利和计提折旧的记账凭证（见表4-22、表4-23，假设本月记账凭证已编至记字78号）。

表4-21

固定资产折旧计算表

2023年5月31日

固定资产类别	使用部门	品名	单位	数量	原价（元）	月折旧率	月折旧额
小汽车	总经理专车	比亚迪	台	1	120 000.00	0.04	4 800.00
合　计					¥120 000.00		¥4 800.00

编制：刘艳丽　　　　审核：熊美丽

表4-22

记账凭证

2023年5月31日　　　　　　记字第109号

摘要	总账科目	明细科目	记账√	借方金额										记账√	贷方金额								
				千	百	十	万	千	百	十	元	角	分		千	百	十	万	千	百	十	元	角	分
确认非货币性福利	管理费用							4	8	0	0	0	0											
	应付职工薪酬	非货币性福利																	4	8	0	0	0	0
合　计							¥	4	8	0	0	0	0					¥	4	8	0	0	0	0

附件1张

会计主管熊美丽　　记账　　出纳　　审核　　制单刘艳丽

表4-23

记账凭证

2023年5月31日　　　　　　记字第110号

摘要	总账科目	明细科目	记账√	借方金额										记账√	贷方金额								
				千	百	十	万	千	百	十	元	角	分		千	百	十	万	千	百	十	元	角	分
计提折旧	应付职工薪酬	非货币性福利						4	8	0	0	0	0											
（附件见第109号凭证）	累计折旧																		4	8	0	0	0	0
合　计							¥	4	8	0	0	0	0					¥	4	8	0	0	0	0

附件1张

会计主管熊美丽　　记账　　出纳　　审核　　制单刘艳丽

三、小企业租赁住房等资产供职工无偿使用时的账务处理

1.将每期应付的租金计入相关资产成本或当期损益，并确认应付职工薪酬，借记“管理费用”“生产成本”“制造费用”等账户，贷记“应付职工薪酬——非货币性福利”账户。

2.小企业支付租赁住房等租金时，借记“应付职工薪酬——非货币性福利”账户，贷记“银行存款”等账户。

【例4-10】长沙含光服饰公司为管理人员租赁公寓两套，月租金为每套3 000元。

（1）计算公寓应付租金

借：管理费用　　6 000

　贷：应付职工薪酬——非货币性福利　　6 000

（2）支付房屋租金

借：应付职工薪酬——非货币性福利　　6 000

　贷：银行存款　　6 000

【小提示4-2】

难以认定受益对象的非货币性福利，应直接计入当期损益和应付职工薪酬。

【小思考4-3】

工资附加费是根据应付工资总额计算确定的，非货币性福利与应付工资总额有关吗？

【小练习4-3】

某小企业决定以其生产的A商品作为福利发放给职工，该批商品的成本为10 000元，公允价值（计税价格）为16 000元，增值税税率为13%。该公司有职工有100名，其中一线生产工人为80名，总部管理人员为20名。要求编制确认非货币性福利、将产品发给职工、结转产品成本的会计分录。

【小知识4-3】

解除劳动关系补偿是指企业在职工劳动合同尚未到期之前解除与职工的劳动关系，或者为鼓励职工自愿接受裁减而提出的补偿建议计划中给予职工的经济补偿，它又被称“辞退福利”。“辞退福利”不需根据受益对象在发生时全部计入管理费用。

项目小结

本项目以长沙含光服饰公司（小企业）为例，介绍了应付职工薪酬的核算内容、计量标准，分析了工资结算汇总表、工资附加费计算表的编制方法及工资与工资附加费之间的关系。通过一系列的例题与实训，对应付职工薪酬——工资、奖金、津贴和补贴、工资附加费、非货币性福利的账务处理进行了具体讲解。学生通过对本项目的学习能实现预期的学习目标。

项目训练

一、单项选择题

1. 小企业从应付职工薪酬中代扣职工房租，应借记的会计账户是（　　）。

A.“应付职工薪酬”　　B.“银行存款”

C.“其他应收款”　　D.“其他应付款”

2. 小企业从应付职工薪酬中代扣的个人所得税，应贷记的会计账户是（　　）。

A.“应付职工薪酬”　　B.“应交税费”

C.“其他应收款”　　D.“长期应付款”

3. 小企业因解除与职工的劳动关系而给予职工的补偿，应借记的会计账户是（　　）。

A.“管理费用”　　B.“财务费用”

C.“营业外支出”　　D.“销售费用”

4. 小企业按规定交纳参加职工医疗保险的医疗保险费，应通过（　　）账户进行核算。

A.“应交税费” B.“其他应交款”

C.“应付职工薪酬” D.“其他应付款”

5.小企业专设销售机构人员的工资，应计入（ ）。

A.管理费用 B.销售费用

C.主营业务成本 D.其他业务成本

6.小企业以其自产产品作为非货币性福利发放给职工的，应当按照该产品的（ ）和相关税费，计入相关资产成本或当期损益。

A.市场价格 B.重置价值

C.历史成本 D.公允价值

7.非货币性薪酬主要为非货币性福利，通常不包括的内容是（ ）。

A.小企业以自己的产品发放给职工作为福利

B.向职工无偿提供自己拥有的住房等固定资产使用

C.为职工无偿提供类似医疗保健等服务

D.向社会保险经办机构缴纳的养老保险费

8.小企业支付工会经费和职工教育经费用于工会活动和职工培训，应借记的会计账户是（ ）。

A.“管理费用” B.“其他应收款”

C.“应付职工薪酬” D.“其他应交款”

9.计提应付职工薪酬时，不可能记入借方的账户是（ ）。

A.“管理费用” B.“销售费用”

C.“生产成本” D.“应付职工薪酬”

10.下列各项职工薪酬中，应记入“管理费用”账户的是（ ）。

A.生产人员的薪酬 B.行政人员的薪酬

C.车间管理人员的薪酬 D.研发人员的薪酬

二、多项选择题

1.应通过“应付职工薪酬”科目核算的内容包括（ ）。

A.职工福利费

B.工伤保险费和生育保险费等社会保险费

C.住房公积金

D.工会经费和职工教育经费

2.根据《小企业会计准则第9号——职工薪酬》的规定，下列属于小企业职工的范围有（ ）。

A.全职职工 B.兼职职工

C.临时职工 D.董事会、监事会和内部审计委员会成员

3.小企业从应付职工工资、奖金、津贴和补贴中代扣的代垫款项，不应借记的会计账户有（ ）。

A.“其他应付款” B.“银行存款”

C.“其他应收款” D.“应付职工薪酬”

4.下列属于“应付职工薪酬”明细账户的有（　　）。

A.工资　　B.社会保险费

C.劳动保险费　　D.教育费附加

5.下列各项职工薪酬中，应作为期间费用列支的有（　　）。

A.生产人员的薪酬　　B.行政人员的薪酬

C.车间管理人员的薪酬　　D.销售人员的薪酬

6.不能够计入产品成本的工资费用有（　　）。

A.车间管理人员工资　　B.在建工程人员工资

C.专设销售机构人员工资　　D.企业管理部门人员工资

7.应在“应付职工薪酬”账户借方登记的有（　　）。

A.本月实际支付的工资数　　B.本月应分配的工资总额

C.本月结转的代扣款项　　D.发放非货币性福利

8.无偿向职工提供住房等资产使用的，企业计提折旧时不应涉及的账户有（　　）。

A.“应付职工薪酬”　　B.“银行存款”

C.“其他应收款”　　D.“其他应付款”

9.社会保险费包括（　　）。

A.住房公积金　　B.工会经费

C.养老保险　　D.医疗保险

10.下列属于非货币性福利的内容有（　　）。

A.以自产产品或外购商品发放给职工

B.将自己拥有的资产或租赁资产无偿提供给职工

C.为职工无偿提供医疗保健服务

D.支付职工学习培训费

三、实务题

1.银双公司（小企业）2023年5月工资结算汇总表，见表4-24。

表4-24

工资结算汇总表

2023年5月31日　　单位：元

车间或部门		计时工资	计件工资	奖金	津贴补贴	缺勤扣款	应付工资	代扣款项（未付）		实发工资
								房租费等	个人所得税	
一车间	甲产品生产工人	15 500	4 700	8 200	2 680	1 080		1 200	3 180	
	乙产品生产工人	12 000	9 260	5 400	1 430	90		560	2 720	
	管理人员	14 000		6 000	2 180	280		260	2 590	
厂部管理人员		17 000		8 000	1 240	240		450	2 860	
销售机构人员		8 080		4 800	2 120			320	2 270	
在建工程人员		4 600		2 500	960	60		210	1 100	
合　计		71 180	13 960	34 900	10 610	1 650		3 100	14 720	

要求：（1）计算并填列工资结算汇总表。

（2）编制工资分配的会计分录。

（3）编制结转各种代垫款项的会计分录。

（4）编制按实发工资总额通过银行向职工支付工资的会计分录。

2.美林公司通过测算，假设该小企业2023年6月的福利费按应付工资总额的6%计提。

要求：计算计提结果并填列职工福利费分配表（见表4-25），并据以编制会计分录。

表4-25

职工福利费分配表

2023年6月30日　　单位：元

车间或部门		工资总额	职工福利费（6%）
车间	甲产品生产工人	30 000	
	乙产品生产工人	28 000	
	管理人员	22 000	
厂部管理人员		26 000	
销售机构人员		15 000	
在建工程人员		8 000	
合　计		129 000	

3.美林公司用现金支付职工困难补助2 000元。

要求：编制相关会计分录。

4.富美公司为一家生产月饼的小企业，共有职工200名，其中170名为直接参加生产的职工，30名为总部管理人员。2023年6月，公司决定以其生产的月饼作为福利发放给职工。月饼的单位生产成本为120元/盒，单位公允价值为200元/盒，假设计税价格等于公允价值。富美公司适用的增值税税率为13%。

要求：（1）编制确认薪酬费用的会计分录。

（2）编制将月饼发给职工时的会计分录。

5.假设美林公司2023年6月职工个人按上一年平均工资计提社会保险费，五种社会保险费的计提比例合计为45%。

要求：计算计提结果并填列社会保险费分配表（见表4-26），并据以编制会计分录。

表4-26

社会保险费分配表

2023年6月30日　　单位：元

车间或部门		工资总额	社会保险费（45%）
车间	甲产品生产工人	30 000	
	乙产品生产工人	28 000	
	管理人员	22 000	
厂部管理人员		26 000	
销售机构人员		15 000	
在建工程人员		8 000	
合　计		129 000	

6.假设美林公司2023年6月按应付工资总额的8%缴纳住房公积金。

要求：计算计提结果并填列住房公积金分配表（见表4–27），并据以编制会计分录。

表4–27

住房公积金分配表

2023年6月30日　　单位：元

车间或部门		工资总额	住房公积金（8%）
车间	甲产品生产工人	30 000	
	乙产品生产工人	28 000	
	管理人员	22 000	
厂部管理人员		26 000	
销售机构人员		15 000	
在建工程人员		8 000	
合　计		129 000	

7.假设美林公司2023年6月按应付工资总额的2%和2.5%分别提取工会经费和职工教育经费。

要求：计算计提结果并填列工会经费和职工教育经费分配表（见表4–28），并据以编制会计分录。

表4–28

工会经费和职工教育经费分配表

2023年6月30日　　单位：元

车间或部门		工资总额	工会经费（2%）	职工教育经费（2.5%）	合计
车间	甲产品生产工人	30 000			
	乙产品生产工人	28 000			
	管理人员	22 000			
厂部管理人员		26 000			
销售机构人员		15 000			
在建工程人员		8 000			
合　计		129 000			

8.美林公司用现金支付职工李林的学习培训费3 000元。

要求：编制相关会计分录。

项目评价

项目评价表

内容			评价		
学习目标		评价项目	3	2	1
职业能力	应付职工薪酬的内容，工资的计量及核算	1.应付职工薪酬的核算内容、计量			
		2.工资结算汇总表的编制			
		3.分配、发放工资的账务处理			
		4.结转代扣款项的账务处理			
	工资附加费的核算	1.工资附加费计算表的编制			
		2.工资附加费确认的账务处理			
		3.工资附加费支付、使用的账务处理			
	非货币性福利的核算	1.以自产产品作为福利发放给职工的账务处理			
		2.将自己拥有的资产无偿提供给职工使用的账务处理			
		3.租赁住房等资产并无偿提供给职工使用的账务处理			
通用能力	组织能力				
	沟通能力				
	解决问题的能力				
	自我提高的能力				
	创新能力				
综合评价					

等级说明：

3——能高质、高效地完成此学习目标的全部内容，并能解决遇到的特殊问题

2——能高质、高效地完成此学习目标的全部内容

1——能完成此学习目标的全部内容，无须任何帮助和指导

评价说明：

优秀——达到3级水平

良好——达到2级水平

合格——全部任务都达到1级水平

不合格——不能达到1级水平

育人主题

推行绩效管理，规范财富积累——东方电讯公司薪酬管理

东方电讯是一家以生产低压电力用户集中抄表系统、预付费售电管理系统、单相电子式集抄电能表等产品为主的股份制企业。从1997年创立伊始，公司的实力不断发展壮大。1999年公司研制的“DDSIl”单相电子式智能电能表被列入国家重点新产品计划；2001年，公司因高品质的各类型电能表和集中抄表系统而被国家经贸委列入《全国城乡电网改造推荐产品企业目录》；2004年，公司通过广东省民营科技企业认定；2005年，公司研制

的低压集中抄表系统被列入国家级火炬计划。目前公司已拥有发明专利和实用新型专利5项，产品销往全国多个省市，形成了固定的销售网络。截至2009年年底，公司拥有员工253人，其中高层管理人员6名，中层管理人员16名，高级技术开发人员25人，一般职工及生产人员206人。

东方电讯实行集中化的管理模式，各个部门主要职责依据业务的需要而设，主要包括研发中心、品质部、工艺测试部、采购部、生产部、财务部、市场营销部、行政人事部等。近年来，随着我国电力行业的快速发展，东方电讯的人员流动性呈上升趋势，2007年公司离职21人，2008年离职23人，2009年离职29人。这部分流出人员以30岁左右的专业技术人员为主，给公司的经营和管理工作造成了一定的损失。经初步分析，人员离职增多的主要原因是由于公司内部机制建设没有跟上企业规模的快速发展，没有及时进行与企业发展相适应的内部配套管理制度的改革和创新，特别是薪酬与绩效考核制度方面的改革和创新，员工感到发展前景不明朗。同时，由于同行业竞争对手增多，特别是在经济发达地区的同行企业，如深圳科陆、上海金陵等，大大提高了市场平均薪酬水平，使得公司目前的薪酬水平缺乏竞争力。从目前来看，公司部分员工思想不稳定，工作积极性不高，员工激励效果不理想。一些年轻、优秀的员工甚至抱着先在公司锻炼一下，再择机跳槽的思想。在当前这种严峻形势下，公司的当务之急就是采取措施，改革和创新公司内部机制，特别是薪酬制度，加强人力资源管理和开发，留住人才，充分发挥人才的潜力，才能减少核心员工的流失，使企业未来的发展前景更加光明。

东方电讯和很多民营企业一样，企业职工的薪酬结构是按照职工的岗位等级进行划分的，企业领导班子和部门经理实行年薪制。其中，职工的薪酬构成为：岗位工资、奖金、福利。岗位工资根据职工的岗位设置；奖金根据公司的实际业务收入确定，包括月度奖、季度奖、半年奖、年终奖以及其他一次性奖励。其中月度奖根据职工岗位的不同制定级差，其他奖金根据职工岗位进行发放。福利包括各类补贴和社会保险。福利不受月度考核结果的影响，依据有关政策每月足额发放。

【思考与启发】

党的二十大报告指出，要完善分配制度，坚持按劳分配为主体、多种分配方式并存，坚持多劳多得，鼓励勤劳致富，促进机会公平，增加低收入者的收入，扩大中等收入群体，规范收入分配秩序，规范财富积累机制。

从案例中，我们可以发现东方电讯有以下问题：

一、缺乏对员工的观念指引

东方电讯现阶段还没有形成对薪酬理念的清晰表述和传达，缺乏对员工的观念指引。东方电讯员工对薪酬的不满主要是因为理念误区。公司的薪酬主要集中在工资、奖金和福利方面，忽视了职业发展、内在报酬等薪酬要素，员工在薪酬上存在定位不清晰，比较不当等问题，缺乏明确的薪酬决策依据导致大家认识不统一，造成许多不必要的纷争和不满，与科学薪酬理念的要求相比，还有较大的差距。而且，东方电讯的高层管理人员也未对薪酬管理体系的建立形成一个完整统一的看法。

二、薪酬水平不能满足人才引进需求

随着东方电讯业务迅速发展，公司市场竞争的关键成功因素已由以前的技术实力、企业机制的竞争发展成为融资能力、运营管理能力、资源整合能力、技术实力和企业机制的全方位竞争。由于公司业务的扩张和所处的外界环境发生了很大变化，使得公司对人才的需求必然呈现出多样化和全面化，公司需大量招聘有相关岗位经验的优秀的专业技术人员和管理人员，现有的薪酬体系和级职等级已不能满足公司新引进的各方面人才的要求。虽然公司整体薪酬水平仍处于同行业的中等水平，但部分关键职位的薪酬偏低，不仅不能吸引外来人才，而且很难激励和留住这些关键职位的优秀员工。

三、薪资管理制度不透明

东方电讯薪酬管理制度存在过度保密、沟通不足等问题。薪酬管理的责任和权力集中在公司高层手中，基层员工转正定薪等都由总经理批准，部门领导对下属员工的薪酬不知情，且没有变动薪酬的权力。在定薪、调薪等关键环节上没有发挥应有的作用，导致现有薪酬管理机制缺乏通过薪酬分配过程及其结果向员工传递信息的能力。同时员工也看不到自己的行为和业绩与报酬之间的联系，激励的链条中断了，薪酬管理也失去了其应有的作用。公司在调薪方面缺乏明确的规则，员工调薪的覆盖面较低。很多员工反映工资三年都没有增加过，只有极少数人有年度加薪机会，薪酬增长没有与公司市场业绩的增长相联系，也没有与个人绩效相联系，大部分员工对公司目前的薪酬水平不满意。

薪酬制度的着眼点就是要用一流的薪酬吸引一流的人才，用一流的人才创造一流的业绩，再用一流的业绩来支撑一流的薪酬。东方电讯作为一家高科技公司，应适应全球化竞争和知识经济挑战的需要，从战略高度系统设计知识型员工的薪酬体系，并在实践中对知识型员工进行恰当的薪酬激励，充分发挥知识型员工的积极性，才能促进知识型员工的智力资本真正转化为现实生产力，转化为企业的市场竞争优势。对东方电讯现有薪酬体系进行全面分析后，可以看出公司目前的薪酬体系过分关注货币性薪酬，忽略了内在薪酬和其他非货币性的外在薪酬激励，导致大部分员工对公司的薪酬体系不满。

虽然本案例看起来是个例，但收入分配制度改革，关系到老百姓切实的利益获得，党的二十大报告关于收入分配的相关论述很好地阐述了“守正创新”的基本原则，创造性地提出了“规范财富积累机制”等新论述，体现了进一步完善收入分配体制机制的现实需要。

资料来源：黄文娜. 东方电讯公司薪酬管理案例研究［D］. 广州：华南理工大学工商管理学院，2010. 有改动.

项目五　财务成果

学习目标

知识目标

1. 了解小企业收入、费用与利润的定义和特征。
2. 理解收入、费用和利润的构成。
3. 理解营业外收支的范围。
4. 掌握销售商品收入和提供劳务收入的确认条件与计量方法。
5. 掌握营业利润、利润总额和净利润的计算方法。

能力目标

1. 能运用《小企业会计准则》对小企业销售商品收入、提供劳务收入进行账务处理。
2. 能对小企业营业成本、税金及附加和期间费用进行账务处理。
3. 能对小企业利润形成和分配进行账务处理。

任务一　收入的核算

案例导入

小青去鞋店看到一双标价180元的运动鞋，和店主讨价还价后花150元买了回来。为什么能讨价还价？再还低些店主为什么不卖？那是因为180元和150元都不是店主取得该鞋子付出的代价，而是该鞋子的售价。之所以能讨价还价，是因为鞋子按150元的售价卖出还是高于其成本的，店主也有一定的利润；价格不能更低，是因为考虑到除了进价还有其他相关费用，售价太低店主无利可图。售价，就是会计上所说的收入，合理定价既能保证销量，又能让店主有利可图。

任务描述

小企业在经营活动中经常会有经济利益的流入，哪些经济利益的流入属于小企业的收入？小企业的收入如何确认、如何核算呢？此任务将带你解决这些问题。

知识准备

一、收入的定义与特征

1.收入的定义

收入是指小企业在日常经营活动中形成的、会导致所有者权益增加的、与所有者投入资本无关的经济利益的总流入。

收入可分为广义的收入和狭义的收入。广义的收入是指会计期间内经济利益的总流入，其表现形式为因资产增加或负债减少而引起的所有者权益增加，但不包括与所有者出资有关的资产增加或者负债减少。狭义的收入是指小企业在销售商品、提供劳务等日常生产经营活动中形成的，会导致所有者权益增加、与所有者投入资本无关的经济利益的总流入。我国《小企业会计准则》中提到的收入为狭义的收入。

2.收入的特征

（1）收入是小企业在日常经营活动中形成的

日常经营活动是指小企业为完成其经营目标所从事的经常性活动及与之相关的活动。如工业小企业生产和销售产品，商业小企业销售商品，保险公司（小企业）签发保单等均属于小企业日常活动。

【小提示5-1】

明确界定日常活动是为了将收入与利得相区分，因为企业非日常活动所形成的经济利益的流入不能确认为收入，应当计入利得。利得包括直接计入当期损益的利得和直接计入当期所有者权益的利得。

（2）收入会导致所有者权益增加

与收入相关的经济利益的流入应当会导致小企业所有者权益的增加，不会导致所有者权益增加的经济利益的流入不符合收入的定义，不能确认为收入。如小企业向银行借入款项，尽管也导致了经济利益的流入，但取得借款并不会增加小企业的所有者权益，而是使小企业承担了一项现时义务，所以应将其确认为负债。本特征也是区分小企业收入和负债的一个标准。

（3）收入是与所有者投入资本无关的经济利益的总流入

收入会导致小企业经济利益的流入，在实务中，经济利益的流入也可以由所有者投入资本导致，所有者投入资本的增加不应当确认为收入，应当直接将其确认为所有者权益。

二、收入的分类

1.按小企业从事日常活动的性质不同，收入可分为销售商品收入和提供劳务收入（按照企业财务会计准则中企业从事日常活动的性质不同，收入可分为销售商品收入、提供劳务收入和让渡资产使用权收入）。

销售商品收入是指小企业通过销售商品实现的收入，如工业企业制造并销售产品、商品流通企业销售商品等实现的收入。提供劳务收入是指小企业提供劳务实现的收入，如咨询公司提供咨询服务、软件开发企业为客户开发软件、安装公司提供安装服务等实现的收入。

【小知识5-1】

让渡资产使用权收入主要表现为金融企业对外贷款形成的利息收入和企业转让无形资产等资产的使用权形成的使用费收入。而《小企业会计准则》不适用于金融企业，目前我国小企业无形资产种类少、金额小，在资产中所占的比例较低。因此，《小企业会计准则》没有引入让渡资产使用权收入这一类收入。

2.按小企业经营业务的主次，分为主营业务收入和其他业务收入。

主营业务是指小企业日常活动中的主要活动，可以根据小企业营业执照上注明的主要业务范围来确定。如零售企业的主营业务是销售商品，交通运输企业的主营业务是提供道路货物运输和公路旅客运输等。主营业务形成的收入即为主营业务收入。

其他业务是指小企业除主营业务以外的其他日常活动，可以通过小企业营业执照上注明的兼营业务范围来确定。如工业企业销售材料、提供非工业性劳务等。其他业务形成的收入通常称为其他业务收入。

【小提示5-2】

小企业出租固定资产取得的租金收入和出租专利权、商标权、著作权、非专利技术以及其他特许权取得的特许权使用费收入也作为提供劳务收入给予确认，在“其他业务收入”账户中核算。小企业出租包装物和商品的租金收入，在“营业外收入”账户中核算。按照企业财务会计准则，企业出租包装物和商品租金收入记入“其他业务收入”账户。

三、收入的确认和计量

1.销售商品收入的确认和计量

收入准则规定，销售商品收入同时满足下列条件时，才能予以确认：

（1）与收入相关的经济利益很可能流入小企业。与收入相关的经济利益很可能流入小企业是指销售商品价款收回的可能性大于不能收回的可能性，即销售商品价款收回的可能性超过50%。小企业销售的商品符合合同或协议要求，已将发票账单交付买方，买方承诺付款，通常表明已满足与收入相关的经济利益很可能流入企业这一确认条件。

【小思考5-1】

含光副食品公司于2023年5月8日以托收承付方式向远大公司销售一批副食品，该批副食品的成本为10万元，售价为20万元，专用发票上标明的增值税为2.6万元，商品已经发出，托收手续已经办妥。此时，得知远大公司在另一项交易中发生了巨额损失，此笔货款收回的可能性不大。试分析含光副食品公司能否确认该项收入？为什么？

（2）经济利益流入企业的结果是企业资产的增加或负债的减少。企业销售商品，确认销售收入增加的同时要确认银行存款、应收账款等资产的增加。如果现在销售的商品原来已经预收货款，则在确认销售收入增加的同时，还要确认预收货款这项负债的减少。

【小思考5-2】

经济利益流入企业是否能同时导致企业资产的增加和负债的减少？请举例说明。

（3）收入的金额能够可靠地计量。收入的金额能够可靠地计量是指收入的金额能够被合理地估计：

①一般情况下，小企业在销售商品时，商品销售价格已经确定，企业应当按照从购货方已收或应收的合同或协议价款确定收入金额；

②如果销售商品涉及商业折扣、销售折让等因素，还应当考虑这些因素后确定销售商品收入金额；

③如果小企业从购货方应收的合同或协议价款的延期收取具有融资性质，那么小企业应按应收的合同或协议价款的公允价值确定销售商品收入金额。

【小知识5-2】

小企业从购货方已收或应收的合同或协议价款不公允的，应按公允的交易价格确定收入金额，不公允的价款不应确定为收入金额。

有时由于销售商品过程中某些不确定因素的影响也有可能导致商品销售价格发生变动，如附有销售退回条件的商品销售。如果小企业不能合理估计退货的可能性，就无法确认销售商品的价格，也就不能够合理地估计收入的金额。这种情况下，不应在发出商品时确定收入，而应当在售出商品退货期满、商品销售价格能够可靠计量时确认收入。

【小思考5-3】

长沙含光服饰公司销售新款服装给长沙通程百货公司，合同规定该批服装有一个月试销期，试销期内销量未达到合同规定的最低标准，则试销期满后可以退货。请问长沙含光服饰公司发出服装时能确认收入吗？为什么？

(4) 相关的已发生或将发生的成本能够可靠地计量。通常情况下，销售商品相关的已发生或将发生的成本能够合理地估计，以库存商品的成本为例，如果库存商品是本企业生产的，那么其生产成本能够可靠地计量；如果是外购的，那么购买成本也能够可靠地计量。如果与销售商品相关的已发生或将发生的成本不能够被合理地估计，那么企业不应确认收入，应将已收到的价款确认为负债。

【小思考5-4】

甲小企业与乙公司签订协议，约定甲小企业生产并向乙公司销售10台空调。限于自身生产能力不足，甲小企业委托丙公司生产该批空调的压缩机。甲小企业与丙公司签订的协议约定，丙公司生产压缩机发生的成本经甲公司认定后，其金额的110%即为甲小企业支付给丙公司的款项。假定甲小企业和丙公司均已完成生产任务，空调由甲小企业组装后运抵乙公司，乙公司验收合格后及时支付了货款。但是，丙公司尚未将由其负责的压缩机的成本资料交付甲小企业认定。甲小企业已将空调交付乙公司，且已收到了货款。试分析甲小企业能否确认收入？为什么？

【小提示5-3】

在【小思考5-4】中甲小企业不能确认收入。原因是丙公司未提供压缩机的成本资料，导致甲小企业不能可靠计量该批空调的成本。

2.提供劳务收入的确认和计量

小企业提供劳务的收入，是指小企业从事建筑安装、修理修配、交通运输、仓储租赁、邮电通信、咨询经纪、文化体育、科学研究、技术服务、教育培训、餐饮住宿、中介代理、卫生保健、社区服务、旅游、娱乐、加工以及其他劳务服务活动取得的收入。

提供劳务收入的确认条件为：

(1) 收入的金额能够可靠地计量，是指提供劳务收入的总额能够被合理地估计。通常情况下，企业应当按照从接受劳务方已收或应收的合同或协议价款确定提供劳务收入的总额。随着劳务的不断提供，可能会根据实际情况增加或减少已收或应收的合同或协议价款，此时企业应及时调整提供劳务收入总额。

(2) 相关的经济利益很可能流入企业，是指提供劳务收入总额收回的可能性大于不能收回的可能性。企业应当结合接受劳务方的信誉、以前的经验以及双方就结算方式和期限达成的合同或协议条款等因素综合判断，确定其提供劳务收入总额能否收回。

【小知识5-3】

通常情况下，企业提供的劳务符合合同或协议要求，接受劳务方承诺付款，就表明提供劳务收入总额收回的可能性大于不能收回的可能性。如果企业判断提供劳务的收入总额不是很可能流入企业，则应当提供确凿证据。

（3）交易的完工进度能够可靠地确定，是指交易的完工进度能够被合理地估计。企业可选用下列方法确定提供劳务的完工进度：

①对已完成工作进行测量。这是一种比较专业的测量方法，由专业测量师对已经提供的劳务进行测量，并按一定方法计算确定提供劳务交易的完工程度。大型应用软件开发劳务的完成进度通常采用这种方法。

②计算已经提供的劳务占应提供劳务总量的比例。这种方法主要以劳务量为标准确定提供劳务交易的完工程度，主要适用于劳务可以按项目数量、总小时数等计量的情况。

③计算已经发生的成本占估计总成本的比例。这种方法主要以成本为标准确定提供劳务交易的完工程度。只有已提供劳务的成本才能包括在已经发生的成本中，只有已提供或将提供劳务的成本才能包括在估计总成本中。

四、账户设置

1．“主营业务收入”账户，核算小企业确认的销售商品或提供劳务等主营业务取得的收入。该账户属于损益类账户，其账户结构如下：

借方　　　　主营业务收入	贷方
①发生的销货退回、销售折让 ②期末结转到“本年利润”账户的金额	销售商品或提供劳务实现的收入
	期末结转后无余额

该账户按主营业务的种类进行明细核算。

2．“其他业务收入”账户，核算小企业确认的除主营业务活动以外的其他日常生产经营活动实现的收入，包括出租固定资产、出租无形资产、销售材料等实现的收入。该账户属于损益类账户，其账户结构如下：

借方　　　　其他业务收入	贷方
期末结转到“本年利润”账户的金额	取得的其他业务收入
	期末结转后无余额

该账户按其他业务的种类进行明细核算。

任务实施

一、商品销售收入的账务处理

1.一般销售的账务处理

【例5-1】2023年5月5日，长沙含光服饰公司（小企业）向长沙春光服装店销售男上衣，已开出增值税专用发票（见表5-1），该企业已收到货款并将转账支票交存银行，从银行取回进账单（见表5-2）。长沙含光服饰公司编制记账凭证（见表5-3）。

表5-1

湖南增值税专用发票

№00000087

此联不作报销、扣税凭证使用　　开票日期：2023年5月5日

购买方	名称：长沙春光服装店 纳税人识别号：320303937555420 地址、电话：长沙雨花区韶山路15号（电话略） 开户行及账号：中国工商银行芙蓉支行1102021845646853245	密码区	略

货物或应税劳务名称	规格型号	单位	数量	单价	金额	税率	税额
男上衣	90（L）	件	25.00	288.00	7 200.00	13%	936.00
合计					¥7 200.00		¥936.00
价税合计（大写）	⊗捌仟壹佰叁拾陆元整						（小写）¥8 136.00

销售方	名称：长沙含光服饰公司 纳税人识别号：320303836556447 地址、电话：长沙市开福区芙蓉中路155号（电话略） 开户行及账号：中国工商银行中山支行1102021845672108901	备注	长沙含光服饰公司 320303836556447 发票专用章

收款人：　　复核：　　开票人：陈全　　销售方（章）

第一联：记账联　销售方记账凭证

【小知识5-4】

我国统一采用防伪税控系统开具增值税专用发票。在填写“增值税专用发票”时，开票日期由税控机内部自动生成；密码区由税控机内部自动生成，每份发票密码不相同；价税合计由税控机内部自动生成。企业应在发票联和记账联加盖销货单位的发票专用章。

表5-2

中国工商银行进账单（收账通知）　3

2023年5月5日

出票人	全称	长沙春光服装店	收款人	全称	长沙含光服饰公司
	账号	1102021845646853245		账号	1102021845672108901
	开户银行	中国工商银行芙蓉支行		开户银行	中国工商银行中山支行
金额	人民币（大写）	捌仟壹佰叁拾陆元整		亿 千 百 十 万 千 百 十 元 角 分	¥ 8 1 3 6 0 0
票据种类	转账支票	票据张数	壹张		
票据号码				中国工商银行长沙市中山支行办理处 20230505 办讫章 开户银行签章	
复核：		记账：			

收款人开户银行交给收款人的收账通知

表5-3

记账凭证

2023年5月5日　　　　记字第9号

摘要	总账科目	明细科目	记账	借方金额										记账	贷方金额									
			√	千	百	十	万	千	百	十	元	角	分	√	千	百	十	万	千	百	十	元	角	分
销售产品	银行存款							8	1	3	6	0	0											
	主营业务收入	男上衣																	7	2	0	0	0	0
	应交税费	应交增值税（销项税额）																		9	3	6	0	0
合　计							¥	8	1	3	6	0	0					¥	8	1	3	6	0	0

附件2张

会计主管 熊美丽　　记账　　出纳 陈兰英　　审核　　制单 刘艳丽

【小实训5-1】

2023年5月10日，长沙含光服饰公司门市部销售给个体经营户张有财男上衣3件，已开出普通发票（见表5-4），收到现金收入凭单（见表5-5）。要求根据该业务编制记账凭证（见表5-6，假设记账凭证已编至记字18号）。

表5-4

湖南增值税普通发票

记　账　联　　　　№00000037

开票日期：2023年5月10日

购买方	名称：有财服装店 纳税人识别号：430624198905104348 地址、电话：长沙市车站北路104号（电话略） 开户行及账号：中国工商银行五一支行270042					密码区	略
货物或应税劳务名称	规格型号	单位	数量	单价	金额	税率	税额
男上衣	90（L）	件	3.00	280.00	840.00	13%	109.20
合　计					¥840.00		¥109.20
价税合计（大写）	⊗玖佰肆拾玖元贰角整						（小写）¥949.20
销售方	名称：长沙含光服饰公司 纳税人识别号：320303836556447 地址、电话：长沙市开福区芙蓉中路155号（电话略） 开户行及账号：中国工商银行中山支行1102021845672108901					备注	长沙含光服饰公司 320303836556447 发票专用章

收款人：　　复核：　　开票人：张平　　销售方（章）

第一联：记账联　销售方记账凭证

表5-5

现金收入凭单

附件1张　　2023年5月10日　　对方科目
编　　号　第5号

收　款
事　项：销货款

人民币
（大写）：玖佰肆拾玖元贰角整　　¥949.20

现金收讫

交款人：张有财（签章）
主管人员：（签章）熊美丽
会计人员：（签章）刘艳丽
出纳员收讫：（签章）陈兰英

表5-6

记账凭证

年　月　日　　字第　号

摘要	总账科目	明细科目	记账√	借方金额										记账√	贷方金额									
				千	百	十	万	千	百	十	元	角	分		千	百	十	万	千	百	十	元	角	分
合　计																								

附件　张

会计主管　　记账　　出纳　　审核　　制单

【例5-2】2023年5月12日，长沙含光服饰公司向江苏扬州永达有限公司销售棉布，已开出增值税专用发票（见表5-7），收到银行收账通知（见表5-8）。长沙含光服饰公司编制记账凭证（见表5-9）。

表5-7

湖南增值税专用发票

№00000587

此联不作报销、扣税凭证使用

开票日期：2023年5月12日

购买方	名　称：江苏扬州永达有限公司 纳税人识别号：321000875213129 地址、电话：扬州洪昌路190号（电话略） 开户行及账号：中国建设银行扬州洪昌路支行102034859815625438				密码区	略	
货物或应税劳务名称	规格型号	单位	数量	单价	金额	税率	税额
棉布		米	100.00	80.0	8 000.00	13%	1 040.00
合　计					¥8 000.00		¥1 040.00
价税合计（大写）	⊗玖仟零肆拾元整						（小写）¥9 040.00
销售方	名　称：长沙含光服饰公司 纳税人识别号：320303836556447 地址、电话：长沙市开福区芙蓉中路155号（电话略） 开户行及账号：中国工商银行中山支行1102021845672108901				备注	长沙含光服饰公司 320303836556447 发票专用章	

收款人：　　复核：　　开票人：张平　　销售方（章）

第一联：记账联　销售方记账凭证

表5-8

中国工商银行进账单（收账通知）　3

2023年5月12日

出票人	全　称	江苏扬州永达有限公司	收款人	全　称	长沙含光服饰公司
	账　号	102034859815625438		账　号	1102021845672108901
	开户银行	中国建设银行扬州洪昌路支行		开户银行	中国工商银行中山支行
金额	人民币（大写）	玖仟零肆拾元整			亿 千 百 十 万 千 百 十 元 角 分 ¥ 9 0 4 0 0 0
票据种类	转账支票	票据张数	壹张		
票据号码					
复核：　记账：			中国工商银行长沙市中山支行办理处 20230512 办讫章 开户银行签章		

收款人开户银行交给收款人的收账通知

表5-9

记账凭证

2023年5月12日　　　　记字第20号

摘要	总账科目	明细科目	记账√	借方金额 千	百	十	万	千	百	十	元	角	分	记账√	贷方金额 千	百	十	万	千	百	十	元	角	分
销售棉布	银行存款							9	0	4	0	0	0											
	其他业务收入																		8	0	0	0	0	0
	应交税费	应交增值税（销项税额）																	1	0	4	0	0	0
合　计							¥	9	0	4	0	0	0					¥	9	0	4	0	0	0

附件2张

会计主管熊美丽　　记账　　出纳陈兰英　　审核　　制单刘艳丽

2. 以托收承付方式销售商品的账务处理

根据《小企业会计准则》，销售商品采用托收承付方式结算的，在商品发出并办妥托收手续时确认收入。如果小企业商品已发出并且办妥托收手续，但由于各种原因与发出商品所有权相关的风险和报酬没有转移，那么小企业不应确认为收入。

【例5-3】2023年5月19日，长沙含光服饰公司向湖北恒宝商场销售商品，已根据开出的增值税专用发票（见表5-10）和用现金垫付的运单（见表5-11）向银行办妥托收手续，取得托收凭证回单（见表5-12），商品已发出。长沙含光服饰公司编制记账凭证（见表5-13）。

表5-10

湖南增值税专用发票

№00001234

此联不作报销、扣税凭证使用　　开票日期：2023年5月19日

购买方	名　　称：湖北恒宝商场 纳税人识别号：320000824401068 地 址、电 话：湖北武汉市汉林路12号（电话略） 开户行及账号：中国工商银行天山支行110209159374108973	密码区	略

货物或应税劳务名称	规格型号	单位	数量	单价	金额	税率	税额
男上衣	90（L）	件	30.00	288.00	8 640.00	13%	1 123.20
休闲裤	M（9）	条	60.00	158.00	9 480.00	13%	1 232.40
合　计					¥18 120.00		¥2 355.60
价税合计（大写）	⊗贰万零肆佰柒拾伍元陆角整						（小写）¥20 475.60

销售方	名　　称：长沙含光服饰公司 纳税人识别号：320303836556447 地 址、电 话：长沙市开福区芙蓉中路155号（电话略） 开户行及账号：中国工商银行中山支行110202184567210890 1	备注	长沙含光服饰公司 320303836556447 发票专用章

第一联：记账联　销售方记账凭证

收款人：　　复核：　　开票人：张平　　销售方（章）

表 5-11

现金支出凭单

附件 1 张　　　　2023 年 5 月 19 日　　　　对方科目
编　　号　第 8 号

用　款 事　项：垫付运费			
人民币 （大写）：捌佰元整	￥800.00		
收款人： 龙萧萧 （签章）	主管 人员： （签章）熊美丽	会计 人员： （签章）刘艳丽	出纳员 收讫： （签章）陈兰英

现金付讫

表 5-12

托收凭证（受理回单）　1

委托日期　贰零贰叁年伍月壹拾玖日

业务类型	委托收款（□邮划、□电划）　　托收承付（□邮划、☑电划）							
付款人	全称	湖北恒宝商场		收款人	全称	长沙含光服饰公司		
	账号	110209159374108973			账号	110202184567210890 1		
	地址	湖北 省 武汉 市/县	开户行：天山支行		地址	湖南 省 长沙 市/县	开户行：中山支行	
金额	人民币（大写）	贰万壹仟贰佰柒拾伍元陆角整			亿千百十万千百十元角分	￥ 2 1 2 7 5 6 0		
款项内容	货款	托收凭据名称	发票、运单等		附寄单证张数	叁张		
商品发运情况	已发货				合同名称号码	CT-1614		
备注： 复核　　记账		款项收妥日期 年　月　日			收款人开户银行签章 2023 年 5 月 19 日			

此联作收款人开户银行给收款人的受理回单

中国工商银行 长沙市中山支行办理处 20230519 办讫章

表 5-13

记账凭证

2023 年 5 月 19 日　　　　记字第 29 号

摘要	总账科目	明细科目	记账√	借方千	百	十	万	千	百	十	元	角	分	记账√	贷方千	百	十	万	千	百	十	元	角	分
销售产品	应收账款	恒宝商场					2	1	2	7	5	6	0											
	主营业务收入	男上衣																	8	6	4	0	0	0
		休闲裤																	9	4	8	0	0	0
	应交税费	应交增值税（销项税额）																	2	3	5	5	6	0
	库存现金																			8	0	0	0	0
合　计						￥	2	1	2	7	5	6	0				￥	2	1	2	7	5	6	0

附件 3 张

会计主管 熊美丽　　记账　　出纳 陈兰英　　审核　　制单 刘艳丽

3. 预收货款销售商品的账务处理

预收货款销售商品，小企业应在发出商品时确认收入，而发出商品前预收的货款应确认为负债，计入预收账款，将来需要小企业用商品或劳务偿付。

【例5-4】2023年5月15日，长沙含光服饰公司与上海辰村服饰商场签定购销协议（见表5-14）。

表5-14

销售协议

长沙含光服饰公司与上海辰村服饰商场签订销售协议，上海辰村服饰商场采购长沙含光服饰公司男上衣200件，每件售价1 000元。约定预付商品货款的60%，余下款项于2个月后支付。本合同从签订之日起开始生效！

合同专用章　　合同专用章

2023年5月15日

（1）5月15日，长沙含光服饰公司预收上海辰村服饰商场货款，根据银行进账单收账通知（见表5-15）编制记账凭证（见表5-16）。

表5-15

中国工商银行进账单（收账通知）　　3

2023年5月15日

出票人	全　称	上海辰村服饰商场	收款人	全　称	长沙含光服饰公司											
	账　号	1102021845672109901		账　号	1102021845672108901											
	开户银行	中国工商银行南京路支行		开户银行	中国工商银行中山支行											
金额	人民币（大写）	壹拾贰万元整				亿	千	百	十	万	千	百	十	元	角	分
								¥	1	2	0	0	0	0	0	0
票据种类	转账支票	票据张数	壹张													
票据号码																
复核：	记账：			开户银行签章												

收款人开户银行交给收款人的收账通知

中国工商银行长沙市中山支行办理处 20230515 办讫章

表5-16

记账凭证

2023年5月15日　　记字第6号

摘要	总账科目	明细科目	记账√	借方金额										记账√	贷方金额									
				千	百	十	万	千	百	十	元	角	分		千	百	十	万	千	百	十	元	角	分
预收货款	银行存款					1	2	0	0	0	0	0	0											
	预收账款	上海辰村服饰商场															1	2	0	0	0	0	0	0
合　计					¥	1	2	0	0	0	0	0	0			¥	1	2	0	0	0	0	0	0

附件 1 张

会计主管 熊美丽　　记账　　出纳 陈兰英　　审核　　制单 刘艳丽

（2）7月12日，长沙含光服饰公司根据增值税专用发票（见表5-17）和银行进账单收账通知（见表5-18）编制记账凭证（见表5-19）。

表5-17

湖南增值税专用发票

№00000125

此联不作报销、扣税凭证使用　　开票日期：2023年7月12日

购买方	名　　称：上海辰村服饰商场 纳税人识别号：55010687068789 地址、电话：上海市卢渡区大村路366号（电话略） 开户行及账号：中国工商银行南京路支行1102021845672109901				密码区	略		
货物或应税劳务名称	规格型号	单位	数量	单价	金额	税率	税额	
衣服	80（L）	件	200.00	1 000.00	200 000.00	13%	26 000.00	
合　计					¥200 000.00		¥26 000.00	
价税合计（大写）	⊗贰拾贰万陆仟元整					（小写）¥226 000.00		
销售方	名　　称：长沙含光服饰公司 纳税人识别号：320303836556447 地址、电话：长沙市开福区芙蓉中路155号（电话略） 开户行及账号：中国工商银行中山支行1102021845672108901				备注	长沙含光服饰公司 320303836556447 发票专用章		

收款人：　　复核：　　开票人：张平　　销售方（章）

第一联：记账联　销售方记账凭证

表5-18

中国工商银行进账单（收账通知）　3

2023年7月12日

出票人	全称	上海辰村服饰商场	收款人	全称	长沙含光服饰公司										
	账号	1102021845672109901		账号	1102021845672108901										
	开户银行	中国工商银行南京路支行		开户银行	中国工商银行中山支行										
金额	人民币（大写）	壹拾万陆仟元整		亿	千	百	十	万	千	百	十	元	角	分	
						¥	1	0	6	0	0	0	0	0	
票据种类	转账支票	票据张数	壹张	中国工商银行长沙市中山支行办理处 20230712 办讫章 开户银行签章											
票据号码															
复核：	记账：														

收款人开户银行交给收款人的收账通知

表5-19

记账凭证

2023年7月12日　　　　　　　　记字第26号

摘要	总账科目	明细科目	记账	借方金额										记账	贷方金额									
			√	千	百	十	万	千	百	十	元	角	分	√	千	百	十	万	千	百	十	元	角	分
收到余款并确认收入	预收账款	上海辰村服饰商场				1	2	0	0	0	0	0	0											
	银行存款					1	0	6	0	0	0	0	0											
	主营业务收入	男上衣															2	0	0	0	0	0	0	0
	应交税费	应交增值税（销项税额）																2	6	0	0	0	0	0
合　计					¥	2	2	6	0	0	0	0	0			¥	2	2	6	0	0	0	0	0

附件2张

会计主管 熊美丽　　记账　　出纳 陈兰英　　审核　　制单 刘艳丽

【小提示5-4】

小企业预收账款业务较多的，一般可以单独设置“预收账款”账户；小企业预收账款业务不多的，可不单独设置“预收账款”账户，将预收账款通过“应收账款”账户核算。

【小练习5-1】

青山副食品厂为生产型小企业，采用预收货款方式向大地公司销售副食品一批。协议约定，该批商品总价款为50 000元，增值税为6 500元。大地公司在签订协议时预付50%的货款（按不含税价格计算），余款发货后支付。

要求：（1）编制预收货款、发出商品确认收入的会计分录。

（2）若青山副食品厂预收账款业务不多，则编制预收货款、发出商品确认收入的会计分录。

4.以支付手续费方式委托代销商品的账务处理

小企业采用支付手续费方式委托代销商品，是指委托方和受托方签订合同或协议，委托方根据代销商品数量和金额向受托方支付手续费的销售方式。委托方应在收到代销清单时确认收入。受托方在受托的商品被销售后，按合同或协议约定的手续费金额确认收入。

【小知识5-5】

根据《小企业会计准则》，小企业委托代销的，发出商品时不需要将库存商品转入“发出商品”账户，即发出商品时不需要核算。

【例5-5】2023年5月20日，甲公司委托乙公司（甲、乙均为小企业）销售商品100件，指定销售价格为1 000元/件，该商品成本为600元/件，增值税税率为13%。代销合同规定，乙公司仍按每件1 000元的价格销售给顾客，甲公司按不含增值税售价的10%向乙公司支付手续费。乙公司实际销售100件，开具的增值税专用发票上注明的销售价款为100 000元，增值税为13 000元，款项已收到。甲公司在收到乙公司交来的代销清单时，向乙公司开具一张相同金额的增值税专用发票。

甲公司账务处理如下：

（1）发出商品不需要进行账务处理。

（2）甲公司收到代销清单：

借：应收账款——乙公司　113 000
　贷：主营业务收入　100 000
　　　应交税费——应交增值税（销项税额）　13 000
借：主营业务成本　60 000
　贷：库存商品　60 000
借：销售费用　10 000
　贷：应收账款——乙公司　10 000

（3）收到乙公司汇来的货款净额：

借：银行存款　103 000
　贷：应收账款——乙公司　103 000

5. 以旧换新销售商品的处理

以旧换新销售商品，是指销售方在销售商品的同时回收与所售商品相同的旧商品。在这种销售方式下，销售的商品应当按照销售商品收入确认条件进行收入确认，回收的商品（材料）作为商品购进处理。

【例5-6】甲公司（小企业）响应我国政府有关部门倡导的汽车家电以旧换新的相关政策，积极开展家电以旧换新业务。2023年5月，甲公司共销售电视机100台，每台不含增值税销售价格为2 000元，每台总成本为900元，同时回收100台旧型号电视机，每台回收价格为226元（含增值税），款项均已收付。

甲公司账务处理如下：

（1）销售100台新彩电：

借：银行存款　226 000
　贷：主营业务收入　200 000
　　　应交税费——应交增值税（销项税额）　26 000
借：主营业务成本　90 000
　贷：库存商品　90 000

（2）回收100台旧型号电视机：

借：原材料　20 000
　　应交税费——应交增值税（进项税额）　2 600
　贷：银行存款　22 600

6. 销售商品涉及现金折扣、商业折扣的处理

小企业在确定销售商品收入的金额时，应注意区分现金折扣和商业折扣。现金折扣，是指债权人为鼓励债务人在规定的期限内付款而向债务人提供的债务扣除。现金折扣一般用符号“折扣率/付款期限”表示，例如“3/10，1/20，N/30”表示：销售方允许购买方最长的付款期限为30天，如果购买方在10天内付款，那么销售方可按商品售价给予3%的折扣；如果购买方在第11天至第20天期间内付款，那么销售方可按商品售价给予客户1%的折扣；如果购买方在第21天至第30天期间内付款，将不能享受现金折扣。现金折扣发生在小企业销售商品之后，是否发生以及发生多少要视购买方的付款情况而定，因此小企业在确定销售商品收入的金额时，不应考虑可能发生的现金折扣，即按总价确认。商业折扣，是指小企业为促销而在商品标价上给予的价格扣除，例如小企业为了鼓励客户多买商

品，可能规定购买5件以上商品给予客户10%的折扣，或客户每买10件送1件。此外，小企业为了尽快出售一些残次、陈旧、滞销的商品，也可能降价（即打折）销售。商业折扣在销售时即已发生，并不构成最终成交价格的一部分，因此小企业在确认销售商品销售收入的金额时，应当按照扣除商业折扣后的净额入账。

【例5-7】2023年5月22日，长沙含光服饰公司向江苏扬州永达有限公司销售男上衣和休闲裤，开出增值税专用发票（见表5-20），合同中列明的现金折扣条件为“2/10，1/20，N/30”（假定计算现金折扣时不考虑增值税）。

表5-20

湖南增值税专用发票

№00015004

此联不作报销、扣税凭证使用　　开票日期：2023年5月22日

购买方	名称：江苏扬州永达有限公司 纳税人识别号：3210087521 3129 地址、电话：扬州洪昌路190号（电话略） 开户行及账号：中国建设银行扬州洪昌路支行102034859815625438					密码区	略
货物或应税劳务名称	规格型号	单位	数量	单价	金额	税率	税额
男上衣	90（L）	件	50.00	288.00	14 400.00	13%	1 872.00
休闲裤	M（9）	条	100.00	158.00	15 800.00	13%	2 054.00
合　计					¥30 200.00		¥3 926.00
价税合计（大写）	⊗叁万肆仟壹佰贰拾陆元整						（小写）¥34 126.00
销售方	名称：长沙含光服饰公司 纳税人识别号：320303836556447 地址、电话：长沙市开福区芙蓉中路155号（电话略） 开户行及账号：中国工商银行中山支行1102021845672108901					备注	长沙含光服饰公司 320303836556447 发票专用章

第一联：记账联　销售方记账凭证

收款人：　　复核：　　开票人：张平　　销售方（章）

（1）5月22日，长沙含光服饰公司编制记账凭证（见表5-21）。

表5-21

记账凭证

2023年5月22日　　记字第63号

摘要	总账科目	明细科目	记账√	借方金额 千	百	十	万	千	百	十	元	角	分	记账√	贷方金额 千	百	十	万	千	百	十	元	角	分
销售商品款项未收	应收账款	永达有限公司					3	4	1	2	6	0	0											
	主营业务收入	男上衣																1	4	4	0	0	0	0
		休闲裤																1	5	8	0	0	0	0
	应交税费	应交增值税（销项税额）																	3	9	2	6	0	0
合　计						¥	3	4	1	2	6	0	0				¥	3	4	1	2	6	0	0

附件1张

会计主管 熊美丽　　记账　　出纳　　审核　　制单 刘艳丽

（2）若长沙含光服饰公司于5月30日收到江苏扬州永达有限公司的购货款，根据银行

进账单收账通知（见表5-22）编制记账凭证（见表5-23）。

表5-22

中国工商银行进账单（收账通知） 3

2023年5月30日

出票人	全称	江苏扬州永达有限公司	收款人	全称	长沙含光服饰公司
	账号	102034859815625438		账号	1102021845672108901
	开户银行	中国建设银行扬州洪昌路支行		开户银行	中国工商银行中山支行
金额	人民币（大写）	叁万叁仟伍佰贰拾贰元整		亿千百十万千百十元角分	¥ 3 3 5 2 2 0 0
票据种类	转账支票	票据张数	壹张		
票据号码					
复核：		记账：		开户银行签章	

收款人开户银行交给收款人的收账通知

中国工商银行 长沙市中山支行办理处 20230530 办讫章

表5-23

记账凭证

2023年5月30日 记字第120号

摘要	总账科目	明细科目	记账√	借方金额 千	百	十	万	千	百	十	元	角	分	记账√	贷方金额 千	百	十	万	千	百	十	元	角	分
收到前欠货款	银行存款						3	3	5	2	2	0	0											
	财务费用								6	0	4	0	0											
	应收账款	永达有限公司																3	4	1	2	6	0	0
合计						¥	3	4	1	2	6	0	0				¥	3	4	1	2	6	0	0

附件1张

会计主管 熊美丽　记账　出纳 陈兰英　审核　制单 刘艳丽

（3）若长沙含光服饰公司于6月5日收到江苏扬州永达有限公司的购货款，根据银行进账单收账通知（见表5-24）编制记账凭证（见表5-25）。

表5-24

中国工商银行进账单（收账通知） 3

2023年6月5日

出票人	全称	江苏扬州永达有限公司	收款人	全称	长沙含光服饰公司
	账号	102034859815625438		账号	1102021845672108901
	开户银行	中国建设银行扬州洪昌路支行		开户银行	中国工商银行中山支行
金额	人民币（大写）	叁万叁仟捌佰贰拾肆元整		亿千百十万千百十元角分	¥ 3 3 8 2 4 0 0
票据种类	转账支票	票据张数	壹张		
票据号码					
复核：		记账：		开户银行签章	

收款人开户银行交给收款人的收账通知

中国工商银行 长沙市中山支行办理处 20230605 办讫章

表5-25

记账凭证

2023年6月5日　　　　记字第29号

摘要	总账科目	明细科目	记账√	借方金额										记账√	贷方金额									
				千	百	十	万	千	百	十	元	角	分		千	百	十	万	千	百	十	元	角	分
收到前欠货款	银行存款						3	3	8	2	4	0	0											
	财务费用								3	0	2	0	0											
	应收账款	永达有限公司																3	4	1	2	6	0	0
合　计						¥	3	4	1	2	6	0	0				¥	3	4	1	2	6	0	0

附件1张

会计主管熊美丽　　记账　　出纳陈兰英　　审核　　制单刘艳丽

【小实训5-2】

沿用【例5-7】资料，若长沙含光服饰公司于6月15日收到江苏扬州永达有限公司支付货款的收账通知（见表5-26），要求编制长沙含光服饰公司的记账凭证（见表5-27，假设记账凭证已编至记字13号）。

表5-26

中国工商银行进账单（收账通知）　　3

2023年6月15日

出票人	全　称	江苏扬州永达有限公司	收款人	全　称	长沙含光服饰公司
	账　号	102034859815625438		账　号	1102021845672108901
	开户银行	中国建设银行扬州洪昌路支行		开户银行	中国工商银行中山支行

金额	人民币（大写）	亿	千	百	十	万	千	百	十	元	角	分
	叁万肆仟壹佰贰拾陆元整				¥	3	4	1	2	6	0	0

票据种类	转账支票	票据张数	壹张
票据号码			

中国工商银行
长沙市中山支行办理处
20230615
办讫章
开户银行签章

复核：　　记账：

收款人开户银行交给收款人的收账通知

表5-27

记账凭证

年　月　日　　　　字第　号

摘要	总账科目	明细科目	记账√	借方金额										记账√	贷方金额									
				千	百	十	万	千	百	十	元	角	分		千	百	十	万	千	百	十	元	角	分
合　计																								

附件　张

会计主管　　记账　　出纳　　审核　　制单

【小练习5-2】

沿用【例5-7】资料，假设计算现金折扣时考虑增值税，要求分别编制5月30日、6月5日、6月15日长沙含光服饰公司收款的会计分录。

【小练习5-3】

2023年9月22日，长沙副食品公司（小企业）向长沙兴盛超市销售酥饼500盒，每盒标价98元（不含税），增值税税率13%。由于是成批销售，副食品公司给予兴盛超市20%的商业折扣。当日收到兴盛超市开出的转账支票并送存银行。要求编制长沙副食品公司销售酥饼的会计分录。

7.销售折让、销售退回的处理

（1）销售折让。销售折让是指小企业因售出商品的质量不合格等原因而在售价上给予的减让。小企业的销售折让如发生在确认销售商品收入之前，则应在确认销售商品收入时直接按扣除销售折让后的金额确认（类同商业折扣）；小企业已经确认销售商品收入的售出商品发生的销售折让，应当在发生时冲减当期销售商品收入，按规定允许扣减增值税的，还应冲减已确认的应交增值税销项税额。

【例5-8】2023年5月22日，长沙含光服饰公司以委托收款的方式向江苏扬州永达有限公司销售休闲裤，已开出增值税专用发票（见表5-28），该休闲裤每条成本为113元。当日发出商品后，长沙含光服饰公司通过银行办妥托收手续，取得委托收款凭证回单（见表5-29）。

表5-28

湖南增值税专用发票

№00001471

此联不作报销、扣税凭证使用　　开票日期：2023年5月22日

购买方	名　　称：江苏扬州永达有限公司 纳税人识别号：32100875213129 地址、电话：扬州洪昌路190号（电话略） 开户行及账号：中国建设银行扬州洪昌路支行102034859815625438					密码区	略
货物或应税劳务名称	规格型号	单位	数量	单价	金额	税率	税额
休闲裤	L（30）	条	150.00	158.00	23 700.00	13%	3 081.00
合　计					¥23 700.00		¥3 081.00
价税合计（大写）	⊗贰万陆仟柒佰捌拾壹元整					（小写）¥26 781.00	
销售方	名　　称：长沙含光服饰公司 纳税人识别号：320303836556447 地址、电话：长沙市开福区芙蓉中路155号（电话略） 开户行及账号：中国工商银行中山支行1102021845672108901					备注	长沙含光服饰公司 320303836556447 发票专用章

收款人：　　复核：　　开票人：张平　　销售方（章）

第一联：记账联　销售方记账凭证

表5-29

托收收款凭证（回单）　　第2号

委托日期：2023年5月22日　　委托号码0567

付款人	全　称	江苏扬州永达有限公司	收款人	全　称	长沙含光服饰公司		
	账号或地址	102034859815625438		账号或地址	1102021845672108901		
	开户银行	中国建设银行扬州洪昌路支行		开户银行	中国工商银行中山支行	行号	154636

委收金额	人民币（大写）	贰万陆仟柒佰捌拾壹元整	千	百	十	万	千	百	十	元	角	分
					¥	2	6	7	8	1	0	0

款项内容	销货款	委托收款凭据名称	增值税专用发票	附寄单证张数	贰张
备注：	款项收妥日期 年　月　日		收款人开户银行盖章　2023年5月22日		

中国工商银行 长沙市中山支行办理处 20230522 办讫章

单位主管：　　会计：　　复核：　　记账：

此联作收款人开户银行给收款人的回单

①长沙含光服饰公司根据增值税专用发票（见表5-28）、委托收款凭证（见表5-29）编制确认收入的记账凭证（见表5-30）。

表5-30

记账凭证

2023年5月22日　　　　记字第93号

摘要	总账科目	明细科目	记账√	借方金额										记账√	贷方金额									
				千	百	十	万	千	百	十	元	角	分		千	百	十	万	千	百	十	元	角	分
采用委托收款方式销售产品	应收账款	永达有限公司					2	6	7	8	1	0	0											
	主营业务收入	休闲裤																2	3	7	0	0	0	0
	应交税费	应交增值税（销项税额）																	3	0	8	1	0	0
合　计						¥	2	6	7	8	1	0	0				¥	2	6	7	8	1	0	0

附件2张

会计主管 熊美丽　　记账　　出纳　　审核　　制单 刘艳丽

②长沙含光服饰公司根据商品出库单（见表5-31）、商品销售成本计算表（见表5-32）编制结转销售产品成本的记账凭证（见表5-33）。

表5-31

商品出库单

购货单位：江苏扬州永达有限公司　　2023年5月22日　　销字第28号

商品名称及规格	单位	数量
休闲裤	条	150.00
合　计		150.00

第二联：会计记账

主管人：熊美丽　　会计：刘艳丽　　记账：　　制单：黄佳

表5-32

商品销售成本计算表

2023年5月22日

商品型号	销售数量	单位成本	金额
休闲裤	150	113.00	16 950.00
合　计			¥16 950.00

审核：熊美丽　　制单：刘艳丽

表5-33

记账凭证

2023年5月22日　　　　记字第99号

摘要	总账科目	明细科目	记账√	借方金额										记账√	贷方金额									
				千	百	十	万	千	百	十	元	角	分		千	百	十	万	千	百	十	元	角	分
结转销售产品成本	主营业务成本						1	6	9	5	0	0	0											
	库存商品	休闲裤																1	6	9	5	0	0	0
合　计						¥	1	6	9	5	0	0	0				¥	1	6	9	5	0	0	0

附件2张

会计主管 熊美丽　　记账　　出纳　　审核　　制单 刘艳丽

③5月24日，江苏扬州永达有限公司收到休闲裤，验收过程中发现裤子颜色与合同规定有轻微色差，要求长沙含光服饰公司在价格上给予5%的折让。永达有限公司提出的销售折让符合合同的规定，含光服饰公司同意并办妥了相关手续，开出了增值税专用发票（红字，分录中用方框表示）。

长沙含光服饰公司发生销售折让的会计分录如下：

借：主营业务收入　　1 185

　　应交税费——应交增值税（销项税额）　　154.05

　　贷：应收账款——永达公司　　1 339.05

5月24日收到委托收款结算凭证收款通知：

借：银行存款　　25 441.95

　　贷：应收账款——永达公司　　25 441.95

【小思考5-5】

小企业发生销售折让是否需要调整已结转的销售成本？为什么？

（2）销售退回。销售退回是指小企业销售的商品由于品种、质量不符合要求等原因发生的退货。

①小企业已确认销售收入的售出商品发生销售退回，无论是属于本年度还是属于以前年度销售的，均应在发生时冲减当期销售商品收入和按规定允许扣减的增值税销项税额。如果已经结转了销售成本，还应同时冲减当期销售成本。

【小提示5-5】

小企业发生的销售退回发生在资产负债表日后期间，按照《小企业会计准则》规定，也要冲减退回当期的收入和成本。

【例5-9】沿用【例5-8】资料，假设长沙含光服饰公司（小企业）向江苏扬州永达有限公司销售休闲裤，永达公司在验收时发现裤子质量有问题，要求退回全部商品。含光服饰公司同意并办妥了相关手续，开出了增值税专用发票（红字）。

长沙含光服饰公司发生销售退回的会计分录如下（红字，分录中用方框表示）：

借：主营业务收入　$\boxed{23\ 700}$

　　应交税费——应交增值税（销项税额）　$\boxed{3\ 081}$

　贷：应收账款——永达公司　　$\boxed{26\ 781}$

退回商品验收入库时，还应同时冲减销售商品成本：

借：库存商品——休闲裤　16 590

　贷：主营业务成本　　16 590

【小思考5-6】

若确认收入时长沙含光服饰公司尚未结转销售成本，而是月末集中一起结转，则冲减收入时是否需要冲减销售成本？为什么？

②如果已确认销售收入的售出商品原已提供给购货方现金折扣，则该商品发生销售退回时还应调整相关财务费用的金额。

【例5-10】2023年6月1日，长沙含光服饰公司收到上海飞虹服装超市退回的男上衣50件，系2023年5月20日出售，出售时每件售价288元，每件成本215元，增值税税率为13%，开出的现金折扣条件为“2/10，1/20，N/30”（假定计算现金折扣时不考虑增值税）。长沙含光服饰公司于5月28日收到了上海飞虹服装超市支付的购货款。

5月20日销售男上衣确认销售商品收入的会计分录如下：

借：应收账款——飞虹服装超市　16 272

　贷：主营业务收入　　14 400

　　　应交税费——应交增值税（销项税额）　　1 872

同时结转销售男上衣成本：

借：主营业务成本　10 750

　贷：库存商品——男上衣　　10 750

5月28日收到款项时的会计分录如下：

借：银行存款　15 984

　　财务费用　288

　贷：应收账款——飞虹服装超市　　16 272

6月1日发生销售退回时的会计分录如下：

借：主营业务收入　14 400

　　应交税费——应交增值税（销项税额）　1 872

　贷：银行存款　　15 984

　　　财务费用　　288

退回商品验收入库时，冲减主营业务成本：

借：库存商品——男上衣　10 750

　贷：主营业务成本　　10 750

【小提示5-6】

销售折让和销售退回在会计核算上的相同点为：都是冲减发生销售折让和销售退回月份的收入，有红字增值税专用发票的还要冲减增值税销项税额；不同点是：销售退回需将已结转的成本转回，而销售折让不需要这样做。

二、提供劳务收入的账务处理

1.同一会计年度内开始并完成的劳务

同一会计年度内开始并完成的劳务，应当在提供劳务交易完成且收到款项或取得收款权利时确认提供劳务收入，提供劳务收入的金额按照从接受劳务方已收或应收的合同或协议价款确认。

小企业对外提供劳务，如属于小企业的主营业务，则其所实现的收入应作为主营业务收入，结转的相关成本应作为主营业务成本；如属于主营业务以外的其他经营活动，则其所实现的收入应作为其他业务收入，结转的相关成本应作为其他业务成本。

小企业对外提供劳务发生的支出，一般通过"劳务成本"账户予以归集，待确认为费用时，从"劳务成本"账户转入"主营业务成本"或"其他业务成本"账户。

（1）对于一次就能完成的劳务，小企业在提供劳务完成时确认收入及相关成本。

【例5-11】长沙含光装饰公司是经营修建、装饰、安装业务的小企业，2023年3月1日接受一项设备安装任务，该安装任务可在3月底完成，合同总价款为109 000（含增值税），实际发生安装成本60 000元，均为职工薪酬。假定安装业务属于该公司的主营业务，则安装完成时的会计分录如下：

借：应收账款　　109 000
　贷：主营业务收入　　100 000
　　应交税费——应交增值税（销项税额）　　9 000
借：主营业务成本　　60 000
　贷：应付职工薪酬　　60 000

（2）对于持续一段时间但在同一会计期间内开始并完成的劳务，小企业应当在为提供劳务发生支出时确认劳务成本，劳务完成时再确认劳务收入，并结转相关劳务成本。

沿用【例5-11】资料，若安装业务于当年5月底完成（假定公司不需对外提供季报），则3～5月发生成本时的会计分录如下：

借：劳务成本　　60 000
　贷：应付职工薪酬　　60 000

5月底安装完成，企业确认所提供劳务的收入并结转该项劳务成本：

借：应收账款　　109 000
　贷：主营业务收入　　100 000
　　应交税费——应交增值税（销项税额）　　9 000
借：主营业务成本　　60 000
　贷：劳务成本　　60 000

2.劳务的开始和完成分属不同会计年度

劳务的开始和完成分属不同会计年度时，资产负债表日劳务收入和劳务成本采用完工百分比法计算。其计算公式为：

本期确认的收入=劳务总收入×本期末止劳务的完工进度-以前期间确认的收入

本期确认的成本=劳务估计总成本×本期末止劳务的完工进度-以前期间确认的成本

（1）实际发生劳务成本：

借：劳务成本

贷：应付职工薪酬等

（2）确定劳务收入金额：

借：应收账款/预收账款

　　银行存款等

　贷：主营业务收入

（3）结转劳务成本：

借：主营业务成本

　贷：劳务成本

【例5-12】2023年12月1日，长沙含光装饰公司接受一项设备安装任务，安装期为3个月，合同总收入为60 000元（不含增值税，增值税税率为9%），至年底已预收安装费为44 000元，实际发生安装费28 000元（假定均为安装人员薪酬），估计还会发生安装费用12 000元。假定长沙含光装饰公司按实际发生的成本占估计总成本的比例确定劳务的完工进度。长沙含光装饰公司的账务处理如下：

实际发生的成本占估计总成本的比例=28 000÷（28 000＋12 000）×100%=70%

2023年12月31日确认的劳务收入=60 000×70%-0=42 000（元）

2023年12月31日确认的劳务成本=（28 000＋12 000）×70%-0=28 000（元）

实际发生劳务成本时：

借：劳务成本	28 000	
贷：应付职工薪酬		28 000

预收劳务款时：

借：银行存款	44 000	
贷：预收账款		44 000

2023年12月31日确认劳务收入并结转劳务成本时：

借：预收账款	45 780	
贷：土营业务收入		42 000
应交税费——应交增值（销项税额）		3 780
借：主营业务成本	28 000	
贷：劳务成本		28 000

【例5-13】长沙含光装饰公司自2023年4月1日起为乙企业修建一座高层建筑。合同约定，工期为2年，合同总收入为1 090万元（含增值税，增值税税率为9%）。2023年4月1日，乙企业支付项目价款500万元，余款于项目完成时收取，该项目预计总成本为400万元。长沙含光装饰公司的相关资料，见表5-34。

表5-34

长沙含光装饰公司相关资料

时　间	收款金额（万元）	累计实际发生成本（万元）
2023年4月1日	500	
2023年12月31日		160
2024年12月31日		340
2025年4月1日	590	400

要求：（1）计算长沙含光装饰公司每年完工进度及每年应确认的劳务收入和劳务成本。

（2）分别编制2023年、2024年、2025年发生劳务成本、确认收入和成本的会计分录。

2023年完工进度=160÷400×100%=40%

2023年确认收入=1 000×40%-0=400（万元）

2023年确认成本=400×40%=160（万元）

发生劳务成本时：

借：劳务成本	1 600 000	
贷：应付职工薪酬		1 600 000

确定劳务收入金额时：

借：预收账款	4 360 000	
贷：主营业务收入		4 000 000
应交税费——应交增值税（销项税额）		360 000

结转劳务成本时：

借：主营业务成本	1 600 000	
贷：劳务成本		1 600 000

2024年完工进度=340÷400×100%=85%

2024年确认收入=1 000×85%-400=450（万元）

2024年确认成本=400×85%-160=180（万元）

发生劳务成本时：

借：劳务成本	1 800 000	
贷：应付职工薪酬		1 800 000

确定劳务收入金额时：

借：预收账款	4 905 000	
贷：主营业务收入		4 500 000
应交税费——应交增值税（销项税额）		405 000

结转劳务成本时：

借：主营业务成本	1 800 000	
贷：劳务成本		1 800 000

2025年完工进度=400÷400×100%=100%

2025年确认收入=1 000×100%-400-450=150（万元）

2025年确认成本=400×100%-160-180=60（万元）

发生劳务成本时：

借：劳务成本	600 000	
贷：应付职工薪酬		600 000

确定劳务收入金额时：

借：预收账款	1 635 000	
贷：主营业务收入		1 500 000
应交税费——应交增值税（销项税额）		135 000

结转劳务成本时：

借：主营业务成本　600 000

　贷：劳务成本　600 000

收取余款时：

借：银行存款　5 900 000

　贷：预收账款　5 900 000

【小练习5-4】

某小企业于2023年12月1日接受一项设备安装任务，安装期为3个月，合同总收入为700 000元，至年底已预收安装费540 000元，实际发生安装费用220 000元（假定均为安装人员薪酬），估计还会发生180 000元。假定该小企业按实际发生的成本占估计总成本的比例确定劳务的完工进度，不考虑相关税费。要求计算2023年12月31日该劳务的完工百分比，并编制相关会计分录。

三、小企业同时销售商品和提供劳务的账务处理

1.销售商品部分和提供劳务部分能够区分且能够单独计量的，应当将销售商品的部分作为销售商品处理，将提供劳务的部分作为提供劳务处理。

【例5-14】长沙含光设备厂与乙公司签订合同，向乙公司销售机器并负责安装。长沙含光设备厂开出的增值税专用发票上注明的价款合计100 000元，其中机器销售价格98 000元，安装费2 000元，增值税13 000元。机器的成本为56 000元，机器安装过程中发生安装费1 200元，均为安装人员薪酬。假定机器已经安装完成并验收合格，款项尚未收到，安装工作是销售合同的重要组成部分。长沙含光设备厂的账务处理如下：

（1）实际发生安装费用时：

借：劳务成本　1 200

　贷：应付职工薪酬　1 200

（2）确认销售机器收入和提供劳务收入时：

借：应收账款——乙公司　113 000

　贷：主营业务收入——销售商品　98 000

　　　　　　　　——提供劳务　2 000

　　应交税费——应交增值税（销项税额）　13 000

（3）结转销售商品成本和安装成本时：

借：主营业务成本　56 000

　贷：库存商品　56 000

借：主营业务成本　1 200

　贷：劳务成本　1 200

2.销售商品部分和提供劳务部分不能够区分或虽能区分但不能够单独计量的，应当全部作为销售商品处理。

【例5-15】长沙含光设备厂与丙公司签订合同，向丙公司销售设备并负责安装。长沙含光设备厂开出的增值税专用发票上注明的价款为200 000元，增值税为26 000元。该设备的成本为112 000元，机器安装过程中发生安装费2 400元，均为安装人员薪酬。假定设备已经安装完成并验收合格，款项尚未收到，安装工作是销售合同的重要组成部分。长沙

含光设备厂的账务处理如下：

（1）实际发生安装费用时：

借：劳务成本 2 400

　贷：应付职工薪酬 2 400

（2）确认收入时：

借：应收账款——乙公司 226 000

　贷：主营业务收入 200 000

　　应交税费——应交增值税（销项税额） 26 000

（3）结转成本时：

借：主营业务成本 114 400

　贷：库存商品 112 000

　　劳务成本 2 400

任务二 费用的核算

案例导入

小玲职高毕业后开了一家蛋糕店，生产一个生日蛋糕的成本为30元，卖给顾客每个售价为50元。小玲想多赚些钱，除了提高售价外，她还有其他办法吗？对小企业而言，既要考虑成本还要考虑其他各种经济利益的流出，而费用就是其中主要的一项。

任务描述

小企业在经营活动过程中有经济利益的流入，经济利益的流入是以小企业发生相关经济利益流出为代价的，其中一部分经济利益的流出属于小企业的费用，还有一部分属于小企业发生的损失。小企业如何确认费用？小企业对发生的费用如何进行核算呢？此任务将带你解决这些问题。

知识准备

一、费用的定义与特征

费用是指小企业在日常生产活动中发生的、会导致所有者权益减少、与向所有者分配利润无关的经济利益的总流出。根据定义，费用具有以下特征：

费用的核算

1. 费用是小企业在日常活动中发生的经济利益的总流出

小企业从事或发生的某些活动或事项也能导致经济利益流出小企业，但不属于小企业的日常活动，如小企业处置固定资产、无形资产等非流动资产的损失，因违约支付的罚款，对外的捐赠等。这些活动或事项形成的经济利益流出属于小企业的损失而不是费用。

2. 费用会导致小企业所有者权益减少

费用可能表现为资产的减少，如支付广告费减少了小企业的银行存款；也可表现为负债的增加，如确认应付给银行的借款利息增加了小企业的财务费用。根据会计恒等式，无论是资产减少还是负债增加，都会导致小企业所有者权益的减少。不导致所有者权益减少的经济利益的流出，不构成费用。如小企业以银行存款偿付一项债务，表现为一项资产和一项负债等额减少，对所有者权益没有影响，因此不会构成小企业的费用。

3.费用与向所有者分配利润无关

小企业向所有者分配利润也会导致经济利益流出企业，但其属于小企业分配利润的内容，不构成小企业的费用。

二、费用的分类

小企业的费用主要指小企业为取得营业收入进行产品销售等营业活动所发生的货币资金流出，具体包括成本费用和期间费用。

成本费用包括：营业成本、税金及附加等。

期间费用包括：销售费用、管理费用、财务费用。

三、费用的确认

通常情况下，小企业的费用应当按照其发生额计入当期损益。通俗地讲，就是“据实列支”原则。这里的“实”主要包括两种情况：一是实际发生或者真实发生的费用，不是虚假或虚构的；二是实际支付或者虽未实际支付但已经发生的费用。

任务实施

一、营业成本的核算

针对工业小企业和商业小企业而言，营业成本是小企业所销售商品的成本。工业小企业使用材料、人工、机器设备生产产品，商业小企业从外单位购进商品，最终通过销售产品或商品实现收入和利润。

针对服务型小企业而言，营业成本是小企业提供劳务的成本。这类小企业通过对外提供服务实现收入和利润，小企业在对外提供服务过程中也要耗用材料、人工和机器设备等。小企业在确认销售商品、提供劳务等主营业务收入后，应在月末结转已销售商品、已提供劳务的成本，即营业成本。

1.主营业务成本的核算

“主营业务成本”账户，核算小企业确认销售商品或提供劳务等主营业务收入应结转的成本。该账户属于损益类账户，其账户结构如下：

借方　　**主营业务成本**　　贷方

①销售商品、提供劳务等日常活动发生的实际成本 ②发生销售退回时冲减的实际成本	期末转入“本年利润”科目的金额
期末结转后无余额	

该账户按照主营业务种类进行明细核算。

【小提示5-7】

本月发生的销售退回，可以直接从本月的销售数量中减去，得出本月销售的净数量，然后计算应结转的主营业务成本，也可以单独计算并冲减本月销售退回的成本。

【例5-16】2023年5月1日，长沙含光服饰公司库存休闲裤（170CM）数量400条，总成本44 000元。5月10日生产完工验收入库休闲裤1 600条，总成本180 800元。本月20

日销售500条，28日销售1 000条。

（1）编制月末库存商品加权平均单位成本计算表（见表5-35）。

加权平均单位成本=（44 000＋180 800）÷（400＋1 600）=112.4（元/条）

本月休闲裤销售成本=（500＋1 000）×112.4=168 600（元）

月末结存休闲裤成本=（400＋1 600-1 500）×112.4=56 200（元）

或　采用倒挤法计算月末结存成本=44 000＋180 800-168 600=56 200（元）

表5-35

库存商品加权平均单位成本计算表

2023年5月31日　　　　金额单位：元

材料名称及型号	本月期初		本月入库		加权平均单价（元/条）
	数量（条）	金额	数量（条）	金额	
休闲裤170CM	400	44 000.00	1 600	180 800.00	112.40
合　计	400	44 000.00	1 600	180 800.00	112.40

审核：熊美丽　　　　制表：刘艳丽

（2）编制商品销售成本计算表（见表5-36），并据以编制结转销售成本的记账凭证（见表5-37）。

表5-36

商品销售成本计算表

2023年5月31日　　　　金额单位：元

商品型号	销售数量（条）	单位成本（元/条）	金额
休闲裤	1 500	112.40	168 600.00
合　计			168 600.00

审核：熊美丽　　　　制单：刘艳丽

表5-37

记账凭证

2023年5月31日　　　　记字第112号

摘要	总账科目	明细科目	记账√	借方金额										记账√	贷方金额									
				千	百	十	万	千	百	十	元	角	分		千	百	十	万	千	百	十	元	角	分
结转销售产品成本	主营业务成本					1	6	8	6	0	0	0	0											
	库存商品	休闲裤															1	6	8	6	0	0	0	0
合　计					¥	1	6	8	6	0	0	0	0			¥	1	6	8	6	0	0	0	0

附件2张

会计主管熊美丽　　记账　　出纳　　审核　　制单刘艳丽

【小思考5-7】

生产型小企业的产品生产成本和产品销售成本分别通过什么账户进行核算？其内在关系如何？

【小实训5-3】

沿用【例5-15】资料，请根据例题内容登记“库存商品”的明细账（见表5-38）。

表5-38

最高存量__________

最低存量__________

编　　号__________规格__________

库存商品明细账

本账页数	
本户页数	

单位（　　　　　）名称__________

年		凭证号数	摘要	账页	借方												贷方												结存											
月	日				数量	单价	金额										数量	单价	金额										数量	单价	金额									
							千	百	十	万	千	百	十	元	角	分			千	百	十	万	千	百	十	元	角	分			千	百	十	万	千	百	十	元	角	分

【例5-17】长沙含光服饰公司于2023年4月向东阳批发商场销售男上衣1 000件，每件售价288元，每件成本215元，货款已收存银行。当月100件男上衣因规格出错被东阳批发商场退回，含光服饰公司办好了退货手续，出具了红字专用发票，并将100件男上衣的价税款退回给东阳批发商场。月末结转本月销售成本的账务处理如下：

已售产品成本=（1 000−100）×215=193 500（元）

借：主营业务成本　　193 500

　贷：库存商品——男上衣　　193 500

【例5-18】沿用【例5-17】资料，4月末长沙含光服饰公司将“主营业务成本”账户中的余额结转至“本年利润”账户。

借：本年利润　　193 500

　贷：主营业务成本　　193 500

2.其他业务成本的核算

“其他业务成本”账户，核算小企业确认的除主营业务活动以外的其他日常生产活动所发生的支出，包括销售材料的成本、出租固定资产的折旧费、出租无形资产的摊销额等。该账户属于损益类账户，其账户结构如下：

借方　　其他业务成本	贷方
除主营业务成本以外的其他销售或业务所发生的成本	期末转入“本年利润”账户的金额
期末结转后无余额	

该账户按其他业务成本的种类进行明细核算。

【例5-19】长沙含光服饰公司3月份出租的生产设备应提的折旧费为1 600元。编制会计分录如下：

借：其他业务成本　　1 600

　贷：累计折旧　　1 600

【例5-20】长沙含光服饰公司出租一项商标权，9月份应摊销的成本为5 000元。编制会计分录如下：

借：其他业务成本　　5 000

　贷：累计摊销　　5 000

【例5-21】3月末长沙含光服饰公司将本月“其他业务成本”发生额12 220元结转至“本年利润”账户，其中销售棉布的成本5 620元，出租设备折旧费1 600元，出租无形资产的摊销费5 000元。编制会计分录如下：

借：本年利润　　12 220

　贷：其他业务成本——棉布　　5 620

　　　　　　　　——折旧费　　1 600

　　　　　　　　——摊销费　　5 000

二、税金及附加的核算

“税金及附加”账户，核算小企业开展日常生产经营活动应负担的消费税、城市维护建设税、资源税、土地增值税、城镇土地使用税、房产税、车船税、印花税和教育费附加等相关税费。该账户属于损益类账户，其账户结构如下：

借方　　税金及附加	贷方
企业应负担的各项税金及附加	期末转入“本年利润”账户的金额
期末结转后无余额	

该账户按照税费种类进行明细核算。

【例5-22】长沙含光服饰公司生产并销售应纳消费税的产品，2023年5月其门市部对外销售应税消费品，销售额为45 200元（含增值税），款项全部存入银行。增值税税率为13%，消费税税率为10%，城市维护建设税税率为7%，教育费附加为3%。要求计算本月应交增值税（假设本月无可抵扣的进项税额）、应交消费税、应交城市维护建设税、应交教育费附加，并编制相关会计分录。

不含增值税收入=45 200÷（1+13%）=40 000（元）

本月应交增值税=40 000×13%=5 200（元）

本月应交消费税=40 000×10%=4 000（元）

本月应交城市维护建设税=（5 200+4 000）×7%=644（元）

本月应交教育费附加=（5 200+4 000）×3%=276（元）

计提销售税金时：

借：税金及附加 4 920

　贷：应交税费——应交消费税 4 000

　　　　　　——应交城市维护建设税 644

　　　　　　——应交教育费附加 276

缴纳各项税费时：

借：应交税费——应交消费税 4 000

　　　　　——应交城市维护建设税 644

　　　　　——应交教育费附加 276

　　　　　——应交增值税（已交税费） 5 200

　贷：银行存款 10 120

期末结转“税金及附加”时：

借：本年利润 4 920

　贷：税金及附加 4 920

【小知识5-6】

小企业涉及的“税金及附加”账户中增加了城镇土地使用税、房产税、车船税、印花税。按照《企业会计准则》，则应将这些税费计入管理费用。另外，与小企业最终确认营业外收入或营业外支出相关的税费，在“固定资产清理”等账户中核算。

三、期间费用的核算

期间费用是指不计入产品生产成本、直接计入发生当期损益的费用，包括销售费用、管理费用和财务费用。

1.销售费用的核算

小企业设置“销售费用”账户，核算其在销售商品或提供劳务过程中发生的各种费用，包括销售人员的职工薪酬、商品维修费、运输费、装卸费、包装费、保险费、广告费、业务宣传费、展览费等费用。小企业（批发业、零售业）在购买商品过程中发生的费用（包括运输费、装卸费、包装费、保险费、运输途中的合理损耗和入库前的挑选整理费等）也在本账户核算。该账户属于损益类账户，其账户结构如下：

借方　　　　**销售费用**　　　　贷方

销售商品提供劳务过程中发生的各项销售费用	期末转入“本年利润”账户的金额
期末结转后无余额	

该账户按照费用项目进行明细核算。

【例5-23】长沙含光服饰公司2023年4月发生如下销售费用：用转账支票支付销售男上衣和休闲裤的运输费5 000元、广告费30 000元，分配销售人员工资6 000元。

（1）根据运费单据（见表5-39）、广告业专用发票（见表5-40）、转账支票存根（见表5-41、表5-42）编制记账凭证（见表5-43）。

表5-39

运费单据 记字第8号

人民币（大写） 伍仟元整 ¥5 000.00

上款系 运费

领收人：长沙市天山运输有限公司 430105770652678 发票专用章

2023年4月24日

负责人：张天赐 会计：李东 出纳：王超 经手人：李易峰

表5-40

广告业专用发票

发票代码 244010670272

收款单位：广州佳美广告有限公司 发票号码 00014990

付款单位（个人）：长沙含光服饰公司 机打票号 0312

经营项目	单位	数量	单价	金额
广告费		1.00	30 000.00	30 000.00
合 计（大写）人民币叁万元整				（小写）¥30 000.00

第二联：发票联

机器编号 开票人：付其 开票日期 2023年4月24日

税控码 电话（略）

收款单位（盖章有效） 广州佳美广告有限公司 44106190492519 发票专用章 机打发票（手写无效）

表5-41

中国工商银行
转账支票存根

上海证券印制有限公司·2022年印制

附加信息

出票日期 2023年 4 月 24 日

收款人：长沙市天山运输有限公司

金 额：¥5 000.00

用 途：支付运费

单位主管 熊美丽 会计 刘艳丽

表5-42

中国工商银行
转账支票存根

附加信息

出票日期 2023 年 4 月 24 日

收款人：广州佳美广告有限公司

金　额：¥30 000.00

用　途：支付广告费

单位主管 熊美丽 会计 刘艳丽

表5-43

记账凭证

2023年4月24日　　　　记字第19号

摘要	总账科目	明细科目	记账√	借方金额										记账√	贷方金额									
				千	百	十	万	千	百	十	元	角	分		千	百	十	万	千	百	十	元	角	分
支付广告费、运费	销售费用	广告费					3	0	0	0	0	0	0											
		运输费						5	0	0	0	0	0											
	银行存款																	3	5	0	0	0	0	0
合　计						¥	3	5	0	0	0	0	0				¥	3	5	0	0	0	0	0

附件4张

会计主管熊美丽　　记账　　出纳陈兰英　　审核　　制单刘艳丽

（2）3月31日，根据工资结算表（见表5-44）编制记账凭证（见表5-45）。

表5-44

工资结算表

2023年4月31日

编号	姓名	部门	基本工资	津贴	奖金	缺勤应扣		应付工资	代扣款项		实发工资	签收
						事假	迟到早退		代扣税款	其他代扣		
01	沈燕	销售部门	2 500.00	130.00	568.00	0	0	3 198.00	0.00	0.00	3 198.00	
02	章天天	销售部门	2 000.00	557.00	245.00	0	0	2 802.00	0.00	0.00	2 802.00	
合 计			4 500.00	687.00	813.00	0	0	6 000.00	0.00	0.00	6 000.00	

长沙含光服饰公司财务专用章

批准：熊美丽　　审核：熊美丽　　部门负责人：李奇　　制表：刘艳丽

表5-45

记账凭证

2023年4月31日　　记字第68号

摘要	总账科目	明细科目	记账√	借方金额										记账√	贷方金额									
				千	百	十	万	千	百	十	元	角	分		千	百	十	万	千	百	十	元	角	分
销售人员工资	销售费用							6	0	0	0	0	0											
	应付职工薪酬	工资、奖金、津贴和补贴																	6	0	0	0	0	0
合 计							¥	6	0	0	0	0	0					¥	6	0	0	0	0	0

附件1张

会计主管熊美丽　　记账　　出纳　　审核　　制单刘艳丽

（3）3月31日，编制结转本月销售费用的记账凭证（见表5-46）。

表5-46

记账凭证

2023年4月31日　　　　记字第72号

摘要	总账科目	明细科目	记账√	借方金额										记账√	贷方金额								
				千	百	十	万	千	百	十	元	角	分		千	百	十	万	千	百	十	元	角	分
结转销售费用	本年利润						4	1	0	0	0	0	0											
	销售费用																	4	1	0	0	0	0	0
合　计						¥	4	1	0	0	0	0	0				¥	4	1	0	0	0	0	0

附件　张

会计主管熊美丽　　记账　　出纳　　审核　　制单刘艳丽

【小练习5-5】

2023年12月，Z小企业相关人员报销发生销售费用，其中：销售人员薪酬8 140元，用银行存款支付广告费60 000元。销售部专用办公设备折旧费50 000元，保险费7 000元。要求分别编制相关会计分录。

2.管理费用核算

小企业设置“管理费用”账户，核算其为组织和管理生产经营发生的其他费用，包括小企业在筹建期间内发生的开办费、行政管理部门发生的费用（包括固定资产折旧费、修理费、办公费、水电费、差旅费、管理人员的职工薪酬等）、业务招待费、研究费用、技术转让费、相关长期待摊费用摊销、财产保险费、聘请中介机构费、咨询费（含顾问费）、诉讼费等费用。该账户属于损益类账户，其账户结构如下：

借方　　**管理费用**	贷方
发生的各项管理费用	期末转入“本年利润”账户的金额
期末结转后无余额	

该账户按费用项目进行明细核算。

（1）小企业筹建期间内发生开办费（包括相关人员的职工薪酬、办公费、培训费、差旅费、印刷费、注册登记费以及不计入固定资产成本的借款费用等）：

借：管理费用

　贷：银行存款等

（2）小企业分配行政管理部门人员的职工薪酬：

借：管理费用

　贷：应付职工薪酬

（3）小企业行政管理部门计提固定资产折旧费：

借：管理费用

　贷：累计折旧

（4）小企业行政管理部门发生其他费用：

借：管理费用

　贷：银行存款等

【小提示5-8】

依照《小企业会计准则》，为生产服务的固定资产在使用过程中发生的日常修理费记入“制造费用”账户，而在《企业会计准则》下，则通过“管理费用”账户核算。

【例5-24】长沙含光服饰公司2023年4月发生如下管理费用：支付业务招待费50 000元，咨询费5 000元，行政管理部门分配职工薪酬118 000元，计提固定资产折旧6 000元，以银行存款交纳水电费40 000元，按年限平均法计算的行政管理部门无形资产本月摊销额3 000元。月末将全部管理费用予以结转。长沙含光服饰公司编制相关会计分录如下：

（1）公司发生业务招待费、咨询费时：

借：管理费用	55 000	
贷：银行存款		55 000

（2）行政管理部门发生相关费用时：

借：管理费用	167 000	
贷：应付职工薪酬		118 000
累计折旧		6 000
银行存款		40 000
累计摊销		3 000

（3）月末结转管理费用时：

借：本年利润	222 000	
贷：管理费用		222 000

【小提示5-9】

小企业无形资产摊销按年限平均法计算，并应当按照无形资产的受益对象，借记“制造费用”“管理费用”等账户，贷记“累计摊销”账户。而依据《企业会计准则》，自用无形资产的摊销均应记入“管理费用”账户。

【小练习5-6】

某小企业筹建期间，以银行存款支付注册登记费10 000元，印刷费6 000元，分配筹建期间员工的工资25 000元。要求编制相关会计分录。

【小知识5-7】

小企业（批发业、零售业）管理费用不多的，可不设置“管理费用”账户，本科目的核算内容可并入“销售费用”账户核算。

3.财务费用核算

小企业设置“财务费用”账户，核算其为筹集生产经营所需资金发生的筹资费用，包括利息费用（减利息收入）、汇兑损失、银行相关手续费、小企业给予的现金折扣（减享受的现金折扣）等费用。该账户属于损益类账户，其账户结构如下：

借方　　　　**财务费用**	贷方
发生的各项财务费用	期末转入“本年利润”账户的金额
期末结转后无余额	

该账户按费用项目进行明细核算。

（1）小企业发生利息费用、汇兑损失、银行相关手续费、给予现金折扣等：

借：财务费用

　贷：应付利息

　　　银行存款/应收账款等

（2）小企业持未到期商业汇票向银行贴现：

若银行无追索权：

借：银行存款

　　财务费用

　贷：应收票据

若银行有追索权：

借：银行存款

　　财务费用

　贷：短期借款

（3）小企业发生的应冲减财务费用的利息收入、享受的现金折扣：

借：银行存款/应付账款等

　贷：财务费用

【例5-25】2023年6月10日，长沙含光装饰公司将持有的未到期商业承兑汇票向银行贴现，票据面值50 000元，贴现利息6 000元。编制贴现时的会计分录如下：

借：银行存款	44 000	
财务费用	6 000	
贷：应收票据		50 000

【例5-26】长沙含光服饰公司2023年3月发生如下财务费用：支付银行短期借款利息5 000元，支付银行承兑汇票的手续费3 000元。

（1）费用发生时：

借：财务费用	8 000	
贷：银行存款		8 000

（2）月末结转财务费用时：

借：本年利润	8 000	
贷：财务费用		8 000

【小提示5-10】

小企业为购建固定资产发生的借款费用，在“在建工程”等账户核算，不在本账户核算。小企业发生的汇兑收益，在“营业外收入”账户核算，不在本账户核算。大中型企业发生的汇总收益，在“营业外收入”账户核算。

【小练习5-7】

某小企业7月份发生如下业务：计提车间用设备折旧4万元，支付商品广告费用2万元，支付购进商品运输费1万元，预提短期借款利息2万元，发生行政管理人员工资5万元，发生汇兑收益2万元，发生汇兑损失5万元。要求计算该小企业7月份的期间费用总额。

【小思考5-8】

小企业的销售费用、管理费用、财务费用应选用哪种格式的明细账？为什么？

任务三 利润及利润分配的核算

案例导入

某地一家上市公司，管理者苦心经营但还是达不到预期的利润目标，欠银行1.6亿元的债务。该公司以价值0.3亿元的楼房抵了1.6亿元的债，然后又以1.6亿元回购了价值0.3亿元的用以抵债的大楼。该公司在没有动用任何资金的情况下，仅凭一张抵债合同与一张购房合同，其利润表上的利润却平白无故地增加了1.3亿元。这就是会计“魔术”事件，天上真的掉了馅饼吗？

任务描述

小企业在生产经营过程中，有经济利益的流入，也有经济利益的流出，那么如何判断小企业的经营业绩以便小企业的投资者和债权人据以进行预测和决策呢？此任务将带你解决这一问题。

知识准备

利润及利润分配的核算

一、利润的概念

利润是指小企业在一定会计期间的经营成果。利润可以反映小企业在一定会计期间的经营业绩和盈利能力，反映小企业的投入与产出比率，有助于投资者、债权人等据以进行盈利预测，评价小企业的经营绩效。同时，利润也是所得税的计算基础，是国家财政收入的保障。

利润包括收入减去费用后的净额、直接计入当期利润的利得和损失等。其中，直接计入当期利润的利得和损失是指应当计入当期损益，会导致所有者权益发生增减变动的，与所有者投入资本或者向所有者分配利润无关的利得或者损失，即指与企业经营业务没有直接关系的营业外收入和营业外支出。

二、利润的构成

利润的构成可分为三个层次：营业利润、利润总额、净利润。

1.营业利润

营业利润是指小企业营业收入减去营业成本、税金及附加、销售费用、管理费用、财务费用，再加投资收益（或减投资损失）后的金额。它是小企业利润的主要来源，用计算公式表示为：

营业利润=营业收入—营业成本—税金及附加—销售费用—管理费用—财务费用+投资收益（-投资损失）

公式中，营业收入是指小企业销售商品和提供劳务所实现的收入总额，包括主营业务收入和其他业务收入。营业成本是指小企业销售商品和提供劳务的成本，包括主营业务成本和其他业务成本。投资收益是由小企业股权投资取得的现金股利（或利润），债券投资取得的利息收入，处置股权投资和债券投资取得的处置价款扣除成本或账面余额、相关税费后的净额三部分构成。

【小提示5-11】

小企业会计核算执行《小企业会计准则》，营业利润按上述公式计算。而大中型企业会计核算执行《企业会计准则》，营业利润按以下公式计算：营业利润=营业收入—营业成本—税金及附加—销售费用—管理费用—财务费用—资产减值损失±公允价值变动损益±投资收益（损失）。因为小企业会计核算不计提资产减值准备，所以没有资产减值损失；因为小企业的资产计量不采用公允价值，所以没有公允价值变动收益或损失。

2.利润总额

利润总额是指营业利润加上营业外收入，减去营业外支出后的金额。用计算公式表示为：

利润总额=营业利润＋营业外收入-营业外支出

3.净利润

小企业实现的利润，应当依法交纳所得税。小企业实现的利润总额减去所得税费用后的金额，称为净利润，也称为税后利润。用计算公式表示为：

净利润=利润总额—所得税费用

【小练习5-8】

长沙含光服饰公司2023年6月主营业务收入450 700元，其他业务收入10 300元，主营业务成本286 100元，其他业务成本7 200元，税金及附加6 580元，销售费用12 730元，管理费用10 260元，财务费用810元，投资净收益1 200元，营业外收入3 689元，营业外支出2 876元。要求计算该公司2023年6月发生的营业收入、营业成本、营业利润和利润总额。

任务实施

一、营业外收入的核算

营业外收入是指小企业非日常生产经营活动形成的、应当计入当期损益、会导致所有者权益增加、与所有者投入资本无关的经济利益的净流入。小企业的营业外收入包括非流动资产处置净收益、政府补助、捐赠收益、盘盈收益、汇兑收益、出租包装物和商品的租金收入、逾期未退包装物押金收益、确实无法偿付的应付款项、已作坏账损失处理后又收回的应收账款、违约金收益等。

小企业按照规定实行企业所得税、增值税、消费税等先征后退的，应当在实际收到返还企业所得税、增值税（不含出口退税）、消费税时，计入营业外收入。

通常，小企业的营业外收入应当在实现时按照其实现金额计入当期损益。小企业应设置“营业外收入”账户，核算小企业实现的各项营业外收入。该账户属于损益类账户，其账户结构如下：

借方　　　　　　　　　　　　　　　　　**营业外收入**　　　　　　　　　　　　　　　　　贷方

期末转入“本年利润”账户的金额	取得的各项营业外收入
	期末结转后无余额

该账户按照营业外收入项目进行明细核算。

【小提示5-12】

小企业收到出口产品或商品按照规定退回的增值税款，在“其他应收款”账户核算，不在本账户核算。

1.非流动资产处置净收益

小企业处置非流动资产主要是指处置固定资产和无形资产，该内容的核算已在项目一中阐述。

【例5-27】长沙含光装饰公司转让一台旧设备，取得价款560 000元，增值税税率为13%，发生清理费用20 000元，增值税为2 600元，以银行转账支付（交纳）。该设备原值为600 000元，已计提折旧100 000元。不考虑其他税费，要求编制转让设备的相关会计分录。

（1）固定资产转入清理：

借：固定资产清理　500 000

　　累计折旧　100 000

　贷：固定资产　600 000

（2）发生清理费用：

借：固定资产清理　20 000

　　应交税费——应交增值税（进项税额）　2 600

　贷：银行存款　22 600

（3）取得变价收入：

借：银行存款　632 800

　贷：固定资产清理　560 000

　　　应交税费——应交增值税（销项税额）　72 800

（4）结转固定资产清理净损益：

借：固定资产清理　40 000

　贷：营业外收入　40 000

【小练习5-9】

2023年7月6日，长沙含光服饰公司将其拥有的一项商标权出售，取得收入500 000元，增值税税率为6%，该无形资产账面余额为350 000元，累计摊销为50 000元。要求编制出售商标权的会计分录。

2.盘盈收益

小企业确认的盘盈收益（包括经批准处理后的现金溢余、存货盘盈、固定资产盘盈），借记“待处理财产损溢”账户，贷记“营业外收入”账户。

【例5-28】2023年5月28日，长沙含光服饰公司在财产清查中盘盈男上衣20件，单位成本216元。要求根据财产清查报告单（见表5-47），编制记账凭证（见表5-48）。

表5-47

财产清查报告单

制单日期：2023年5月28日　　　　单据号：06247

编号	财产名称	规格型号	单位	单价	数量		盘盈		盘亏		原因
					账存	实存	数量	金额	数量	金额	
01	男上衣	90（L）	件	216.00	1 600.00	1 620.00	20	4 320.00			无法查明
合计					1 600.00	1 620.00	20	¥4 320.00			

财务：　　审批：　　主管：熊美丽　　保管员：张权　　制单：刘艳丽

表5-48

记账凭证

2023年2月28日　　　　记字第108号

摘要	总账科目	明细科目	记账√	借方金额										记账√	贷方金额									
				千	百	十	万	千	百	十	元	角	分		千	百	十	万	千	百	十	元	角	分
盘盈男上衣	库存商品	男上衣						4	3	2	0	0	0											
	待处理财产损溢	待处理流动资产损溢																	4	3	2	0	0	0
合　计							¥	4	3	2	0	0	0					¥	4	3	2	0	0	0

附件1张

会计主管熊美丽　　记账　　出纳　　审核　　制单刘艳丽

经公司研究，做出处理决定。要求根据处理批复（见表5-49），编制记账凭证（见表5-50）。

表5-49

关于财产物资盘盈盘亏的处理批复

公司财务部：

经研究决定，2023年5月28日进行财产清查，其清查的结果按以下方法核销：盘盈的男上衣20件，无法查明原因，经批准，转入营业外收入处理。

长沙含光服饰公司

2023年5月28日

表5-50

记账凭证

2023年5月28日　　　　记字第109号

摘要	总账科目	明细科目	记账√	借方金额										记账√	贷方金额									
				千	百	十	万	千	百	十	元	角	分		千	百	十	万	千	百	十	元	角	分
盘盈男上衣	待处理财产损溢	待处理流动资产损溢						4	3	2	0	0	0											
（附加见记字第108号凭证）	营业外收入																		4	3	2	0	0	0
合　计							¥	4	3	2	0	0	0					¥	4	3	2	0	0	0

附件1张

会计主管熊美丽　　记账　　出纳　　审核　　制单刘艳丽

【例5-29】2023年4月30日，长沙含光服饰公司在财产清查中盘盈计算机2台，市场价格为每台4 300元，估计有八成新，经批准转作营业外收入处理。

借：固定资产——计算机　　6 880

　　贷：待处理财产损溢——待处理非流动资产损溢　　6 880

借：待处理财产损溢——待处理非流动资产损溢　　6 880

　　贷：营业外收入　　6 880

【小提示5-13】

在《小企业会计准则》下，存货盘盈记入“营业外收入”账户，固定资产盘盈也记入“营业外收入”账户。而在《企业会计准则》下，存货盘盈冲减“管理费用”科目，固定资产盘盈作为前期差错处理，通过“以前年度损益调整”核算，最终转入年初的留存收益。

3.政府补助

政府补助是指小企业从政府无偿取得的货币性资产或非货币性资产。小企业收到与资产相关的政府补助，应当确认为递延收益，借记“银行存款”等账户，贷记“递延收益”账户（负债类账户）。在相关资产的使用寿命内平均分配时计入营业外收入，借记“递延收益”账户，贷记“营业外收入”账户。

小企业收到的其他政府补助，用于补偿本企业已发生的相关费用或亏损的应直接计入营业外收入，借记“银行存款”账户，贷记“营业外收入”账户。

【例5-30】2023年6月25日，长沙含光服饰公司因产品特点其零售价受到政府限制，在本期末政府给予长沙含光服饰公司18万元的财政补助，公司已将款项存入银行。编制会计分录如下：

借：银行存款　　180 000
　贷：营业外收入　　180 000

4.税收返还

税收返还是政府按照有关规定采取先征后返办法向企业返还的税款，属于一种税收优惠形式。小企业按照规定实行企业所得税、增值税（不含出口退税）、消费税等先征后返的，应当在实际收到返还的企业所得税、增值税、消费税等税费时，借记“银行存款”账户，贷记“营业外收入”账户。

5.捐赠收益

小企业确认的捐赠收益，借记“银行存款”“固定资产”等账户，贷记“营业外收入”账户。

【例5-31】长沙含光服饰公司接受捐赠设备一台，增值税专用发票上载明价款300 000元，增值税39 000元。编制会计分录如下：

借：固定资产　　300 000
　　应交税费——应交增值税（进项税额）　　39 000
　贷：营业外收入　　339 000

6.汇兑收益

当企业有外币业务时，对同样数量的外币金额采用不同的汇率折算为记账本位币金额时会产生一定的差额，差额可能是汇兑收益也可能是汇兑损失。小企业确认的汇兑收益，借记“银行存款”等账户，贷记“营业外收入”账户，而确认的汇兑损失计入财务费用。

7.出租包装物和商品的租金、确实无法支付的应付款项、违约金收益等

小企业对于已确认的出租包装物和商品的租金收入、逾期未退包装物押金收益、违约金收益，借记“其他应收款”“其他应付款”等账户，贷记“营业外收入”账户。确实无法偿付的应付款项，借记“应付账款”“其他应付款”等账户，贷记“营业外收入”账户。

8.确认的已作坏账损失处理后又收回的应收账款

小企业确认的已作坏账损失处理后又收回的应收账款，借记“银行存款”等账户，贷记“营业外收入”账户。

【例5-32】2023年7月20日，长沙含光服饰公司收到荷花公司所欠货款12 000元，该款项已于上年12月进行了坏账损失处理。长沙含光服饰公司收到已核销坏账时的会计分录如下：

借：银行存款　　12 000
　贷：营业外收入　　12 000

二、营业外支出的核算

营业外支出是指小企业非日常生产经营活动中发生的、应当计入当期损益、会导致所有者权益减少、与向所有者分配利润无关的经济利益的净流出。小企业的营业外支出包括存货的盘亏、毁损、报废损失，非流动资产处置净损失，坏账损失，无法收回的长期债券投资损失，无法收回的长期股权投资损失，自然灾害等不可抗力因素造成的损失，税收滞纳金，罚金，罚款，被没收财物的损失，捐赠支出，赞助支出等。

通常，小企业的营业外支出应当在发生时按照其发生额计入当期损益。小企业应设置“营业外支出”账户，核算发生的各项营业外支出。该账户属于损益类账户，其账户结构如下：

借方　　**营业外支出**　　贷方

各项营业外支出的实际发生额	期末转入“本年利润”账户的金额
期末结转后无余额	

该账户应当按照营业外支出项目进行明细核算。

小企业盘亏、毁损、报废损失主要包括现金损失，存款损失，坏账损失，贷款损失，股权投资损失，固定资产和存货的盘亏、毁损、报废、被盗、霉烂变质等损失，自然灾害等不可抗力因素造成的损失以及其他损失。其中，自然灾害主要有低温雨雪冰冻灾害、地震灾害、旱灾、暴雨洪涝灾害、台风灾害等。

（1）小企业现金盘亏。

【例5-33】2023年5月31日，长沙含光服饰公司在财产清查中发现库存现金实存8 255元，库存现金日记账账面余额8 315元，经批准予以转销。要求编制批准前后的会计分录。

批准前：

借：待处理财产损溢——待处理流动资产损溢　　60

　贷：库存现金　　60

批准后：

借：营业外支出　　60

　贷：待处理财产损溢——待处理流动资产损溢　　60

（2）小企业材料盘亏、毁损、报废。

【例5-34】2023年3月31日，长沙含光服饰公司在财产清查中发现男上衣短缺1件，单价215元/件，经查是因收发计量错误引起，经批准予以转销。要求编制批准前后的会计分录。

批准前：

借：待处理财产损溢——待处理流动资产损溢　　215

　贷：库存商品——男上衣　　215

批准后：

借：营业外支出　　215

　贷：待处理财产损溢——待处理流动资产损溢　　215

【小实训5-4】

2023年6月30日，长沙含光服饰公司对休闲裤进行盘点，发现账存225条，实际盘点223条，单位成本110元。要求填制财产清查报告单（见表5-51），并据以编制记账凭证（见表5-52，记账凭证已编至记字25号）。

表5-51

财产清查报告单

制单日期：　　　　　　　　　　单据号：

编号	财产名称	规格型号	单位	单价	数量		盘盈		盘亏		原因
					账存	实存	数量	金额	数量	金额	
合　计											

财务：　　　审批：　　　主管：　　　保管员：　　　制单：

表5-52

记账凭证

年　月　日　　　　　　　　字第　号

摘要	总账科目	明细科目	记账√	借方金额										记账√	贷方金额									
				千	百	十	万	千	百	十	元	角	分		千	百	十	万	千	百	十	元	角	分
合　计																								

附件　张

会计主管　　　记账　　　出纳　　　审核　　　制单

经研究，公司作出财产物资盘盈盘亏的处理批复（见表5-53）。要求根据处理批复，编制记账凭证（见表5-54，记账凭证已编至记字29号）。

表5-53

关于财产物资盘盈盘亏的处理批复

公司财务部：

经研究决定，2023年6月30日进行财产清查，其清查的结果按以下方法核销：盘亏的休闲裤2条，无法查明原因，经批准，转入营业外支出处理。

2023年6月30日

表5-54

记账凭证

年 月 日 字第 号

摘要	总账科目	明细科目	记账√	借方金额										记账√	贷方金额									
				千	百	十	万	千	百	十	元	角	分		千	百	十	万	千	百	十	元	角	分
合 计																								

附件 张

会计主管 记账 出纳 审核 制单

（3）小企业非流动资产盘亏、处置净损失（该内容已在项目一中进行了讲解）。

【例5-35】2023年4月30日，长沙含光服饰公司在财产清查中发现盘亏设备一台，原价为20 000元，已计提折旧7 400元。无法查明原因，经批准会计人员将盘亏的设备转作营业外支出处理。

批准处理毁损前：

借：待处理财产损溢——待处理固定资产损溢 12 600

累计折旧 7 400

贷：固定资产 20 000

批准处理毁损后：

借：营业外支出 12 600

贷：待处理财产损溢——待处理固定资产损溢 12 600

【小练习5-10】

长沙含光服饰公司提前报废设备一台，原价为650 000元，已计提折旧600 000元，报废时的残值变价收入为600元，报废清理过程中发生的清理费用为8 000元，有关收支均通过银行存款办理结算。假设不考虑相关税费，要求编制相关会计分录。

（4）小企业确认实际发生的坏账损失。

小企业确认实际发生的坏账损失，应当按照可收回的金额，借记“银行存款”等账户，按照应收账款、预付账款、其他应收款，贷记“应收账款”“预付账款”“其他应收款”等账户，按照其差额，借记“营业外支出”账户。

【例5-36】2023年5月1日，长沙含光服饰公司应收万达公司货款40 000元。2023年5月12日因债务人破产，长沙含光服饰公司只收回其中的20 000元。长沙含光服饰公司根据进账单收账通知（见表5-55）和坏账准备确认通知（见表5-56），编制记账凭证（见表

5-57）。

表5-55

中国工商银行进账单（收账通知）　　3

2023年5月12日

出票人	全　　称	万达公司	收款人	全　　称	长沙含光服饰公司
	账　　号	1107034682300901		账　　号	1102021845672108901
	开户银行	中国工商银行五一支行		开户银行	中国工商银行中山支行

金额	人民币（大写）	亿	千	百	十	万	千	百	十	元	角	分
	贰万元整				¥	2	0	0	0	0	0	0

票据种类	转账支票	票据张数	壹张
票据号码			
复核：	记账：		

中国工商银行
长沙市中山支行办理处
20230512
办讫章

开户银行签章

收款人开户银行交给收款人的收账通知

表5-56

坏账损失确认通知

因债务人破产，2023年5月应收万达公司40 000元，只收回20 000元，剩余20 000元应收款未收回。报经总经理批准，该单位应收款准予确认为坏账，予以注销。

总经理：肖华印志　　　　财务负责人：熊美丽

表5-57

记账凭证

2023年5月12日　　　　记字第23号

摘要	总账科目	明细科目	记账√	借方金额 千	百	十	万	千	百	十	元	角	分	记账√	贷方金额 千	百	十	万	千	百	十	元	角	分
收回前欠货款	银行存款						2	0	0	0	0	0	0											
	营业外支出						2	0	0	0	0	0	0											
	应收账款	万达公司																4	0	0	0	0	0	0
合　计						¥	4	0	0	0	0	0	0				¥	4	0	0	0	0	0	0

附件2张

会计主管熊美丽　　记账　　出纳陈兰英　　审核　　制单刘艳丽

（5）小企业长期债券投资、长期股权投资损失

小企业确认实际发生的长期债券投资损失、长期股权投资损失，应按实际可收回金

额，借记“银行存款”等账户，按“长期债券投资”“长期股权投资”账面余额，贷记“长期债券投资”“长期股权投资”账户，按其差额，借记“营业外支出”账户。

（6）小企业支付税收滞纳金、罚金、罚款。

小企业支付的税收滞纳金、罚金、罚款，借记“营业外支出”账户，贷记“银行存款”等账户。

【例5-37】2023年5月12日，长沙含光服饰公司支付税收滞纳金20 000元。要求根据电子缴税付款凭证（见表5-58），编制记账凭证（见表5-59）。

表5-58

中国工商银行电子缴税付款凭证

转账日期：2023年5月12日

纳税人全称及纳税人识别号：320303836556447
付款人全称：长沙含光服饰公司
付款人账号：1102021845672108901
付款人开户银行：中国工商银行中山支行
小写（合计）金额：￥20 000.00
大写（合计）金额：人民币贰万元整

征税机关名称：市国税局
收款国库（银行）名称：中央银行长沙市分行
缴款书交易流水号：12346789986513
税票号码：12014563

税（费）种名称	所属时期	实缴金额
增值税滞纳金	2023年4月	¥20 000.00

第48次打印

中国工商银行 长沙市中山支行办理处 20230512 转讫章

第二联 作扣款回单（无银行收讫章无效）

复核：李丽　　记账：黄品

表5-59

记账凭证

2023年5月12日　　记字第22号

摘要	总账科目	明细科目	记账√	借方金额										记账√	贷方金额									
				千	百	十	万	千	百	十	元	角	分		千	百	十	万	千	百	十	元	角	分
支付滞纳金	营业外支出	滞纳金					2	0	0	0	0	0	0											
	银行存款																	2	0	0	0	0	0	0
合　计						¥	2	0	0	0	0	0	0				¥	2	0	0	0	0	0	0

附件1张

会计主管熊美丽　　记账　　出纳陈兰英　　审核　　制单刘艳丽

（7）小企业确认被没收财物损失、捐赠支出、赞助支出。

小企业确认被没收财物损失、捐赠支出、赞助支出，借记“营业外支出”账户，贷记“银行存款”等账户。

【小提示5-14】

营业外收入和营业外支出既有共同性又有差异性。共同性表现为都影响利润总额，都不影响营业利润。差异性表现为对利润总额的影响方向不同，营业外收入增加利润总额，营业外支出减少利润总额；两者之间不存在配比关系，即有营业外收入不一定就有营业外支出。

三、利润形成的核算

1.将损益类账户结转至“本年利润”账户

小企业应设置“本年利润”账户，核算小企业当期实现的净利润（或发生的净亏损）。该账户属于所有者权益类账户，其账户结构如下：

借方　　**本年利润**　　贷方

借方	贷方
期末将主营业务成本、税金及附加、其他业务成本、管理费用、销售费用、财务费用、营业外支出、所得税费用等转入的金额	期末将主营业务收入、其他业务收入、营业外收入等转入的金额
当期发生的净亏损	当期实现的净利润

年度终了，本账户余额结转至“利润分配——未分配利润”账户，结转后无年末余额。

【小提示5-15】

“本年利润”账户的期末余额反映的是年度内累计金额，比如6月30日“本年利润”账户贷方余额68 900元，反映的是小企业1月1日至6月30日这6个月累计实现的净利润；比如10月31日“本年利润”账户借方余额26 500元，反映的是小企业1月1日至10月31日这10个月累计发生的净亏损。

【例5-38】2023年度长沙含光服饰公司的损益类账户发生额情况，见表5-60。

表5-60

损益类账户全年累计发生额

单位：元

科目	借方发生额	科目	贷方发生额
主营业务成本	12 000 000	主营业务收入	18 000 000
其他业务成本	200 000	其他业务收入	230 000
税金及附加	120 000	投资收益	50 000
销售费用	58 000	营业外收入	30 000
管理费用	80 000		
财务费用	60 000		
营业外支出	50 000		
所得税费用	1 435 500		
合 计	14 003 500	合 计	18 310 000

年末结转各损益类账户情况如下：

（1）将损益类账户中的收入结转至“本年利润”账户：

借：主营业务收入　18 000 000
　　其他业务收入　230 000
　　投资收益　50 000
　　营业外收入　30 000
　贷：本年利润　18 310 000

（2）将损益类账户中的费用支出结转至“本年利润”账户：

借：本年利润　14 003 500
　贷：主营业务成本　12 000 000
　　　其他业务成本　200 000
　　　税金及附加　120 000
　　　销售费用　58 000
　　　管理费用　80 000
　　　财务费用　60 000
　　　营业外支出　50 000
　　　所得税费用　1 435 500

2.将“本年利润”账户结转至“利润分配”账户

年度终了，小企业应当将本年收入和支出相抵后结出的本年实现的净利润（即“本年利润”的贷方余额）转入“利润分配”账户，会计上借记“本年利润”账户，贷记“利润分配——未分配利润”账户；如为净亏损（即“本年利润”的借方余额），则转入“利润分配”账户，做相反的会计分录，即借记“利润分配——未分配利润”账户，贷记“本年利润”账户。结转后“本年利润”账户应无余额。

【小练习5-11】

甲小企业2023年有关账户资料如下：

（1）年初“利润分配——未分配利润”账户贷方余额为450 000元。

（2）12月末各损益类账户全年累计发生额，见表5-61。

表5-61

损益类账户全年累计发生额

单位：元

科目	发生额	科目	发生额
主营业务收入	8 800 000	管理费用	160 000
主营业务成本	5 700 000	财务费用	58 000
其他业务收入	800 000	销售费用	150 000
税金及附加	18 000	营业外支出	89 000
营业外收入	32 000	其他业务成本	529 000
投资收益	80 000	所得税费用	766 250

要求：

（1）计算甲小企业2023年12月份的营业利润、利润总额、净利润及年末未分配利润。

（2）将各损益类账户余额转入“本年利润”账户。

（3）将“本年利润”账户余额转入“利润分配——未分配利润”账户。

四、所得税的核算

1.应交所得税的核算

企业所得税是以小企业取得的生产经营所得和其他所得为征税对象所征收的一种税。

小企业所得税的计算依据就是应纳税所得额，应纳税所得额是指小企业每一纳税年度的收入总额，减除不征税收入、免税收入、各项扣除（包括成本、费用、税金、损失和其他支出）以及允许弥补的以前年度亏损后的余额。在实际工作中，应纳税所得额是在企业税前会计利润（利润总额）的基础上调整确定的，其计算公式为：

应纳税所得额=会计利润总额＋纳税调整增加数－纳税调整减少数

应交所得税=应纳税所得额×所得税税率

纳税调整增加额主要包括税法规定允许扣除项目，企业已计入当期费用但超过规定扣除标准的金额，如超过税法规定标准的业务招待费、广告费、公益性捐赠支出以及税法规定不允许扣除的罚款支出等。

纳税调整减少额主要包括税法规定允许弥补的亏损和准许免税的项目，如国债利息收入、前五年内未弥补的亏损等。

企业所得税的税率为25%。但符合条件的小型微利企业（年应纳税所得额低于6万元），减按20%的税率征收企业所得税。

小企业所得税费用的核算采用应付税款法，是指小企业不确认时间性差异对所得税金额的影响，按照当期计算的应交所得税确认为当期所得税费用的方法。当期所得税费用等于当期应交所得税。

【例5-39】长沙含光服饰公司2023年利润总额为820 000元，适用的所得税税率为25%，本年国债利息收入20 000元，按税法规定本年度准予扣除的业务招待费为200 000元，实际发生业务招待费250 000元，假设无其他纳税调整事项。要求计算公司当年应纳税所得额和应交所得税。

应纳税所得额=820 000＋（250 000−200 000）−20 000=850 000（元）

应交所得税=850 000×25%=212 500（元）

2.所得税费用的核算

小企业应设置“所得税费用”账户，核算小企业根据企业所得税法确定的应从当期利润总额中扣除的所得税费用。该账户属于损益类账户，其账户结构如下：

借方 所得税费用 贷方

借方	贷方
按规定计算确定的当期所得税额	期末转入“本年利润”账户的金额
期末结转后无余额	

小企业根据企业所得税法规定补缴的所得税，也通过本账户核算。

小企业按照规定实行所得税先征后返的、实际收到返还的企业所得税，在“营业外收入”账户核算，不在“所得税费用”账户核算。

【例5-40】长沙含光副食品公司2023年实现的税前会计利润为210 000元，其应纳税所得额等于税前会计利润（无纳税调整数），所得税税率为25%。要求计算2023年应交所得税，并编制相关会计分录。

应纳税所得额=210 000元

应交所得税=210 000×25%=52 500（元）

借：所得税费用　　52 500

　贷：应交税费——应交所得税　　52 500

结转所得税费用：

借：本年利润　　52 500

　贷：所得税费用　　52 500

【小提示5-16】

为了简化核算，小企业可以按月或按季交纳所得税，但不必按月或按季计提应交所得税，计提应交所得税在年度终了时编制会计分录。

【小练习5-12】

青山装饰公司为小企业，2023年度有关资料如下：

（1）年初未分配利润为贷方余额80万元。

（2）本年利润总额为480万元，适用的企业所得税税率为25%。按税法规定本年度准予扣除的业务招待费为30万元，实际发生业务招待费50万元，支付的税收滞纳金10万元，国债利息收入10万元。假定不存在其他纳税调整因素。

要求：

（1）计算青山装饰公司2023年度应纳税所得额和应交所得税。

（2）编制年末计提所得税费用的会计分录。

（3）编制年末结转所得税费用的会计分录。

3.企业所得税汇算清缴

企业所得税汇算清缴是指纳税人自纳税年度终了之日起5个月内，依照税法及其他有关企业所得税的规定，自行计算本纳税年度应纳税所得额和应纳所得税额，根据月度或季度预缴企业所得税的数额，确定该纳税年度应补或者应退税额，并填写企业所得税年度纳税申报表，向主管税务机关办理企业所得税年度纳税申报，结清全年企业所得税税款的行为。

通过汇算清缴，结清应缴应退企业所得税税款（用全年应纳所得税额减去已预缴税额，差额多退少补）。纳税人在纳税年度内预缴企业所得税税款少于应缴企业所得税税款的，应在汇算清缴期内结清应补缴的企业所得税税款；预缴税款超过应纳税款的，主管税务机关应及时按有关规定办理退税或者经纳税人同意后抵缴其下一年度应缴企业所得税税款。

【小知识5-8】

分月或者分季预缴企业所得税时，应当自月份或者季度终了之日起十五日内，向其所在地主管税务机关预缴税款。

【例5-41】长沙含光装饰公司的企业所得税按年计征、分季预缴，并按照各季度的实际利润额预缴。2023年公司第一季度实现利润100 000元，第二季度实现利润80 000元，第三季度实现利润140 000元，第四季度实现利润120 000元。假设全年应纳税所得额为460 000元（含超标的业务招待费20 000元），该公司所得税税率为25%。长沙含光装饰公司有关企业所得税的账务处理如下：

第一季度预缴的企业所得税=100 000×25%=25 000（元）

预缴本季度所得税时（在季度终了之日起15日内）：

借：应交税费——应交所得税　25 000

　贷：银行存款　25 000

第二季度预缴的企业所得税=80 000×25%=20 000（元）

借：应交税费——应交所得税　20 000

　贷：银行存款　20 000

第三季度预缴的企业所得税=140 000×25%=35 000（元）

借：应交税费——应交所得税　35 000

　贷：银行存款　35 000

第四季度预缴的企业所得税=120 000×25%=30 000（元）

借：应交税费——应交所得税　30 000

　贷：银行存款　30 000

年终汇算，计提当年应缴的企业所得税：

本年度应缴的企业所得税=460 000×25%=115 000（元）

借：所得税费用　115 000

　贷：应交税费——应交所得税　115 000

将企业应缴的所得税进行结转：

借：本年利润　115 000

　贷：所得税费用　115 000

汇算清缴，计算应补缴的所得税款：

应补缴的企业所得税=115 000−25 000−20 000−35 000−30 000=5 000（元）

实际交纳时：

借：应交税费——应交所得税　5 000

　贷：银行存款　5 000

五、利润分配的核算

1. 利润分配内容

小企业以当年净利润弥补以前年度亏损等剩余的税后利润，可用于向投资者进行利润分配。小企业（公司制）在分配当年税后利润时，应当按照《公司法》规定提取法定盈余公积金和任意盈余公积金。小企业利润分配的内容主要包括弥补以前年度亏损、提取盈余公积和向投资者分配利润等。

2. 利润分配程序

根据《公司法》等有关法规的规定，企业当年实现的净利润，一般按下列顺序进行分配：

（1）提取法定盈余公积

法定盈余公积是依照法律规定必须提取的，企业在不存在年初累计亏损的前提下，法定盈余公积按照税后利润的10%提取。法定盈余公积累计达到公司注册资本的50%时，可不再提取。提取的法定盈余公积用于弥补以前年度亏损或转增资本金，但转增资本金后留存的法定盈余公积不得低于注册资本的25%。小企业法定盈余公积不足以弥补以前年度亏损的，在提取法定盈余公积之前，应当先用当年利润弥补亏损。

（2）提取任意盈余公积

企业从税后利润中提取法定盈余公积后，经股东会或者股东大会决议，还可以从税后利润中提取任意盈余公积。任意盈余公积的计提标准由股东大会确定。

【小提示5-17】

法定盈余公积和任意盈余公积的区别在于各自计提的依据不同，前者是以国家的法律或行政规章为依据提取的，后者则由企业自行决定提取。小企业提取盈余公积的主要用途有弥补亏损、转增资本和扩大生产经营。

（3）向投资者分配股利（或利润）

企业弥补亏损和提取公积金后所余税后利润，可以向投资者分配。企业以前年度未分配的利润，可并入本年度进行分配。

3. 小企业利润分配核算

小企业应设置"利润分配"账户，核算利润的分配（或亏损的弥补）和历年分配（或弥补）后的余额。该账户属于所有者权益类账户，其账户结构如下：

借方　　　　利润分配	贷方
①按规定提取盈余公积和分配利润 ②自"本年利润"账户转入的亏损	①用盈余公积弥补亏损 ②自"本年利润"账户转入的净利润
小企业的未弥补亏损	小企业的未分配利润

该账户应按照"应付利润""未分配利润"等进行明细核算。

（1）提取盈余公积

盈余公积是指小企业按照法律规定在税后利润中提取的法定公积金和任意公积金。小企业应设置"盈余公积"账户，核算小企业盈余公积的提取、使用及变动情况。该账户属于所有者权益类账户，其账户结构如下：

借方　　　　盈余公积	贷方
盈余公积的减少或使用情况	按规定提取的各项盈余公积数额
	期末余额：盈余公积的结余数额

该账户按"法定盈余公积""任意盈余公积"进行明细核算。

公司制小企业按照《公司法》规定提取法定盈余公积和任意盈余公积，借记"利润分配——提取法定盈余公积""利润分配——提取任意盈余公积"账户，贷记"盈余公积——法定盈余公积""盈余公积——任意盈余公积"账户。

【例5-42】2023年长沙含光服饰公司实现净利润607 500元，法定盈余公积的提取比例为10%，任意盈余公积的提取比例为5%。编制会计分录如下：

借：利润分配——提取法定盈余公积　　60 750
　　　　　　——提取任意盈余公积　　30 375
　贷：盈余公积——法定盈余公积　　60 750
　　　　　　——任意盈余公积　　30 375

【小知识5-9】

在执行《小企业会计准则》时，外商投资小企业根据有关法律规定，在税后利润中提取的储备基金、企业发展基金也应作为盈余公积进行会计处理，在“盈余公积”账户单独设置“储备基金”和“企业发展基金”明细账户进行核算。提取储备基金、企业发展基金时，借记“利润分配——提取储备基金、提取企业发展基金”账户，贷记“盈余公积——储备基金、企业发展基金”账户。从税后利润中提取的职工奖励及福利基金不作为盈余公积处理，而作为应付职工薪酬，在“应付职工薪酬”账户单独设置“职工奖励及福利基金”明细账户进行核算。

（2）弥补亏损

小企业发生亏损时，应由小企业自行弥补。可以用税前利润弥补，也可以用税后利润弥补，还可以用盈余公积弥补。

①小企业用当年实现的利润弥补亏损，不需要单独编制补亏的会计分录。因为以前年度的亏损额，在弥补前表现为“利润分配——未分配利润”账户的年初借方余额；企业在年末将全年净利润自“本年利润”账户转入“利润分配——未分配利润”账户的贷方时，就自然弥补了亏损。

按照现行制度规定，企业发生亏损时，可以用以后5年内实现的税前利润弥补，即以税前利润弥补亏损的期限为5年。

【例5-43】长沙含光副食品公司2023年年初“利润分配——未分配利润”账户的借方余额为130 000元（即未弥补的亏损为130 000元），2023年全年实现净利润310 500元。年末将全年净利润结转至“利润分配”账户，编制会计分录如下：

借：本年利润　　310 500

　贷：利润分配——未分配利润　　310 500

年末结转全年净利润以后，“利润分配——未分配利润”账户的年末贷方余额为180 500元，即本年在弥补上年亏损后的未分配利润为180 500元。

【例5-44】某小企业2018年发生亏损1 000 000元（即本年利润为借方余额），年末结转本年发生的亏损，编制会计分录如下：

借：利润分配——未分配利润　　1 000 000

　贷：本年利润　　1 000 000

假设2019年至2023年，该小企业每年均实现利润150 000元。按照规定，小企业在发生亏损以后的5年内可以以税前利润弥补亏损。该小企业在2019年至2023年各年度终了时，均应进行会计处理如下：

借：本年利润　　150 000

　贷：利润分配——未分配利润　　150 000

根据上述会计分录记账后的结果，2023年“利润分配——未分配利润”账户期末余额为借方250 000元，即2023年年末未弥补亏损为250 000元。

②小企业用税后利润弥补亏损。小企业发生的亏损经过5年期间未得到完全弥补的，尚未弥补的亏损应用所得税后的利润弥补。会计人员首先应当按照当年实现的税前利润计算缴纳应负担的所得税，然后将当期扣除所得税后的净利润转入“利润分配”账户。

【例5-45】沿用【例5-44】资料，假设该小企业2024年实现税前利润500 000元，适用的所得税税率为25%，无其他纳税调整项目。

按照规定，该小企业只能用税后利润弥补以前年度亏损（因为弥补期超过了5年）。

2024年年度终了，该小企业计算缴纳所得税时，其应纳税所得额为500 000元。

应缴纳的所得税额=500 000×25%=125 000（元）

2024年实现的净利润=500 000−125 000=375 000（元）

计算应缴纳的企业所得税时：

借：所得税费用　　125 000

　贷：应交税费——应交所得税　　125 000

结转所得税费用时：

借：本年利润　　125 000

　贷：所得税费用　　125 000

将净利润转入利润分配账户时：

借：本年利润　　375 000

　贷：利润分配——未分配利润　　375 000

上述核算完成后，该小企业2024年年末“利润分配——未分配利润”账户的期末贷方余额为125 000元，即税后利润弥补亏损后结存的未分配利润。

③小企业用盈余公积弥补亏损时的会计分录：

借：盈余公积——法定盈余公积

　贷：利润分配——盈余公积补亏

【小练习5-13】

某小企业2023年业绩不佳，发生亏损100 000元，经股东大会决议，动用以往年度积累的盈余公积弥补亏损。要求编制该小企业用盈余公积弥补亏损的会计分录。

【小思考5-9】

公司用盈余公积弥补亏损，对公司的所有者权益总额和结构分别会产生怎样的影响？

（3）向投资者分配利润

小企业应设置“应付利润”账户，核算小企业向投资者分配的利润。该账户属于负债类账户，其账户结构如下：

借方　　**应付利润**　　贷方

借方	贷方
实际向投资者支付的利润	企业向投资者分配的利润
	应付未付的利润

该账户按投资者进行明细核算。

【例5-46】长沙含光副食品公司本年向投资者分配利润200 000元，已向各投资者发出公告通知。编制会计分录如下：

借：利润分配——应付利润　　200 000

　贷：应付利润　　200 000

企业经股东大会或类似机构决议，还可用盈余公积分配现金股利或利润，借记“盈余公积”账户，贷记“应付利润”账户。小企业的盈余公积不得出现借方余额的情况，即盈余公积的结转至零为止。

【例5-47】长沙含光装饰公司2023年经营状况欠佳，为维护公司声誉，经股东会决议，用以前年度的盈余公积向投资者分配利润100 000元（假设出资比例为友阿公司40%、华天公司10%、沅江物资公司18%、高新科技公司8%、新源公司24%)。长沙含光装饰公司编制会计分录如下：

借：盈余公积——法定盈余公积　　100 000

　贷：应付利润——友阿公司　　40 000

　　　　　　——华天公司　　10 000

　　　　　　——沅江物资公司　　18 000

　　　　　　——高新科技公司　　8 000

　　　　　　——新源公司　　24 000

(4) 未分配利润

未分配利润是指小企业实现的净利润经过弥补亏损、提取法定盈余公积金和任意盈余公积金、向投资者分配利润后，留存在本企业的、历年结存的利润。未分配利润有两层含义：一是留待以后年度处理的利润；二是未指明特定用途的利润。相对于所有者权益的其他组成部分来说，小企业对于未分配利润的使用有较大的自主权。

年末未分配利润也可用下列公式计算：

年末未分配利润=年初未分配利润＋本年实现净利润-本年已分配利润

【小提示5-18】

小企业若用盈余公积弥补了亏损，则计算年末未分配利润时应予以考虑。

【小实训5-5】

某小企业2023年年初“利润分配——未分配利润”账户的借方余额为150 000元（为5年内未弥补的亏损），本年实现税前利润500 000元，按10%提取法定盈余公积，按5%提取任意盈余公积，向投资者分配利润100 000元。要求填制法定盈余公积和任意盈余公积计算表（见表5-62），并计算该小企业年末未分配利润。

表5-62

法定盈余公积和任意盈余公积计算表

年度

税前利润总额	可调整额	应纳所得税额	应扣除额	计提基数	法定盈余公积		任意盈余公积	
					计提比例	计提额	计提比例	计提额

主管：　　记账：　　复核：　　制表：

(5) 利润分配年终结转

年度终了，小企业应当将本年实现的净利润自“本年利润”账户转入“利润分配”账户，编制会计分录：

借：本年利润

贷：利润分配——未分配利润

如为净亏损，则做相反的会计分录：

借：利润分配——未分配利润

贷：本年利润

同时，将“利润分配”所属明细账户（应付利润、盈余公积补亏）的余额结转至“未分配利润”明细账户，结转后，“利润分配”账户除“未分配利润”明细账户外，其他明细账户应无余额。余额在贷方，表示未分配利润的数额；余额在借方，表示未弥补亏损的数额。年度终了，“利润分配”总账账户余额与所属“未分配利润”明细账户余额应当是一致的。

【例5-48】长沙含光服饰公司年初未分配利润为100 000元，本年净利润为607 500元，本年提取法定盈余公积60 750元、任意盈余公积30 375元，向投资者分配利润200 000元。年度终了，将“利润分配”账户所属“提取法定盈余公积”“提取任意盈余公积”“应付利润”等明细账户余额转入“利润分配——未分配利润”明细账户。编制会计分录如下：

借：利润分配——未分配利润　　291 125

　贷：利润分配——提取法定盈余公积　　60 750

　　　——提取任意盈余公积　　30 375

　　　——应付利润　　200 000

长沙含光服饰公司将利润分配年终结转后，“利润分配——未分配利润”明细账的年末贷方余额为416 375元，用来反映长沙含光服饰公司历年累计的未分配利润。用公式计算年末未分配利润如下：

年末未分配利润=100 000＋607 500-60 750-30 375-200 000=416 375（元）

【小提示5-19】

上式中，年初未分配利润若为未弥补亏损，则计算时用负号表示；本年净利润若为亏损，则计算时也用负号表示。

【例5-49】长沙含光电器公司2023年年初“利润分配——未分配利润”账户的贷方余额100 000元，公司本年实现净利润1 200 000元，法定盈余公积、任意盈余公积的提取比例均为10%。当年向投资者分配利润50万元，已发出公告通知投资者。年度终了，将“利润分配”账户所属明细账户余额转入“利润分配——未分配利润”明细账。要求编制长沙含光电器公司关于利润分配的会计分录。

提取法定盈余公积和任意盈余公积时：

借：利润分配——提取法定盈余公积　　120 000

　　　——提取任意盈余公积　　120 000

　贷：盈余公积——法定盈余公积　　120 000

　　　——任意盈余公积　　120 000

向投资者分配利润时：

借：利润分配——应付利润　　500 000

　贷：应付利润——某投资者　　500 000

结转利润分配的各明细账时：

借：利润分配——未分配利润　　740 000

贷：利润分配——提取法定盈余公积　　120 000

　　　　　　——提取任意盈余公积　　120 000

　　　　　　——应付利润　　500 000

经过年终结转，"利润分配"所属"未分配利润"明细账的年末贷方余额560 000元，即为长沙含光电器公司年末未分配利润。或用公式计算年末未分配利润如下：

年末未分配利润=100 000＋1 200 000−740 000=560 000（元）

【小练习5-14】

长沙含光装饰公司2022年至2023年的有关资料如下：

（1）2022年"利润分配——未分配利润"账户年初贷方余额100万元。

（2）2022年实现净利润200万元，按10%提取法定盈余公积后，又按净利润的20%计提任意盈余公积，宣告向投资者分配利润80万元。

（3）2023年用银行存款支付上述已分配的利润80万元。

要求：

（1）编制2022年年末结转净利润、利润分配等账户的有关会计分录。

（2）计算2022年年末"利润分配"账户的余额。

（3）编制2023年实际支付投资者利润的会计分录。

项目小结

本项目以长沙含光服饰公司这一会计主体为例，介绍了小企业收入、费用、利润等财务成果的核算。要求学生理解收入、费用、利润的概念、确认条件、分类及构成，掌握收入、费用、利润的核算等。通过本项目的学习和训练，学生能够掌握小企业财务成果的基本理论及实务操作。

项目训练

一、单项选择题

1. 小企业应当按照（　　）确定销售商品收入金额。

A. 公允价值　　B. 向购买方已收或应收的合同或协议价款

C. 销售商品的成本　　D. 完工百分比法

2. 某小企业于2022年11月份售出的商品在2023年5月份发生退货，应冲减（　　）的销售收入。

A.2022年11月　　B.2022年12月

C.2023年5月　　D.2023年12月

3. 某小企业于2023年9月8日销售商品100件，增值税专用发票上注明价款为10 000元，增值税为1 300元。企业为了及早收回货款而在合同中规定的现金折扣条件为"2/10，1/20，N/30"，假定计算现金折扣时不考虑增值税。如果买方在2023年9月30日付清货款，那么该企业实际收款金额应为（　　）元。

A.9 700　　B.11 400

C.11 500　　D.11 300

4. 下列各项中，属于小企业其他业务收入的是（　　）。

A.出租包装物收入　　B.出售固定资产净收益

C.出售无形资产净收益　　D.出租固定资产收入

5.下列支出应计入小企业管理费用的是（　　）。

A.印花税　　B.房产税

C.广告费　　D.业务招待费

6.2023年4月1日，B公司（小企业）因生产经营的临时性需要从银行取得借款120 000元，借款期限为9个月，借款年利率为4%，利息按季结算。B公司按季计提利息费用的会计分录为（　　）。

A.借：财务费用　1 200
　贷：短期借款　1 200

B.借：管理费用　1 200
　贷：应付利息　1 200

C.借：财务费用　1 200
　贷：应付利息　1 200

D.借：应付利息　1 200
　贷：银行存款　1 200

7.下列各项中，不影响小企业营业利润的项目是（　　）。

A.商品销售收入　　B.劳务收入

C.固定资产租金收入　　D.营业外收入

8.小企业向遭受自然灾害的地区捐赠一批物资，所发生的捐赠支出应计入（　　）。

A.销售费用　　B.其他业务成本

C.营业外支出　　D.管理费用

9.下列项目中，应计入小企业管理费用的是（　　）。

A.短期投资损失　　B.行政管理部门领用存货

C.接受捐赠固定资产发生的相关支出　　D.自然灾害造成的存货损失

10.“利润分配”所属明细账户在年末结转后，除（　　）明细账户外，其他明细账户无余额。

A.未分配利润　　B.应付现金股利或利润

C.提取法定盈余公积　　D.提取任意盈余公积

11.某工业企业（小企业）本期主营业务收入为300万元，主营业务成本为200万元，其他业务收入为80万元，其他业务成本为70万元，管理费用为15万元，投资收益为30万元，所得税费用为30万元。假定不考虑其他因素，该企业本期营业利润为（　　）万元。

A.110　　B.125

C.100　　D.95

12.某小企业年初未分配利润为120万元，本年净利润为200万元，按10%提取法定盈余公积，并宣告发放现金股利60万元，则该企业期末未分配利润为（　　）万元。

A.200　　B.240

C.120　　D.300

13.甲小企业有一笔应付款项确定无法支付，应予转销，其贷方应记（　　）。

A.“资本公积”　　B.“管理费用”

C.“其他应付款”　　D.“营业外收入”

14.某小企业本期实现的利润总额为100 000元，本年有一笔罚款支出2 000元，企业所得税税率为25%，本期应纳所得税金额为（　　）元。

A.25 500　　B.32 340

C.25 000　　D.67 000

15.某小企业本月销售商品发生商业折扣20万元，现金折扣15万元，销售折让25万元。该企业上述业务计入本月财务费用的金额为（　　）万元。

A.15　　B.20

C.25　　D.35

16.小企业销售商品采用收取手续费方式委托代销的，商品销售收入确认的时间为（　　）。

A.委托方发出商品日期　　B.受托方发出商品日期

C.收到代销单位的代销清单日期　　D.收到全部款项的日期

17.2023年3月，H公司（小企业）在家电以旧换新业务中销售新型电视100台，每台售价2 000元（不含增值税），成本为900元，同时回收旧电视50台，回收价格每台226元（含增值税）。该公司应确认收入的金额为（　　）元。

A.200 000　　B.226 000

C.190 000　　D.222 300

18.下列各项中，不应计入小企业销售费用的是（　　）。

A.商品维修费　　B.采购运输费

C.业务招待费　　D.产品参展费

19.下列有关小企业销售商品收入的确认，不正确的是（　　）。

A.销售商品采用支付手续费方式委托代销的，在收到代销清单时确认收入

B.销售商品以旧换新的，销售的商品作正常的销售处理，回收的商品作为购进商品处理

C.采取预收货款方式销售商品时，应于预收货款时确认收入

D.销售商品采用托收承付方式的，在发出商品时确认收入

20.小企业为车间管理人员缴纳的失业保险费，应计入（　　）。

A.管理费用　　B.制造费用

C.销售费用　　D.财务费用

二、多项选择题

1.按照《小企业会计准则》的规定，下列属于销售商品收入确认条件的有（　　）。

A.商品已经发出

B.与收入相关的经济利益应当很可能流入企业

C.收入的金额能够可靠计量

D.相关的已发生或将要发生的成本能够可靠计量

2.下列属于小企业提供劳务取得收入的有（　　）。

A.建筑安装活动取得的收入　　B.交通运输服务活动取得的收入

C.邮电通信服务活动取得的收入　　D.咨询经纪服务活动取得的收入

3.小企业在销售商品或提供劳务过程中发生的销售费用包括（　　）。

A.业务招待费　　B.销售人员的职工薪酬

C.商品维修费　　D.业务宣传费

4.某小企业销售一批商品，货款为100 000元，增值税税率为13%，已办妥托收手续，

货款尚未收到，则该企业应确认（　　）。

A.银行存款　　B.主营业务收入

C.应交税费　　D.应收账款

5.下列各项中，应计入小企业财务费用的有（　　）。

A.汇兑损失　　B.利息支出

C.诉讼费　　D.购货单位享受的现金折扣

6.管理费用是指小企业为组织和管理生产经营发生的其他费用，包括（　　）。

A.筹建期间发生的开办费　　B.行政管理部门发生的费用

C.广告费　　D.聘请中介机构的费用

7.税金及附加是指小企业开展日常生产经营活动应负担的（　　）等。

A.消费税　　B.教育费附加

C.房产税　　D.资源税

8.小企业利润总额包括（　　）。

A.营业利润　　B.营业外收入

C.资产减值损失　　D.营业外支出

9.下列各项中，不属于小企业利润分配程序的有（　　）。

A.向投资者分配利润、提取法定盈余公积、提取任意盈余公积

B.提取任意盈余公积、提取法定盈余公积、向投资者分配利润

C.提取法定盈余公积、提取任意盈余公积、向投资者分配利润

D.提取法定盈余公积、向投资者分配利润、提取任意盈余公积

10.某小企业期末将主营业务收入贷方余额100 000元和主营业务成本借方余额60 000元结转至本年利润账户，下列分录不正确的有（　　）。

A.借：主营业务成本　　60 000

　贷：本年利润　　60 000

借：本年利润　　100 000

　贷：主营业务收入　　100 000

B.借：主营业务收入　　100 000

　贷：净利润　　100 000

借：净利润　　60 000

　贷：主营业务成本　　60 000

C.借：本年利润　　40 000

　贷：利润分配——未分配利润　　40 000

D.借：主营业务收入　　100 000

　贷：本年利润　　100 000

借：本年利润　　60 000

　贷：主营业务成本　　60 000

11.下列各项中，属于小企业营业外收入的有（　　）。

A.罚款收入　　B.收到返还的企业所得税

C.处置固定资产净收益　　D.包装物出租收入

12.下列各项中，影响年末未分配利润金额的因素有（　　）。

A.本期实现的净利润　　B.盈余公积补亏

C.提取任意盈余公积　　D.年初未分配利润

13.下列账户年末应无余额的有（　　）。

A.“管理费用”账户　　B.“主营业务收入”账户

C.“所得税费用”账户　　D.“利润分配”账户

14.“利润分配”账户一般应设置的明细账户有（　　）。

A.应交所得税　　B.应付利润

C.提取盈余公积　　D.未分配利润

15.下列项目中，属于小企业营业外支出的有（　　）。

A.固定资产盘亏　　B.无形资产摊销

C.债务重组损失　　D.捐赠支出

16.小企业期末应将（　　）账户的余额直接结转至本年利润账户。

A.管理费用　　B.制造费用

C.所得税费用　　D.营业外收入

17.下列关于利润分配核算的表述中，正确的有（　　）。

A.企业应设置“利润分配”账户，其贷方登记企业已分配的利润数额

B.设置“盈余公积”账户，其贷方登记提取的盈余公积数额

C.“应付利润”账户核算企业向投资者支付利润情况，期末余额一般在贷方

D.企业在向投资者分配利润后，剩余部分可以按规定提取盈余公积

18.利润是指小企业在一定会计期间的经营成果，包括（　　）。

A.主营业务收入　　B.营业利润

C.利润总额　　D.净利润

19.从利润中形成的所有者权益包括（　　）。

A.资本公积　　B.盈余公积

C.未分配利润　　D.实收资本

20.某小企业2023年按税法规定可开支业务招待费20 000元，全年实际开支60 000元，当年税前会计利润为3 000 000元，所得税税率为25%。假定无其他纳税调整因素，下列各项中正确的有（　　）。

A.纳税调整数为20 000元　　B.纳税调整数为40 000元

C.应纳税所得额为3 040 000元　　D.应交所得税为760 000元

三、判断题

1.小企业（批发业、零售业）在购买商品过程中发生的费用，包括运输费、装卸费、包装费、保险费、运输途中的合理损耗和入库前的挑选整理费等构成商品成本。（　　）

2.小企业发生的现金折扣、销售折让，均应在实际发生时计入当期财务费用。（　　）

3.小企业发生汇兑损失应计入财务费用，发生汇兑收益应冲减财务费用。（　　）

4.税金及附加包括城镇土地使用税、房产税、车船税、印花税等。（　　）

5.小企业销售商品涉及商业折扣的，应当按照不扣除商业折扣前的金额确定销售商品

的收入金额。 （ ）

6.小企业以前年度亏损未弥补完时，不得向投资者分配利润，也不可以提取法定盈余公积金。 （ ）

7.年度终了，小企业应将“本年利润”账户的数额转入“利润分配——未分配利润”账户，结转后该账户无余额。 （ ）

8.小企业实现利润时，首先应提取法定盈余公积金。 （ ）

9.资本公积是由小企业实现的净利润转化而来的。 （ ）

10.小企业的利润来源于两个方面：一是来源于日常经营活动；二是来源于非日常经营活动，即来源于日常经营活动以外的各种收入、收益和利得等。 （ ）

四、分录题

1.长沙含光服饰公司（小企业）为增值税一般纳税人，适用的增值税税率为13%，2023年5月发生下列销售业务：

（1）3日，向A公司销售商品1 000件，每件商品的标价为80元。为了鼓励其多购商品，同意给予A公司10%的商业折扣，开出的增值税专用发票上注明的售价总额为72 000元，增值税为9 360元，商品已发出，货款已收存银行。

（2）5日，向B公司销售商品一批，开出的增值税专用发票上注明的售价总额为60 000元，增值税为7 800元。长沙含光服饰公司为了及早收回货款，在合同中规定的现金折扣条件为“2/10，1/20，N/30”。

（3）13日，收到B公司的款项存入银行（现金折扣不考虑增值税）。

（4）15日，向C公司销售商品一批，开出的增值税专用发票上注明的售价总额为90 000元，增值税为11 700元，货款尚未收到。

（5）20日，C公司发现15日所购商品不符合合同规定的质量标准，要求长沙含光服饰公司在价格上给予6%的销售折让，查明后，公司同意给予折让并取得了索取折让证明单，开具了增值税专用红字发票。

（6）24日，向D企业销售材料一批，开出的增值税专用发票上注明的售价为350 000元，当日收到D企业开出的商业汇票一张。该材料成本为250 000元。

要求：编制长沙含光服饰公司上述销售业务的会计分录。

2.长沙含光副食品公司（小企业）为增值税一般纳税人，适用的增值税税率为13%。2023年6月1日销售产品200件，单价为300元（不含税），单位成本为225元。由于是成批销售，长沙含光副食品公司给予购货方5%的商业折扣，同时现金折扣条件为“2/20，N/30”（增值税不能享受折扣）。客户于2019年6月19日付款，同时退回不符合质量要求的10件产品（相应的销项税额可以冲减），其余货款全部用银行存款付讫。

要求：编制长沙含光副食品公司下列会计分录：

（1）6月1日确认收入时。

（2）6月19日，发生销售退回时。

（3）6月19日，收到货款时。

3.汉普公司（小企业）2023年10月发生下列经济业务：

（1）以银行存款支付商品维修费2 500元。

（2）分配行政管理人员工资4 000元，销售部门人员工资3 000元。

（3）计提短期借款利息600元。

（4）以银行存款支付银行办理业务的手续费300元。

（5）计提行政管理部门用设备的折旧1 400元。

（6）将损益类账户结转至“本年利润”账户。

要求：根据上述业务编制相关会计分录。

4. 含光装饰公司（小企业）2023年实现利润总额200万元，按25%的税率交纳所得税（无纳税调整项目），按净利润的10%提取法定盈余公积，并分配给投资者利润20万元。

要求：（1）计算该公司2023年度的净利润，并编制计提所得税的会计分录。

（2）编制利润分配的会计分录。

（3）编制结转本年利润及结转利润分配各明细账户的会计分录。

5. 惠利公司（小企业）2023年年末结转前各损益类账户发生额（见表5-63）。

表5-63

损益类账户全年累计发生额

单位：元

账户名称	借方发生额	贷方发生额
主营业务收入		120 000
主营业务成本	60 000	
税金及附加	5 400	
销售费用	2 600	
管理费用	8 000	
财务费用	2 000	
其他业务收入		7 500
其他业务成本	4 500	
投资收益	1 500	
营业外收入		3 500
营业外支出	1 000	

要求：（1）计算惠利公司2023年的营业利润、利润总额。

（2）将各损益类账户发生额结转至“本年利润”账户。

（3）计算惠利公司2023年应交纳的所得税（无纳税调整事项）。

（4）计算惠利公司2023年的净利润。

（5）将“本年利润”账户结转至“利润分配”账户。

（6）按全年净利润的10%提取法定盈余公积，5%提取任意盈余公积。

（7）按可供分配利润的40%向投资者分配利润（年初未分配利润无余额）。

（8）将“利润分配”各明细账户转入“未分配利润”明细账户。

（9）计算年末“未分配利润”账户余额。

五、实训题

长沙含光电器公司（小企业）以预收货款的方式向天津电器公司销售电吹风。

要求：（1）根据银行电汇凭证（见表5-64）编制记账凭证（见表5-65）。

表5-64

中国工商银行电汇凭证（收账通知）

委托日期：2023年6月2日 №128

汇款人	全称	天津电器公司	收款人	全称	长沙含光电器公司
	账号	110202184562109927		账号	1102021845672208901
	汇出地点	省 天津 市/县		汇入地点	湖南 省 长沙 市/县
汇出行名称		中国工商银行文明里支行	汇入行名称		中国工商银行中山支行

金额	人民币（大写）	亿	千	百	十	万	千	百	十	元	角	分
	捌万元整				¥	8	0	0	0	0	0	0

款项已收入收款人账户 中国工商银行长沙市中山支行办理处 20230602 转讫 汇出行签章	支付密码 附加信息及用途： 复核： 记账：

此联给汇款人的收账通知

表5-65

记账凭证

年 月 日 字第 号

摘要	总账科目	明细科目	记账√	借方金额										记账√	贷方金额									
				千	百	十	万	千	百	十	元	角	分		千	百	十	万	千	百	十	元	角	分
合计																								

附件 张

会计主管 记账 出纳 审核 制单

（2）根据增值税专用发票的销货联（见表5-66）和代垫运费的单据（见表5-67），编制记账凭证（见表5-68）。

表5-66

湖南增值税专用发票

此联不作报销、扣税凭证使用

№00001256

开票日期：2023年6月9日

购买方	名　　称：天津电器公司 纳税人识别号：43036385643569 地址、电话：天津市河西区益阳道27号（电话略） 开户行及账号：中国工商银行文明里支行110202184562109927	密码区	略

货物或应税劳务名称	规格型号	单位	数量	单价	金额	税率	税额
电吹风	800W	个	800.00	100.00	80 000.00	13%	10 400.00
合　计					¥80 000.00		¥10 400.00
价税合计（大写）	⊗玖万零肆佰元整						（小写）¥90 400.00

销售方	名　　称：长沙含光电器公司 纳税人识别号：320303836556444 地址、电话：湖南省长沙市中山路76号（电话略） 开户行及账号：中国工商银行中山支行110202184567220890l	备注	长沙含光电器公司 320303836556444 发票专用章

收款人：　　复核：　　开票人：楚留　　销售方（章）

第一联：记账联　销售方记账凭证

表5-67

运费单据　　　　记字第2号

人民币（大写）：玖佰元整　　¥900.00

上款系 现金付讫 运费

领收人：

2023年6月9日

负责人：张天赐　　会计：李东　　出纳：付对　　经手人：王云

表5-68

记账凭证

年 月 日 字第 号

摘要	总账科目	明细科目	记账√	借方金额										记账√	贷方金额									
				千	百	十	万	千	百	十	元	角	分		千	百	十	万	千	百	十	元	角	分
合 计																								

附件 张

会计主管 记账 出纳 审核 制单

项目评价

项目评价表

内 容			评 价		
学习目标		评价项目	3	2	1
职业能力	收入的核算	1.收入的定义及特征			
		2.收入分类的确认			
		3.收入的日常账务处理			
	费用的核算	1.费用的定义及特征			
		2.费用的分类			
		3. 费用的日常核算			
	利润的核算	1.利润的定义及构成			
		2.利润的分步计算			
		3.利润的结转			
通用能力	组织能力				
	沟通能力				
	解决问题的能力				
	自我提高的能力				
	创新能力				
综合评价					

等级说明：
3——能高质、高效地完成此学习目标的全部内容，并能解决遇到的特殊问题
2——能高质、高效地完成此学习目标的全部内容
1——能完成此学习目标的全部内容，无须任何帮助和指导
评价说明：
优秀——达到3级水平
良好——达到2级水平
合格——全部任务都达到1级水平
不合格——不能达到1级水平

育人主题

遵纪守法，诚信经营
——瑞幸咖啡财务造假事件

1.瑞幸咖啡财务造假事件回顾

2019年，瑞幸咖啡在美国纳斯达克上市，对标星巴克。2020年，瑞幸咖啡被曝出财务造假。依据《中华人民共和国会计法》，财政部组织力量，自当年5月6日起对瑞幸咖啡公司（Luckin Coffee Inc.）境内2家主要运营主体瑞幸咖啡（中国）有限公司和瑞幸咖啡（北京）有限公司成立以来的会计信息质量开展检查，并延伸检查关联企业、金融机构23家。

检查发现，自2019年4月起至2019年年末，瑞幸咖啡公司通过虚构商品券业务增加交易额22.46亿元（人民币，下同），虚增收入21.19亿元（约占对外披露收入51.5亿元的41.15%），虚增成本费用12.11亿元，虚增利润9.08亿元。在这不到一年的时间里，“小蓝杯”从辉煌归于平凡，多次进入公众视线，成为人们关注的焦点。

2.瑞幸咖啡财务造假分析

研究发现，瑞幸咖啡财务造假的主要动机是：通过虚构收入维持高速增长的假象，进而推高公司的估值，便于实际控制人通过增发和股权质押获取控制权私利。瑞幸咖啡采用人为控制取餐码、私自下订单的方式，来夸大其销售量，据统计在2019年的第三、第四季度该公司至少分别虚增了69%与88%的销售量，同时，虚增除咖啡之外的其他产品收入也是其造假手段之一，光是让其员工购买代金券这一项就虚构了数亿元人民币的虚假收入。瑞幸咖啡还夸大了其广告费用支出至少150%。

瑞幸咖啡在短时间内得到消费者的认可，并在国内咖啡市场占据一席之地，得益于它的低价销售策略，首先，首单免费赠送、动辄发放打折优惠券等福利活动使消费者以低价即可购买到香气四溢的咖啡，十几元的“小蓝杯”很快受到追捧与喜爱。其次，只能线上下单，无形之中收集到了大量的用户数据，通过分析客户的大数据，瑞幸咖啡可以针对不同的消费者采用不同的促销手段。第三，瑞幸咖啡挖掘到了第三空间，购买咖啡的顾客大多是职场白领，他们没有更多时间在店内享用咖啡，因此瑞幸咖啡的成本中不包括店内享用咖啡的成本。

【思考与启发】

瑞幸咖啡横空出世，并用18个月火速上市，但在其“财务造假”事件曝光之后，公司形象轰然倒塌，给投资者带来巨大损失。该事件的发生，也给企业的股东、管理层、内

审部门、外审机构以及相关的监管部门敲响了警钟。

值得注意的是，随着资本市场的变化发展，我们监管部门应进一步完善相关法律法规，切实维护好市场运作的秩序，相关法律应强调企业充分披露投资者进行投资决策所必需的信息。法律法规的完善有利于规范企业的经营行为，从而有利于我国资本市场的持续稳定发展。另外，监管部门应严厉打击诸如财务造假等违法行为，做到违法必究，完善全方位的追究体制，不断提高对企业违法违规行为的处罚力度，从而净化市场生态，保护广大投资者的合法利益。同时，应加强多边跨境监管合作，努力做到相关监管主体的信息共享，打击跨境的违法违规行为，维护国际资本市场的公正、透明。

党的二十大报告指出要弘扬诚信文化，健全诚信建设长效机制。诚信经营就是一家企业的生存之道。常言道：侥幸就会不幸，失信寸步难行。唯有重信守诺，方能行稳致远。企业应严格遵守信息披露的可靠性原则，保证信息的真实性与可核性，并且及时进行信息披露，维护市场秩序，以诚信经营为基础，不断推动市场良性发展。

资料来源：佚名. 瑞幸咖啡造假事件（社会事件）[EB/OL].（2020-04-02）. https://baike.baidu.com/item/%E7%91%9E%E5%B9%B8%E5%92%96%E5%95%A1%E9%80%A0%E5%81%87%E4%BA%8B%E4%BB%B6/49730215?fr=ge_ala. 有改动.

项目六　筹资业务

学习目标

知识目标

1. 了解小企业短期借款、长期借款、实收资本、资本公积的含义。
2. 理解短期借款与长期借款的利息确认，掌握借款利息计算。
3. 理解实收资本和资本公积的确认条件。

能力目标

1. 能运用《小企业会计准则》，根据小企业筹集资金的不同渠道，对小企业借款、借款利息计提、还款进行账务处理。
2. 能运用《小企业会计准则》，对小企业接受投资、转增资本进行账务处理。

任务一　短期借款的核算

案例导入

俗话说“巧妇难为无米之炊”，没有米，再能干的巧妇也不能做出好饭菜。对于小企业而言，“米”即为企业的资金。小企业进行生产经营的资金，其主要的来源是从银行取得借款和投资者投入资本，也就是说资金的筹集包括负债筹集和资本筹集。其中，小企业的负债筹集是指从银行取得的借款，按偿还期间不同可分为短期借款和长期借款。

任务描述

长沙含光服饰公司（小企业）经营服饰生产和销售，在生产中需要购入进口的布料，现款不够，需要向银行借入短期借款以解燃眉之急。那么小企业取得银行借款后，根据原始凭证应进行怎样的账务处理呢？利息应怎样核算呢？此任务将带你解决这些问题。

知识准备

短期借款的核算

一、短期借款的核算内容

短期借款的核算主要包括三个方面的内容：

1. 取得借款的核算；
2. 借款利息的核算；
3. 归还借款的核算。

二、短期借款的确认与计量

短期借款一般期限不长，通常在取得借款日，按取得的金额入账。

三、账户设置

1.“短期借款”账户，核算小企业向银行或其他金融机构等借入的期限在1年以下（含1年）的各种借款。该账户属于负债类账户，其账户结构如下：

借方 **短期借款** 贷方

借方	贷方
偿还的短期借款本金数	借入的短期借款本金数
	期末余额：尚未偿还的短期借款本金数

该账户按借款种类、贷款人和币种进行明细核算。

2.“应付利息”账户，核算小企业按照合同约定应支付的利息。该账户属于负债类账户，其账户结构如下：

借方 **应付利息** 贷方

借方	贷方
支付已计提的利息	按期计提的借款利息
	期末余额：已计提但尚未支付的利息费用

该账户按照贷款人等进行明细核算。

任务实施

一、借入短期借款的账务处理

小企业借入短期借款时，借记“银行存款”账户，贷记“短期借款”账户。

【例6-1】2023年1月1日，长沙含光服饰公司（小企业）从中国工商银行借入6个月的借款（见表6-1、表6-2）。

表6-1

（流动资金贷款） **中国工商银行借款收据（入账通知）**

单位编号： 借款日期：2023年1月1日 合同编号：123456

<table>
<tr><td rowspan="3">收款单位</td><td>名　　称</td><td>长沙含光服饰公司</td><td rowspan="3">借款单位</td><td>名　　称</td><td colspan="10">长沙含光服饰公司</td></tr>
<tr><td>结算户账号</td><td>1102021845672108901</td><td>贷款户账号</td><td colspan="10">1102057651242519780</td></tr>
<tr><td>开户银行</td><td>中国工商银行中山支行</td><td>开户银行</td><td colspan="10">中国工商银行东塘支行</td></tr>
<tr><td colspan="2" rowspan="2">借款金额</td><td colspan="3" rowspan="2">人民币伍拾万元整</td><td>千</td><td>百</td><td>十</td><td>万</td><td>千</td><td>百</td><td>十</td><td>元</td><td>角</td><td>分</td></tr>
<tr><td></td><td>¥</td><td>5</td><td>0</td><td>0</td><td>0</td><td>0</td><td>0</td><td>0</td><td>0</td></tr>
<tr><td colspan="2">借款原因及用途</td><td>生产经营周转</td><td colspan="2">批准借款利率</td><td colspan="10">月息千分之五</td></tr>
<tr><td colspan="5">借款期限</td><td colspan="10" rowspan="6">你单位上列借款，已转入你单位结算户内，借款到期时由我行按期自你单位结算账户转还
此致
借款单位
中国工商银行 长沙市东塘支行办理处 20230101 办讫章
（银行盖章）</td></tr>
<tr><td colspan="2">期次</td><td>计划还款日期</td><td>√</td><td>计划还款金额</td></tr>
<tr><td colspan="2">6</td><td>2023年6月30日</td><td>√</td><td></td></tr>
<tr><td colspan="2"></td><td></td><td></td><td></td></tr>
<tr><td colspan="2"></td><td></td><td></td><td></td></tr>
<tr><td colspan="5">备注：</td></tr>
</table>

表6-2

中国工商银行短期借款合同　（合同编号）123456
签订合同单位：
中国工商银行长沙市东塘支行　（以下简称贷款方）
长沙含光服饰公司　（以下简称借款方，签章略）
长沙运达公司　（以下简称保证方，签章略）
为明确责任，恪守合同，特签订本合同，共同信守。
一、贷款种类：短期流动资金借款。
二、借款金额：伍拾万元整。
三、借款用途：生产经营周转。
四、借款利率：以月息千分之五计息，按季收息，利随本清。如遇国家调整利率，按调整后的规定计算。
五、贷款期限：借款时间自贰零贰叁年壹月壹日至贰零贰叁年陆月叁拾日止。
六、还款资金来源：产品销售收入。
七、还款方式：转账。
时间：2023年1月1日

根据借款收据（见表6-1）和借款合同（见表6-2），长沙含光服饰公司编制记账凭证（见表6-3）。

表6-3

记账凭证

2023年1月1日　记字第1号

摘要	总账科目	明细科目	记账√	借方金额 千	百	十	万	千	百	十	元	角	分	记账√	贷方金额 千	百	十	万	千	百	十	元	角	分
从工行借入6个月借款	银行存款					5	0	0	0	0	0	0	0											
	短期借款																5	0	0	0	0	0	0	0
合　计					¥	5	0	0	0	0	0	0	0			¥	5	0	0	0	0	0	0	0

附件2张

会计主管熊美丽　记账　出纳陈兰英　审核　制单刘艳丽

二、短期借款利息的账务处理

根据《中国人民银行关于人民币存贷款计结息问题的通知》的规定，小企业的短期借款一般是根据与银行签订的合同规定按月计提，按季支付。

1.短期借款利息的计算公式如下：

短期借款利息=借款本金×借款期限×借款利率

短期借款月利息=短期借款本金×年利率÷12

=短期借款本金×月利率

2. 计提短期借款利息时，借记“财务费用”账户，贷记“应付利息”账户。

3. 支付利息时，借记“应付利息”账户，贷记“银行存款”账户。

【例6-2】沿用【例6-1】资料，长沙含光服饰公司根据短期借款利息计提表（见表6-4），编制2023年1月份借款利息的记账凭证（见表6-5）。

表6-4

短期借款利息计提表

2023年1月31日　　　　单位：长沙含光服饰公司

本金	月利率	计息期限	利息
500 000.00	0.005	1个月	2 500.00
合　计			2 500.00

会计主管：熊美丽　　　　制表：刘艳丽

表6-5

记账凭证

2023年1月31日　　　　记字第38号

摘要	总账科目	明细科目	记账	借方金额										记账	贷方金额									
			√	千	百	十	万	千	百	十	元	角	分	√	千	百	十	万	千	百	十	元	角	分
计提1月份借款利息	财务费用							2	5	0	0	0	0											
	应付利息																		2	5	0	0	0	0
合　计							¥	2	5	0	0	0	0					¥	2	5	0	0	0	0

附件1张

会计主管熊美丽　　记账　　出纳　　审核　　制单刘艳丽

【小提示6-1】

上例中，计提2月份短期借款利息的账务处理同1月份的账务处理相同。

【例6-3】2023年3月31日，长沙含光服饰公司根据计收利息清单（见表6-6）编制记账凭证（见表6-7）。

表6-6

中国工商银行计收利息清单（支款通知）

2023年3月31日

户名	长沙含光服饰公司				账号	1102021845672130458
计息起止日期	2023年1月1日至2023年3月31日					左列存款利息已从你单位账户工行中山支行转出（章） 转账日期 2023年3月31日 中国工商银行 长沙市东塘支行办理处 20230331 办讫章
存款种类	存款账号	计息日贷款余额	计息积数	利率	计收利息金额	
	一般存款账户				7 500	
利息金额 人民币（大写）柒仟伍佰元整	千 百 十 万 千 百 十 元 角 分 ¥ 7 5 0 0 0 0					

表6-7

记账凭证

2023年3月31日　　　　记字第73号

摘要	总账科目	明细科目	记账√	借方金额 千	百	十	万	千	百	十	元	角	分	记账√	贷方金额 千	百	十	万	千	百	十	元	角	分
支付借款第一季度利息	财务费用							2	5	0	0	0	0											
	应付利息							5	0	0	0	0	0											
	银行存款																		7	5	0	0	0	0
合计							¥	7	5	0	0	0	0					¥	7	5	0	0	0	0

附件1张

会计主管熊美丽　　记账　　出纳陈兰英　　审核　　制单刘艳丽

【小提示6-2】

根据合同约定，短期借款利息是按月计息，按季支付。所以，长沙含光服饰公司要在3月份（即第一个季度末）向借款银行支付短期借款第一季度的利息。1月份和2月份的利息已经计提，则借记“应付利息”账户，而3月份的利息尚未计提，直接借记“财务费用”账户，按支付第一季度的利息，贷记“银行存款”账户。支付第二季度利息的账务处理与第一季度相同。

三、偿还借款的账务处理

在合同约定下，到了还款期就必须向银行归还借款本金及尚未支付的利息。

【例6-4】2023年6月30日，长沙含光服饰公司根据银行还款回单（见表6-8）编制记账凭证（见表6-9）。

表6-8

中国工商银行还款回单清单

2023年6月30日

户名		长沙含光服饰公司			账号	1102021845672130458
计息起止日期		2023年4月1日至2023年6月30日				左列存款本息已从你单位账户工行中山支行转出（章） 转账日期 2023年6月30日 中国工商银行 长沙市东塘支行办理处 20230630 办讫章
存款种类	存款账号	计息日贷款余额	计息积数	利率	计收利息金额	
	本金	500 000				
	利息				7 500	

本息金额合计	千	百	十	万	千	百	十	元	角	分
人民币（大写）伍拾万零柒仟伍佰元整		¥	5	0	7	5	0	0	0	0

表6-9

记账凭证

2023年6月30日　　记字第34号

摘要	总账科目	明细科目	记账√	借方金额										记账√	贷方金额								
				千	百	十	万	千	百	十	元	角	分		千	百	十	万	千	百	十	元	角	分
归还借款和第二季度利息	财务费用							2	5	0	0	0	0										
	应付利息							5	0	0	0	0	0										
	短期借款					5	0	0	0	0	0	0	0										
	银行存款																5	0	7	5	0	0	0	0
合计					¥	5	0	7	5	0	0	0	0			¥	5	0	7	5	0	0	0	0

附件1张

会计主管 熊美丽　　记账　　出纳 陈兰英　　审核　　制单 刘艳丽

【小思考6-1】

1.短期借款利息金额不大，可以直接支付，不用预提，在实际支付时直接记入

（　　）账户。

A.“财务费用”　　B.“管理费用”

C.“应付利息”　　D.“销售费用”

2.短期借款的期限通常在（　　）。

A.1年以上　　B.1年以下（含1年）

C.一个经营周期以内　　D.1年或一个经营周期以内

3.计算利息费用时，需要考虑（　　）。

A.借款本金　　B.借款利率

C.借款时间　　D.借款用途

【小练习6-1】

2022年11月1日，某小企业向银行借入400万元，期限为3个月，年利率为8%。要求编制2022年11月1日借入款项、2023年1月31日到期还本付息（本金和3个月利息）的会计分录。

【小实训6-1】

根据长沙含光服饰公司的借款利息计算表（见表6-10）编制记账凭证（见表6-11）。

表6-10

借款利息计算表

2023年1月25日　　金额单位：元

借款性质	借款期限	借款时间	计息期	借款金额	借款年利率	本月借款利息	备注
短期借款	2个月	2022.12.10	1个月	116 000.00	4.8%	464.00	短期借款按季支付利息
合　计				¥116 000.00		¥464.00	

表6-11

记账凭证

年　月　日　　字第　号

摘要	总账科目	明细科目	记账√	借方金额										记账√	贷方金额									
				千	百	十	万	千	百	十	元	角	分		千	百	十	万	千	百	十	元	角	分
合　计																								

附件　张

会计主管　　记账　　出纳　　审核　　制单

任务二 长期借款的核算

案例导入

长沙含光服饰公司在经营服饰生产和销售时，为了扩大公司的生产业务，需要增添一台大型的制衣流水线，但流水线属于大型设备，购置金额巨大，公司可动用的资金不够，决定向银行借入借款期限为2年的长期借款100万元。银行在审核了含光公司的相关文件后，决定贷款给含光公司。公司与银行签订了借款合同，合同约定借款利息按月计提，按年支付。

任务描述

小企业从事生产经营活动时为了扩大生产规模，增添设备或研制新产品，需要向银行借入金额较大且借款期限超过1年的长期借款。长期借款与短期借款除了借款期限不同之外，在账务处理上又有哪些不同呢？此任务将带你解决这些问题。

知识准备

一、长期借款的核算内容

长期借款的核算主要包括取得借款、借款利息、归还借款三个方面的内容。

长期借款的核算

二、账户设置

“长期借款”账户，核算小企业向银行或其他金融机构借入的期限在1年以上（不含1年）的各项借款。该账户属于负债类中非流动负债账户，其账户结构如下：

借方 **长期借款** 贷方

借方	贷方
还本付息的数额	借入长期借款的本金及到期一次还本付息的应付利息
	期末余额：尚未偿还的长期借款本息数额

该账户应按照借款种类、贷款人和币种进行明细核算。

任务实施

一、借入长期借款的账务处理

企业借入长期借款时，借记“银行存款”账户，贷记“长期借款”账户。

【例6-5】2023年1月1日，长沙含光服饰公司根据银行借款合同（见表6-12）和银行借款借据（见表6-13），编制记账凭证（见表6-14）。

表6-12

中国光大银行长期借款合同	（合同编号）234567

签订合同单位：

中国光大银行长沙市刘城桥支行　　（以下简称贷款方）

长沙含光服饰公司　　（以下简称借款方，签章略）

长沙运达公司　　（以下简称保证方，签章略）

为明确责任，恪守合同，特签订本合同，共同信守。

一、贷款种类：长期借款。

二、借款金额：贰佰万元整。

三、借款用途：购入设备用。

四、借款利率：按年息百分之十二每月计提利息，按年支付利息，利随本清。如遇国家调整利率，按调整后的规定计算。

五、贷款期限：借款时间自贰零贰叁年壹月壹日至贰零贰伍年壹月壹日止。

六、还款资金来源：产品销售收入。

七、还款方式：转账。

时间：2023年1月1日

表6-13

中国光大银行借款借据（收账通知）

借款企业名称：长沙含光服饰公司　　2023年1月1日　　合同编号：234567

贷款种类	长期借款	贷款号	124	存款账号	11020218745721067 81

借款金额		亿	千	百	十	万	千	百	十	元	角	分
	人民币贰佰万元整		¥	2	0	0	0	0	0	0	0	0

借款用途	购入设备用
约定还款期	期限24个月　于2025年1月1日到期

上列借款已批准发放，转入你单位存款账户 中国光大银行 长沙市刘城桥支行办理处 20230101 办讫章 此致 单位 （银行签章）	单位分录： （借） （贷） 主管：　会计：　复核：　记账： 2023年1月1日

表6-14

记账凭证

2023年1月1日　　　　记字第5号

摘要	总账科目	明细科目	记账√	借方金额										记账√	贷方金额									
				千	百	十	万	千	百	十	元	角	分		千	百	十	万	千	百	十	元	角	分
借入长期借款	银行存款				2	0	0	0	0	0	0	0	0											
	长期借款															2	0	0	0	0	0	0	0	0
合　计				¥	2	0	0	0	0	0	0	0	0		¥	2	0	0	0	0	0	0	0	0

附件2张

会计主管熊美丽　　记账　　出纳陈兰英　　审核　　制单刘艳丽

二、长期借款利息的账务处理

长期借款所发生的利息支出，应根据权责发生制原则，按照借款本金及合同利率计算利息费用，计入在建项目的成本或计入当期财务费用。具体处理如下：

1. 为购建固定资产而发生的长期借款利息，在办理固定资产竣工决算前所发生的，应计入所建造的固定资产账面价值，予以资本化。

2. 为购建固定资产而发生的长期借款利息，在固定资产交付使用并办理竣工决算后所发生的，直接计入当期损益，予以费用化。

3. 属于流动负债性质的借款利息，或者虽然属于长期负债性质但未用于购建固定资产的借款利息，应直接计入当期损益。

4. 为投资而发生的借款利息，直接计入当期损益。

【例6-6】长沙含光服饰公司计提2023年1月份的长期借款利息（见表6-15），该长期借款用于购买不需要安装的大型生产流水线。要求编制相关记账凭证（见表6-16）。

表6-15

借款利息计算表

2023年1月31日　　　　金额单位：元

借款性质	借款期限	借款时间	计息期	借款金额	借款年利率	本月计提借款利息	备注
长期借款	2年	2023.1.1	1年	1 000 000.00	12%	10 000.00	长期借款按年支付利息
合　计				¥1 000 000.00		¥10 000.00	

表6-16

记账凭证

2023年1月31日　　　　　　记字第42号

摘要	总账科目	明细科目	记账	借方金额										记账	贷方金额									
			√	千	百	十	万	千	百	十	元	角	分	√	千	百	十	万	千	百	十	元	角	分
计提长期借款1月份利息	财务费用						1	0	0	0	0	0	0											
	应付利息																	1	0	0	0	0	0	0
合　计						¥	1	0	0	0	0	0	0				¥	1	0	0	0	0	0	0

附件1张

会计主管熊美丽　　记账　　出纳　　审核　　制单刘艳丽

【小提示6-3】

如果购入的设备是需要安装调试的生产线，则设备在安装调试期间，长期借款利息处理借记“在建工程”账户，贷记“应付利息”账户。

长期借款与短期借款利息核算差异在于：长期借款利息在计提时可记入“在建工程”或者“财务费用”账户，而短期借款利息计提时均记入“财务费用”账户。

三、偿还长期借款的账务处理

按照付息方式与本金的偿还方式，可将长期借款分为分期付息到期还本的长期借款和到期一次还本付息的长期借款。

偿还长期借款与偿还短期借款的账务处理是相似的，在归还长期借款本金时，借记“长期借款”账户，贷记“银行存款”账户。

【例6-7】长沙含光服饰公司于2023年7月1日归还2年前借入的长期借款本金100万元，并支付第2年的借款利息12万元。编制相关会计分录如下：

借：长期借款　　1 000 000

　　应付利息　　120 000

　贷：银行存款　　1 120 000

【小思考6-2】

1. 小企业到期偿还长期借款，应借记（　　）账户。

A.“银行存款”　　B.“长期借款”

C.“短期借款”　　D.“应付账款”

2. 固定资产办理竣工决算前发生的长期借款利息支出，应通过（　　）账户核算。

A.“制造费用” B.“财务费用”

C.“在建工程” D.“固定资产”

3.长期借款计提利息时，贷方应记入（ ）账户。

A.“财务费用” B.“银行存款”

C.“其他应付款” D.“应付利息”

【小练习6-2】

2023年1月1日，长沙含光服饰公司为购建固定资产从工商银行借入一笔款项，借款本金为500 000元，期限为3年，年利率为10%。假定该长期借款按季计息，一次还本，按年付息。到2024年12月末固定资产办理竣工决算手续。要求编制2023年取得借款、按季计提利息、年末支付利息的会计分录。

【小实训6-2】

根据长沙含光服饰公司12月份的借款利息计算表（见表6-17）编制记账凭证（见表6-18）。

表6-17

借款利息计算表

2023年12月31日 金额单位：元

借款性质	借款期限	借款时间	计息期	借款金额	借款年利率	本月借款利息	备注
长期借款	2年	2023.7.1	1个月	348 000	7.2%	2 088	长期借款的目的是购入设备，该设备正在安装，尚未投入使用
短期借款	2个月	2023.12.1	1个月	116 000	4.8%	464	
合 计				¥464 000		¥2 552	

表6-18

记账凭证

年 月 日 字第 号

摘要	总账科目	明细科目	记账√	借方金额										记账√	贷方金额									
				千	百	十	万	千	百	十	元	角	分		千	百	十	万	千	百	十	元	角	分
合 计																								

附件 张

会计主管 记账 出纳 审核 制单

任务三　接受投资的核算

案例导入

大学生小强毕业后打算创业，在长沙开一家小型的服装加工厂，估计要花60万元才能成立这家服装厂。可是小强自己只有30万元，剩余资金怎么办呢？小强有两个朋友，他们看中了小强的策划，觉得小强成立的公司很有发展潜力，决定投资入股。三人经协商决定其他两人每人各投入15万元，三个人全部的投资加起来为60万元，已达到开办小型服装公司的资本金标准。于是他们到市场监督管理局进行验资注册资本，并办理了企业营业执照。

任务描述

我国实行法定注册资本制，投资者设立小企业必须首先投入资本，投资人按其投资额占注册资本的比例享有企业相关权利。那么小企业接受投资者投入资本应怎样进行确认和计量？又应怎样进行核算呢？此任务将带你解决这些问题。

知识准备

接受投资的核算

一、小企业资本金的制度

1. 小企业接受投资，必须有一定数量的资本金（在工商管理部门注册登记的注册资金）。

2. 投资者可以货币、实物、无形资产等向企业投资。

3. 除法律另有规定外，投资人一般不能要求收回投资。

4. 小企业扩大规模增资或缩小规模减资都要报经有关部门批准，并在工商管理部门注册登记。

二、实收资本的分类

实收资本是小企业注册登记的法定资本总额的来源，也是投资者按企业章程、合同、协议或有关约定，实际投入企业的资本。实收资本的分类，见表6-19。

表6-19

实收资本的分类

按照投资主体的不同	国家投入资本
	法人投入资本
	个人投入资本
	外商投入资本
按照投入资本物质形态的不同	货币投资
	实物投资
	有价证券投资
	无形资产投资

三、账户设置

1.“实收资本”账户，核算小企业收到投资者按照合同协议约定或相关规定投入的构成注册资本的部分。该账户属于所有者权益类账户，其账户结构如下：

借方 **实收资本** 贷方

按法定程序而减少的注册资本数额	实际收到的投资或因转增资本而增加的注册资本数额
	期末余额：小企业实收资本总额

该账户按投资者进行明细核算。

2.“资本公积”账户，核算小企业收到投资者超出其注册资本所占份额的部分。该账户属于所有者权益类账户，其账户结构如下：

借方 **资本公积** 贷方

资本公积的减少数额	资本公积的增加数额
	期末余额：反映小企业资本公积总额

该账户只设置“资本溢价（股本溢价）”明细账户。

任务实施

一、接受货币资金投资的账务处理

小企业收到所有者投入的货币资金时，按实际收到的款项，借记“银行存款”账户，并按照其在注册资本中所占的份额，贷记“实收资本”账户，按其差额贷记“资本公积”账户。

【例6-8】2023年5月5日，长沙含光服饰公司收到宏业公司投资款（见表6-20、表6-21）。

表6-20

投资协议

接受投资单位：长沙含光服饰公司（甲方）

投资单位：长沙宏业公司（乙方）

甲方为筹集开发项目所需资金，经与乙方协作并遵循以下投资规定：

1.乙方对甲方投资贰拾万元整，签订协议日后三天交清。

2.投资额占甲方全部资金的20%，并按此比例享受年利润的分配。

3.乙方可参与甲方生产经营的监督和管理。

特此协议。

甲方签章：长沙含光服饰公司（盖章）　　　　乙方签章：长沙宏业公司（盖章）

2023年5月2日

表6-21

中国工商银行进账单（收账通知）　　3

2023年5月5日

出票人	全　称	长沙宏业公司	收款人	全　称	长沙含光服饰公司
	账　号	1103041591825476260		账　号	1102021845672108901
	开户银行	中国工商银行星沙城北支行		开户银行	中国工商银行中山支行

金额	人民币（大写）	亿	千	百	十	万	千	百	十	元	角	分
	贰拾万元整			¥	2	0	0	0	0	0	0	0

票据种类	转账支票	票据张数	壹张
票据号码			
复核：	记账：		

中国工商银行
长沙市中山支行办理处
20230505
办讫章
开户银行签章

收款人开户银行交给收款人的收账通知

根据投资协议（见表6-20）和进账单（见表6-21），长沙含光服饰公司编制记账凭证（见表6-22）。

表6-22

记账凭证

2023年5月5日　　　　记字第8号

摘要	总账科目	明细科目	记账√	借方金额										记账√	贷方金额									
				千	百	十	万	千	百	十	元	角	分		千	百	十	万	千	百	十	元	角	分
收到投入的货币资金	银行存款					2	0	0	0	0	0	0	0											
	实收资本	宏业公司															2	0	0	0	0	0	0	0
合　计					¥	2	0	0	0	0	0	0	0			¥	2	0	0	0	0	0	0	0

附件2张

会计主管熊美丽　　记账　　出纳陈兰英　　审核　　制单刘艳丽

二、接受非货币投资的账务处理

小企业接受投资者投入的设备、原材料等非货币资产时，应当按照投资各方签订的投资合同或协议约定的价值，借记“固定资产”“原材料”等账户，并按照其在注册资本中所占的份额，贷记“实收资本”账户，按其差额贷记“资本公积”账户。

【例6-9】2023年6月10日，长沙含光服饰公司收到长沙盛达公司作为资本投入的下列物资：（1）不需安装的设备一台，经双方协商，按公允价值80 000元确认；（2）原料棉布一批，经双方确认的价值为20 000元，经税务部门认定的增值税为2 600元。此项投资与注册资本享有的份额是一致的。相关原始凭证如下（见表6-23、表6-24、表6-25、表6-26）：

表6-23

投资协议

经双方协商，长沙盛达公司投资设备一台，双方协商按公允价值捌万元整确认；投资原料一批，双方协商后的原料价值为贰万元整，经税务部门认定的增值税为贰仟陆佰元整。投资期限十年，每年按投资比例分配长沙含光服饰公司的净利润。

特签此协议。

（此件另存）

甲方投资单位：长沙盛达公司　　　　乙方接受投资单位：长沙含光服饰公司

2023年6月8日

表6-24

材料入库单（记账凭单）

供货单位：长沙盛达公司　　　　材料类别：　　　　编号：356

发票号码：　　　　2023年6月10日　　　　材料编号：　　　　仓库：1号仓库

材料名称	计量单位	规格型号	数量		实际成本				
			应收	实收	单价	金额	运杂费	其他	合计
棉布	米	50*40	400.00	400.00	50.00	20 000.00	0.00	0.00	20 000.00
备注：					合计	20 000.00			20 000.00

第二联：财务联

采购：王青　　检验：李平　　保管：楚云　　主管：　　财务：

表6-25

固定资产验收单

2023年6月10日

名称	规格型号	单位	数量	设备价款	预计使用年限	使用部门
制衣生产线	1SD	台	1	80 000.00	10年	生产部门用
合　计				¥80 000.00		

单位主管：肖志华　　　　检验：李平　　　　经办：潘希

表6-26

湖南增值税专用发票

发票联

№00000175

开票日期：2023年6月10日

购买方			
名　　称：	长沙含光服饰公司	密码区	略
纳税人识别号：	320303836556447		
地址、电话：	长沙市开福区芙蓉中路155号（电话略）		
开户行及账号：	中国工商银行中山支行1102021845672108901		

货物或应税劳务名称	规格型号	单位	数量	单价	金额	税率	税额
棉布	50*40	米	400.00	50.00	20 000.00	13%	2 600.00
合　计					¥20 000.00		¥2 600.00
价税合计（大写）	⊗贰万贰仟陆佰元整						（小写）¥22 600.00

销售方			
名　　称：	长沙盛达公司	备注	长沙盛达公司 320303853102465 发票专用章
纳税人识别号：	320303853102465		
地址、电话：	长沙市韶山南路887号（电话略）		
开户行及账号：	中国工商银行韶山路支行1102459870000123005		

收款人：张平　　复核：王连　　开票人：李其　　销售方（章）

第三联：发票联　购买方记账凭证

根据投资协议（见表6-23）、材料入库单（见表6-24）、固定资产验收单（见表6-25）、增值税专用发票（见表6-26），长沙含光服饰公司编制记账凭证（见表6-27）。

表6-27

记账凭证

2023年6月10日　　　　记字第29号

摘要	总账科目	明细科目	记账√	借方金额										记账√	贷方金额									
				千	百	十	万	千	百	十	元	角	分		千	百	十	万	千	百	十	元	角	分
收到盛达公司投入的机器	固定资产						8	0	0	0	0	0	0											
设备及原材料	原材料	棉布					2	0	0	0	0	0	0											
	应交税费	应交增值税						2	6	0	0	0	0											
	实收资本	盛达公司															1	0	2	6	0	0	0	0
合　计					¥	1	0	2	6	0	0	0	0			¥	1	0	2	6	0	0	0	0

附件4张

会计主管 熊美丽　　记账　　出纳　　审核　　制单 刘艳丽

【例6-10】长沙含光服饰公司业务蒸蒸日上，A投资公司看中了长沙含光服饰公司的发展潜力，决定投资入股。A投资公司决定以200万元进行货币投资。但是含光服饰公司原注册资本是800万元，加入新股东后，要办理增资手续，使注册资本增加到1 000万元，A投资公司的持股比例为15%。长沙含光服饰公司的会计处理如下：

实收资本金额=1 000×15%=150（万元）

借：银行存款　　2 000 000

　贷：实收资本——A投资公司　　1 500 000

　　　资本公积——资本溢价　　500 000

【小练习6-3】

2023年3月25日，含新公司（小企业）收到长城公司投入的一台生产线，该设备原值为50 000元，已提折旧10 000元，双方约定其价值为35 000元，长城公司占含新公司400 000元注册资本的5%。要求编制相关会计分录。

三、盈余公积转增资本的账务处理

盈余公积是小企业所有者权益的一个组成部分，是小企业按照法律规定在税后利润中提取的法定公积金和任意公积金。小企业将盈余公积转增资本时，必须经股东大会决议批准后才能实施。在将盈余公积转增资本时，要按股东原有持股比例进行结转，按照实际转增的盈余公积金额，借记“盈余公积”账户，贷记“实收资本”账户。

【例6-11】长沙含光服饰公司（小企业）为适应经营规模扩大的需要，经批准将盈余公积500 000元按出资比例转增资本（出资比例为友阿公司40%、华天公司10%、沅江物资公司50%），用于扩大企业的生产经营。编制会计分录如下：

借：盈余公积　　500 000

　贷：实收资本——友阿公司　　200 000

　　　　　　——华天公司　　50 000

　　　　　　——沅江物资公司　　250 000

四、资本公积转增资本的账务处理

小企业用资本公积转增资本，应当冲减资本公积，借记“资本公积”账户，贷记“实收资本”账户。

【例6-12】长沙含光服饰公司（小企业）为扩大经营，经批准将资本公积100 000元按出资比例转增资本（出资比例为友阿公司40%、华天公司10%、沅江物资公司50%）。编制会计分录如下：

借：资本公积　　100 000

　贷：实收资本——友阿公司　　40 000

　　　　　　——华天公司　　10 000

　　　　　　——沅江物资公司　　50 000

五、实收资本减少的核算

根据有关规定，小企业减少注册资本时，应借记“实收资本”账户，贷记“银行存款”账户。

【小知识6-1】

小企业实收资本减少的原因有：一是资本过剩，企业因资本过剩而减资，一般要发还股款；二是小企业发生重大亏损而需要减少实收资本；三是股份公司发展到一定时期，资本结构须发生改变，通过股票回购的方式来减少公司实收资本，达到调节资本结构的目的。

项目小结

本项目主要介绍了小企业短期借款、长期借款、实收资本、资本公积的含义，理解实收资本和资本公积的确认条件。通过学习，要求学生能熟练掌握小企业借入款项、计提借款利息及还款的账务处理，以及小企业接受投资和转增资本的账务处理。

项目训练

一、单项选择题

1.小企业“短期借款”账户应按照（　　）设置明细账。

A.借款种类　　B.债权人

C.借款的性质　　D.借款的时间

2.某小企业于2022年7月1日取得期限为5年、到期一次还本付息的长期借款800 000元，年利率为7%。2023年12月31日该长期借款的账面价值为（　　）元。

A.884 000　　B.856 000

C.828 000　　D.800 000

3.小企业按季支付已预提的银行短期借款利息时，应借记（　　）账户。

A.“应付利息”　　B.“短期借款”

C.“财务费用”　　D.“预付账款”

4.小企业短期借款利息数额不大，可以直接支付而不预提，在实际支付时直接记入（　　）账户。

A.“财务费用”　　B.“管理费用”

C.“应付利息”　　D.“销售费用”

5.下列关于小企业短期借款的说法中，不正确的是（　　）。

A.短期借款的期限在1年（含1年）以下

B.“短期借款”账户借方登记归还的短期借款

C.短期借款利息一律记入“财务费用”账户的借方

D.短期借款的利息必须预提

6.小企业固定资产办理竣工决算后发生的长期借款利息支出，应通过（　　）账户核算。

A.“制造费用”　　B.“财务费用”

C.“在建工程”　　D.“固定资产”

7.小企业收到投资方以现金投入的资本，实际投入的金额超过其在注册资本中所占份额的部分，应记入（　　）账户。

A.“实收资本”　　B.“资本公积”

C.“盈余公积”　　D.“投资收益”

8.下列不属于小企业所有者权益类账户的是（　　）。

A.“实收资本”　　B.“应付股利”

C.“资本公积”

D.“盈余公积”

9.小企业所有者权益由（　　）构成。

A.实收资本、资本公积、未分配利润

B.实收资本、资本公积、留存收益

C.留存收益、资本公积、未分配利润

D.留存收益、实收资本、未分配利润

10.下列不属于小企业“长期借款”明细账户的是（　　）。

A.面值

B.利息调整

C.应付利息

D.本金

二、多项选择题

1.小企业长期借款计息所涉及的账户有（　　）。

A.“管理费用”

B.“财务费用”

C.“在建工程”

D.“应付利息”

2.小企业计提短期借款利息时，涉及的会计账户有（　　）。

A.“短期借款”

B.“应付利息”

C.“财务费用”

D.“制造费用”

3.下列关于小企业短期借款的利息处理方法，正确的有（　　）。

A.采用预提的方法，分期计入财务费用

B.一次计入财务费用

C.一次计入短期借款

D.采用预提的方法，分期计入短期借款

4.小企业对购建固定资产而专门借入的款项，在固定资产办理竣工决算前所发生的利息不应记入（　　）账户。

A.“在建工程”

B.“财务费用”

C.“销售费用”

D.“制造费用”

5.某小企业于2023年1月31日从银行取得期限为3个月、金额为30 000元的短期借款，年利率为4%。下列关于该短期借款的账务处理，正确的有（　　）。（假设按月计提利息按季支付）

A.借：短期借款　　30 300
　　贷：银行存款　　30 300

B.借：财务费用　　100
　　贷：应付利息　　100

C.借：财务费用　　100
　　贷：短期借款　　100

D.借：短期借款　　30 000
　　　应付利息　　200
　　　财务费用　　100
　　贷：银行存款　　30 300

6.长沙含光服饰公司（小企业）于2023年1月2日从银行借入期限为半年、年利率为6%的借款1 000 000元，月末计提当月应负担的借款利息。假定合同约定到期还本付息，7月1日期满，如期归还。下列编制的会计分录中，正确的有（　　）。

A.借：短期借款　　1 000 000
　　贷：银行存款　　1 000 000

B.借：应付利息　　30 000
　　贷：银行存款　　30 000

C.借：财务费用　　5 000
　　贷：应付利息　　5 000

D.借：银行存款　　1 000 000
　　贷：短期借款　　1 000 000

7. 下列关于小企业“实收资本”账户的说法中，正确的有（ ）。

A. 实收资本属于所有者权益类账户

B. 该账户的贷方登记投资者对企业投资的增加额

C. 期末借方余额表示投资者对企业投资的实有数

D. 该账户应该按照投资者设明细账户

8. 投资者投入小企业的财产可为（ ）。

A. 货币资金　　B. 机器设备

C. 长期待摊费用　　D. 专利技术

9. 小企业增加实收资本的途径主要有（ ）。

A. 由投资者投入　　B. 从银行借入

C. 由资本公积转增　　D. 由盈余公积转增

10. 小企业收到投资者的出资时，下列账户的余额可能发生变化的有（ ）。

A. “盈余公积”　　B. “资本公积”

C. “实收资本”　　D. “利润分配”

三、判断题

1. 小企业为购建固定资产而借入的专门借款的利息，应全部计入固定资产的成本。（ ）

2. 小企业为了及时、如实地反映款项的借入和偿还情况，应设置“短期借款”账户。该账户贷方登记取得借款的本金数额，借方登记偿还借款的本金数额。（ ）

3. 小企业长期借款是为了满足因生产经营周期资金不足产生的临时需要。（ ）

4. 小企业向银行借入的款项按偿还时间的长短，划分为短期借款和长期借款。（ ）

5. 小企业借入的期限在1年以上（包含1年）的各种借款为长期借款。（ ）

6. 小企业从工业企业借入的期限在1年以下的各种借款也通过短期借款来核算。（ ）

7. 小企业资本公积只有在所有者投入的资金超过注册资本总额时才可能增加。（ ）

8. 小企业的实收资本应当与注册资本相一致，企业不得擅自改变注册资本的数额或抽逃资金。（ ）

9. 小企业收到的投资者投入的资金，可能不全部属于实收资本。（ ）

10. 小企业的所有者投入的资本金，在一般情况下不需偿还并可长期拥有。（ ）

四、计算分录题

1. 2023年1月1日，长沙含光服饰公司（小企业）为购建固定资产从工商银行借入一笔款项，借款本金为800 000元，期限为2年，年利率为10%。该长期借款每半年付息一次，付息日为7月1日和1月1日，到期一次还本。2023年年末固定资产尚未办理竣工决算。

要求：编制2023年1月1日取得借款、6月30日计提利息、7月1日支付利息的会计分录。

2. 长沙含光服饰公司（小企业）于2023年7月1日借入一笔期限为6个月的短期借款，借款本金为100 000元，季度利率为8%，按季度预提利息，到期一次支付本息。

要求：编制2023年7月1日取得借款、按季计提利息、到期一次支付本息的会计分录。

3. 长沙光明公司（小企业）由A、B、C三个投资者共同出资成立，A投入货币资金100 000元，B投入货币资金120 000元，C以房屋和设备进行投资，其中房屋评估价100 000元，设备评估价80 000元。投入资本与注册资本金额一致。

要求：（1）计算该公司注册资本的数额并计算各方投资者所享有的资本比例。

（2）编制接受投资的会计分录。

4.2023年8月，长沙茂源公司（小企业）原注册资本450万元，现有长沙白沙公司加入，占有长沙茂源公司注册资本10%的份额。长沙白沙公司投入20万元货币资金和一台机器，该机器经双方评估确认的价值为35万元（不考虑增值税），加入后注册资本为500万元，货币资金已收存银行，机器已验收并投入使用。

要求：根据上述资料编制长沙茂源公司接受追加投资的会计分录。

五、操作题

1. 长沙圣达公司（小企业）接受长沙旺和公司的投资。

要求：根据投资协议（见表6-28）和收账通知（见表6-29）编制记账凭证（见表6-30）。

表6-28

投资协议

甲方：长沙圣达公司

乙方：长沙旺和公司

经协商甲方为扩大生产规模，同意乙方投入货币资金人民币叁拾万元整（¥300 000）。

（其他略）

合同专用章　　　　合同专用章

甲方：长沙圣达公司签字（盖章）　　　　乙方：长沙旺和公司签字（盖章）

日期：2023年1月3日　　　　日期：2023年1月3日

表6-29

中国工商银行进账单（收账通知）　　3

2023年1月3日

<table>
<tr><td rowspan="3">出票人</td><td>全　称</td><td>长沙旺和公司</td><td rowspan="3">收款人</td><td>全　称</td><td colspan="11">长沙圣达公司</td></tr>
<tr><td>账　号</td><td>1102050033238176342</td><td>账　号</td><td colspan="11">1101245783447508600</td></tr>
<tr><td>开户银行</td><td>招商银行五一路支行</td><td>开户银行</td><td colspan="11">中国工商银行东塘支行</td></tr>
<tr><td rowspan="2">金额</td><td rowspan="2">人民币（大写）</td><td rowspan="2" colspan="3">叁拾万元整</td><td>亿</td><td>千</td><td>百</td><td>十</td><td>万</td><td>千</td><td>百</td><td>十</td><td>元</td><td>角</td><td>分</td></tr>
<tr><td></td><td></td><td>¥</td><td>3</td><td>0</td><td>0</td><td>0</td><td>0</td><td>0</td><td>0</td><td>0</td></tr>
<tr><td colspan="2">票据种类</td><td>转账支票　票据张数　壹张</td><td colspan="13" rowspan="3">中国工商银行
长沙市东塘支行办理处
20230103
办讫章
开户银行签章</td></tr>
<tr><td colspan="2">票据号码</td><td>2834606</td></tr>
<tr><td colspan="3">复核：　　记账：</td></tr>
</table>

收款人开户银行交给收款人的收账通知

表6-30

记账凭证

年　月　日　　　　字第　号

摘要	总账科目	明细科目	记账√	借方金额 千	百	十	万	千	百	十	元	角	分	记账√	贷方金额 千	百	十	万	千	百	十	元	角	分
合　计																								

附件　张

会计主管　　记账　　出纳　　审核　　制单

2. 长沙圣达公司（小企业）支付短期借款的利息，前2个月已计提（见表6-31）。

表6-31

中国工商银行计收利息清单（支款通知）

2023年9月30日

户名	长沙圣达公司				账号	1104523432100013525
计息起止日期	2023年7月1日至2023年9月30日					上列存款利息已从你单位账户工行东塘支行转出（章） 转账日期 2023年9月30日
存款种类	存款账号	计息日贷款余额	计息积数	利率	计收利息金额	
	活期存款			2%	19 020	

利息金额 人民币（大写）壹万玖仟零贰拾元整	千	百	十	万	千	百	十	元	角	分
			¥	1	9	0	2	0	0	0

要求：根据计收利息清单（见表6-31）编制记账凭证（见表6-32）。

表6-32

记账凭证

年　月　日　　　　字第　号

摘要	总账科目	明细科目	记账√	借方金额 千	百	十	万	千	百	十	元	角	分	记账√	贷方金额 千	百	十	万	千	百	十	元	角	分
合　计																								

附件　张

会计主管　　记账　　出纳　　审核　　制单

3.长沙圣达公司（小企业）从中国工商银行借入1个月的借款（见表6-33）。

表6-33

（流动资金贷款）

中国工商银行借款凭证

单位编号：23658902　　借款日期：2023年1月25日　　银行编号：

借款人	名称	长沙圣达公司	收款人	名称	长沙圣达公司
	账号	1104523432100013525		账号	1104523432100013525
	开户银行	中国工商银行伍家岭支行		开户银行	中国工商银行伍家岭支行
借款期限（最后还款日）		2023年2月25日	利率	0.048	起息日期 2023年1月25日

		千	百	十	万	千	百	十	元	角	分
借款申请金额	人民币（大写）壹拾万元整		¥	1	0	0	0	0	0	0	0
借款原因及用途	用于流动资金周转　银行核定金额		¥	1	0	0	0	0	0	0	0

期限	计划还款日期	√	计划还款金额	分次还款记录	期次	还款日期	还款金额	结欠
1个月	2023年2月25日	√	100 000.00					

备注：	上述借款业已同意贷给并转入你单位往来账户，借款到期应按期归还 此致 借款单位 中国工商银行长沙市伍家岭支行办理处 20230125 转讫 （银行盖章）

要求：根据借款凭证（见表6-33）编制记账凭证（见表6-34）。

表6-34

记账凭证

年　月　日　　字第　号

摘要	总账科目	明细科目	记账√	借方金额										记账√	贷方金额									
				千	百	十	万	千	百	十	元	角	分		千	百	十	万	千	百	十	元	角	分
合　计																								

附件　张

会计主管　　记账　　出纳　　审核　　制单

项目评价

项目评价表

内　　　容			评 价		
学习目标		评价项目	3	2	1
职业能力	短期借款的核算	1.短期借款借入款项核算内容			
		2.利息的计量			
		3.归还短期借款的核算			
	长期借款的核算	1.长期借款借入款项的核算			
		2.利息的账务处理			
		3.归还长期借款的核算			
	接受投资的核算	1.接受货币资金的核算			
		2.接受非货币资金的核算			
		3.资本公积的核算			
通用能力	组织能力				
	沟通能力				
	解决问题的能力				
	自我提高的能力				
	创新能力				
综合评价					

等级说明：

3——能高质、高效地完成此学习目标的全部内容，并能解决遇到的特殊问题

2——能高质、高效地完成此学习目标的全部内容

1——能完成此学习目标的全部内容，无须任何帮助和指导

评价说明：

优秀——达到3级水平

良好——达到2级水平

合格——全部任务都达到1级水平

不合格——不能达到1级水平

育人主题

树立正确理财观念，警惕非法融资陷阱

辽宁康鼎食品科技有限公司融资骗局

2015年4月，辽宁康鼎食品科技有限公司董事长兰某某在辽宁省丹东市注册成立辽宁康鼎食品科技有限公司，公司成立后一直修建厂房。2016年年初，兰某某因资金短缺，无法继续经营公司，并且银行贷款未能获得审批，兰某某为获取资金，根据传销组织的传销模式，勾结有传销案底和盗窃案底的社会闲散人员，以“消费增值”为名义，以高额返利为诱饵，相继制定了7套销售方案和3套促销活动方案，方案规定了购买公司产品进行投单方能成为公司会员，公司销售的产品价格高昂、物非所值且绝大部分是公司贴牌包装的产品。方案规定了动态、静态两种收益模式，其中动态收益是根据发展会员进行投单计算的，先入会会员从发展的下线会员的投资中获取收益，即直接推荐一人获得“直推

奖”，推荐的会员再发展下线即可获得“代数奖”。

在辽宁康鼎食品科技有限公司给予推荐奖励和工资的双重刺激下，各地发展会员较多的传销骨干相继成立了分公司，推行辽宁康鼎食品科技有限公司的销售方案，公开面向全社会发展会员，接收会员进行投单。案发前，兰某某累计非法吸收公众资金5亿元。

天网恢恢疏而不漏，以兰某某为首的不法团伙向社会不特定对象吸收资金，数额巨大，扰乱金融秩序，已构成非法吸收公众存款罪。2017年9月，兰某某等6人被批准逮捕，2019年1月兰某某被吉林省集安市法院判处有期徒刑3年缓刑5年及罚金等。天上不可能掉馅饼，贪小便宜吃大亏，切勿上当受骗!

【思考与启发】

一、一些投融资公司常见的骗术

1.名号大，扯着虎皮当大旗，在公司名称前加注一些大的称谓：比如“环球”“国际”“亚洲”等等字眼。

2.名号洋，假借国外的一些投资公司的名字行骗，甚至直接胡编乱造一些洋名行骗。

3.要求低，只要你有项目，只要你有计划，大多许诺包你操作成功。从来不对投资项目有硬性的要求，这样才能保证其有相当广泛的受众基础。

4.承诺高，大多承诺不成功不收费，操作过程中不收任何费用，成功后付费，但投资方在骗取评估费后就会以该项目不适合操作而结束。

二、知法学法，警惕非法融资陷阱

非法集资犯罪是典型的涉众类犯罪，极易引发次生风险，社会危害性高。《中华人民共和国刑法》第一百七十六条规定，非法吸收公众存款或者变相吸收公众存款，扰乱金融秩序的，处三年以下有期徒刑或者拘役，并处或者单处罚金；数额巨大或者有其他严重情节的，处三年以上十年以下有期徒刑，并处罚金；数额特别巨大或者有其他特别严重情节的，处十年以上有期徒刑，并处罚金。

三、识别防范非法集资小技巧

1.不要轻易相信所谓的高息“保险”、高息“理财”，高收益意味着高风险；

2.不被小礼品打动，不接收“先返息”之类的诱饵，记住天上不会掉馅饼；

3.通过正规渠道购买金融产品，不与金融从业人员个人签订投资理财协议，不接收从业人员个人出具的任何收据、欠条；

4.注意保护个人信息，关注政府部门发布的非法集资风险提示，遇到涉嫌非法集资行为时及时举报投诉。

四、健全资本市场功能，提高直接融资比重

“健全资本市场功能，提高直接融资比重”是党的二十大报告为新形势下的资本市场改革发展稳定工作部署的重要任务，对全面推进中华民族伟大复兴作出了战略部署，也对资本市场改革开放发展提出了新的要求。站在新的起点上，资本市场有望进一步加快改革，完善多层次市场体系，健全资本市场功能，提高直接融资比重，加快建设中国特色现代资本市场，进一步助力推动经济社会高质量发展。

辽宁康鼎食品科技有限公司融资骗局

资料来源：吉林省集安市人民法院．非法吸收公众存款案一审刑事判决书［EB/OL］.（2019-12-24）. https://susong.tianyancha.com/3f96c8da70b44fa9bae27e3c82c388a5. 有改动.

项目七　财务报表

学习目标

知识目标

1. 了解财务报表的组成，理解资产负债表的含义、内容和结构。
2. 理解利润表的含义、内容和结构。

能力目标

1. 掌握资产负债表的编制方法。
2. 掌握利润表的编制方法。

任务一　资产负债表的编制

案例导入

长沙含光服饰公司2023年3月新上任的王经理想了解公司2022年度生产经营规模的大小、偿还债务的能力、企业资金的构成情况，从而为2023年度及以后的经营决策提供依据，于是他到财务科了解情况。李会计向他提供了2022年度的资产负债表，那么王经理能否在表中获得他想要的信息呢？

任务描述

小企业的经济业务是记录在会计凭证和会计账簿中的，因此它们提供的信息是比较零碎分散的，怎样能够全面、综合地反映企业的财务状况、资金的结构情况、企业规模的大小呢？这就需要会计人员编制资产负债表了。如何编制资产负债表呢？此任务将带你解决这些问题。

知识准备

资产负债表的编制

一、财务报表的概述

财务报表是对小企业财务状况、经营成果和现金流量的结构性表述。财务报表按编报期间的不同，可以分为月报、季报和年报。小企业应当根据实际发生的交易或事项，按《小企业会计准则》的规定进行确认和计量，在此基础上按月或按季编制财务报表。小企业的财务报表包括资产负债表、利润表、现金流量表和附注。

二、资产负债表的概念

资产负债表是指反映小企业在某一特定日期的财务状况的会计报表。这里的某一特定日期指月末、季末、半年末和年末，如6月30日、12月31日等。通过资产负债表可以了解企业的规模、偿还债务的能力、资本结构的合理性等。

三、资产负债表的内容

资产负债表主要反映以下三个方面的内容：

1.资产

资产负债表中的资产应当按照流动资产和非流动资产两大类别分别列示。小企业资产负债表中至少应当单独列示反映的资产类项目有：货币资金、应收及预付款项、存货、长期债券投资、长期股权投资、固定资产、生产性生物资产、无形资产、长期待摊费用。

2.负债

资产负债表中的负债应当按照流动负债和非流动负债分别列示。小企业资产负债表中至少应当单独列示反映的负债类项目有：短期借款、应付及预收款项、应付职工薪酬、应交税费、应付利息、长期借款、长期应付款。

3.所有者权益

资产负债表中的所有者权益一般按净资产的不同来源和特定用途进行分类，小企业资产负债表中至少应当单独列示反映的所有者权益类项目有：实收资本（或股本）、资本公积、盈余公积、未分配利润。

四、资产负债表的结构

我国企业的资产负债表采用账户式结构。账户式资产负债表分左右两方，左方列示资产各项目，按流动性大小排序，反映全部资产的分类及存在形态；右方列示负债及所有者权益各项目，按照求偿权的先后顺序排列，反映全部负债和所有者权益的内容及构成情况。账户式资产负债表中的资产各项目的合计等于负债和所有者权益各项目的合计，即“资产=负债+所有者权益”。资产负债表的基本结构格式，见表7-1。

表7-1

资产负债表

会小企01表

编制单位： 年 月 日 单位：元

资 产	行次	期末余额	年初余额	负债和所有者权益（或股东权益）	行次	期末余额	年初余额
流动资产：				流动负债：			
货币资金	1			短期借款	31		
短期投资	2			应付票据	32		
应收票据	3			应付账款	33		
应收账款	4			预收账款	34		
预付账款	5			应付职工薪酬	35		
应收股利	6			应交税费	36		
应收利息	7			应付利息	37		
其他应收款	8			应付利润	38		
存货	9			其他应付款	39		
其中：原材料	10			其他流动负债	40		
在产品	11			流动负债合计	41		

续表

资 产	行次	期末余额	年初余额	负债和所有者权益（或股东权益）	行次	期末余额	年初余额
库存商品	12			非流动负债：			
周转材料	13			长期借款	42		
其他流动资产	14			长期应付款	43		
流动资产合计	15			递延收益	44		
非流动资产：				其他非流动负债	45		
长期债券投资	16			非流动负债合计	46		
长期股权投资	17			负债合计	47		
固定资产原价	18						
减：累计折旧	19						
固定资产账面价值	20						
在建工程	21						
工程物资	22						
固定资产清理	23						
生产性生物资产	24			所有者权益（或股东权益）：			
无形资产	25			实收资本（或股本）	48		
开发支出	26			资本公积	49		
长期待摊费用	27			盈余公积	50		
其他非流动资产	28			未分配利润	51		
非流动资产合计	29			所有者权益（或股东权益）合计	52		
资产总计	30			负债和所有者权益（或股东权益）总计	53		

小企业（中外合作经营）根据合同规定在合作期间归还投资者的投资，应在“实收资本（或股本）”项目下增加“减：已归还投资”项目并单独列示。

任务实施

资产负债表的“年初余额”栏内各项数字应根据上年年末资产负债表“期末余额”栏内所列数字填列。资产负债表“期末余额”栏根据有关账户的期末余额直接或分析计算填列。部分项目的内容和填列方法如下：

一、资产项目的填列

1.“货币资金”项目，反映小企业库存现金、银行存款、其他货币资金的合计数。本项目应根据“库存现金”、“银行存款”和“其他货币资金”账户的期末余额合计填列。

2.“短期投资”项目，反映小企业购入的能随时变现并且持有时间不准备超过1年的股票、债券和基金投资的余额。本项目应根据“短期投资”账户的期末余额填列。

3.“应收票据”项目，反映小企业收到的未到期收款也未向银行贴现的应收票据（银行承兑汇票和商业承兑汇票）。本项目应根据“应收票据”账户的期末余额填列。

4.“应收账款”项目，反映小企业因销售商品、提供劳务等日常生产经营活动应收取的款项。本项目应根据“应收账款”的期末余额分析填列，如“应收账款”账户期末为贷方余额，则应当在“预收账款”项目列示。

5.“预付账款”项目，反映小企业按照合同规定预付的款项，包括根据合同规定预付的购货款、租金、工程款等。本项目应根据“预付账款”账户的期末借方余额填列，如“预付账款”账户期末为贷方余额，则应当在“应付账款”项目列示。属于超过1年期以上的预付账款的借方余额，应当在“其他非流动资产”项目列示。

6.“应收股利”项目，反映小企业应收取的现金股利或利润。本项目应根据“应收股利”账户的期末余额填列。

7.“应收利息”项目，反映小企业债券投资应收取的利息。小企业购入一次还本付息债券应收的利息不包括在本项目内。本项目应根据“应收利息”账户的期末余额填列。

8.“其他应收款”项目，反映小企业除应收票据、应收账款、预付账款、应收股利、应收利息等以外的其他各种应收及暂付款项，包括各种应收的赔款、应向职工收取的各种垫付款项等。本项目应根据“其他应收款”账户的期末余额填列。

9.“存货”项目，反映小企业期末在库、在途和在加工中的各项存货的成本，包括各种原材料、在产品、半成品、产成品、商品、周转材料（包装物、低值易耗品等）、消耗性生物资产等。本项目应根据“材料采购”“在途物资”“原材料”“材料成本差异”“生产成本”“库存商品”“商品进销差价”“委托加工物资”“周转材料”“消耗性生物资产”等账户的期末余额分析填列。

【小练习7-1】

某小企业月末“生产成本”账户借方余额为10万元，“材料采购”账户借方余额为30万元，“原材料”账户借方余额为120万元，“材料成本差异”账户借方余额为20万元，“库存商品”账户借方余额为210万元，“工程物资”账户借方余额为70万元。假定不考虑其他因素，则该企业月末资产负债表中“存货”项目应填列的金额是多少？

10.“其他流动资产”项目，反映小企业除以上流动资产项目外的其他流动资产（含1年内到期的非流动资产）。本项目应根据有关账户的期末余额分析填列。

【小提示7-1】

“流动资产合计”项目，根据上述（1）～（10）项流动资产项目金额的合计数填列。

11.“长期债券投资”项目，反映小企业准备长期持有的债券投资的本息。本项目应根据“长期债券投资”账户的期末余额分析填列。

12.“长期股权投资”项目，反映小企业准备长期持有的权益性投资的成本。本项目应根据“长期股权投资”账户的期末余额填列。

13.“固定资产原价”和“累计折旧”项目，反映小企业固定资产的原价（成本）及累计折旧。这两个项目应根据“固定资产”账户和“累计折旧”账户的期末余额填列。

14.“固定资产账面价值”项目，反映小企业固定资产原价扣除累计折旧后的余额。

本项目应根据“固定资产”账户的期末余额减去“累计折旧”账户的期末余额后的金额填列。

15.“在建工程”项目，反映小企业尚未完工或虽已完工但尚未办理竣工决算的工程成本。本项目应根据“在建工程”账户的期末余额填列。

16.“工程物资”项目，反映小企业为在建工程准备的各种物资的成本。本项目应根据“工程物资”账户的期末余额填列。

17.“固定资产清理”项目，反映小企业因出售、报废、毁损、对外投资等原因处置固定资产所转出的固定资产账面价值以及在清理过程中发生的费用等。本项目应根据“固定资产清理”账户的期末借方余额填列，如“固定资产清理”账户期末为贷方余额，以“–”号填列。

18.“生产性生物资产”项目，反映小企业生产性生物资产的账面价值。本项目应根据“生产性生物资产”账户的期末余额减去“生产性生物资产累计折旧”账户的期末余额后的金额填列。

19.“无形资产”项目，反映小企业无形资产的账面价值。本项目应根据“无形资产”账户的期末余额减去“累计摊销”账户的期末余额后的金额填列。

20.“开发支出”项目，反映小企业正在进行的无形资产研究开发项目满足资本化条件的支出。本项目应根据“研发支出”账户的期末余额填列。

21.“长期待摊费用”项目，反映小企业尚未摊销完毕的已提足折旧的固定资产的改建支出、经营租入固定资产的改建支出、固定资产的大修理支出和其他长期待摊费用。本项目应根据“长期待摊费用”账户的期末余额分析填列。

22.“其他非流动资产”项目，反映小企业除以上非流动资产以外的其他非流动资产。本项目应根据有关账户的期末余额分析填列。

【小提示7-2】

“非流动资产合计”项目，根据上述（11）、（12）、（14）～（22）项非流动资产项目金额的合计数填列。“资产总计”项目，根据上述“流动资产合计”和“非流动资产合计”的合计数填列。

二、负债项目的填列

1.“短期借款”项目，反映小企业向银行或其他金融机构等借入的期限在1年内的、尚未偿还的各种借款本金。本项目应根据“短期借款”账户的期末余额填列。

2.“应付票据”项目，反映小企业因购买材料、商品和接受劳务等日常生产经营活动开出、承兑的商业汇票（银行承兑汇票和商业承兑汇票）尚未到期的票面金额。本项目应根据“应付票据”账户的期末余额填列。

3.“应付账款”项目，反映小企业因购买材料、商品和接受劳务等日常生产经营活动尚未支付的款项。本项目应根据“应付账款”账户的期末余额填列，如“应付账款”账户期末为借方余额，应当在“预付账款”项目列示。

4.“预收账款”项目，反映小企业根据合同规定预收的款项，包括预收的购货款、工程款等。本项目应根据“预收账款”账户的期末贷方余额填列，如“预收账款”账户期末为借方余额，应当在“应收账款”项目列示。属于超过1年期以上的预收账款的贷方余额，应当在“其他非流动负债”项目列示。

【小实训7-1】

某小企业4月30日应收账款等账户余额情况（见表7-2），要求据此填列资产负债表中“应收账款”“预收账款”“应付账款”“预付账款”项目金额。

表7-2

应收账款等账户余额表

4月30日　　单位：元

总账账户	借方余额	贷方余额	总账账户	借方余额	贷方余额
应收账款	26 000		应付账款	20 000	
预付账款		30 000	预收账款		40 000

“应收账款”项目金额=

“预收账款”项目金额=

“应付账款”项目金额=

“预付账款”项目金额=

5.“应付职工薪酬”项目，反映小企业应付未付的职工薪酬。本项目应根据“应付职工薪酬”账户期末余额填列。

6.“应交税费”项目，反映小企业期末未交、多交或尚未抵扣的各种税费。本项目应根据“应交税费”账户的期末贷方余额填列，如“应交税费”账户期末为借方余额，以“—”号填列。

7.“应付利息”项目，反映小企业尚未支付的利息费用。本项目应根据“应付利息”账户的期末余额填列。

8.“应付利润”项目，反映小企业尚未向投资者支付的利润。本项目应根据“应付利润”账户的期末余额填列。

9.“其他应付款”项目，反映小企业除应付账款、预收账款、应付职工薪酬、应交税费、应付利息、应付利润等以外的其他各项应付、暂收的款项，包括应付租入固定资产和包装物的租金、存入保证金等。本项目应根据“其他应付款”账户的期末余额填列。

10.“其他流动负债”项目，反映小企业除以上流动负债以外的其他流动负债（含1年内到期的非流动负债）。本项目应根据有关账户的期末余额填列。

【小提示7-3】

“流动负债合计”项目，根据上述（1）～（10）项流动负债项目金额的合计数填列。

11.“长期借款”项目，反映小企业向银行或其他金融机构借入的期限在1年以上的、尚未偿还的各项借款本金。本项目应根据“长期借款”账户的期末余额分析填列。

12.“长期应付款”项目，反映小企业除长期借款以外的其他各种应付未付的长期应付款项，包括应付融资租入固定资产的租赁费、以分期付款方式购入固定资产发生的应付款项等。本项目应根据“长期应付款”账户的期末余额分析填列。

13.“递延收益”项目，反映小企业收到的、应在以后期间计入损益的政府补助。本项目应根据“递延收益”账户的期末余额分析填列。

14.“其他非流动负债”项目，反映小企业除以上非流动负债项目以外的其他非流动负债。本项目应根据有关账户的期末余额分析填列。

【小提示7-4】

“非流动负债合计”项目，根据上述（11）～（14）项非流动负债项目金额的合计数填列。“负债合计”项目，根据上述“流动负债合计”和“非流动负债合计”的合计数填列。

三、所有者权益项目的填列

1.“实收资本（或股本）”项目，反映小企业收到投资者按照合同协议约定或相关规定投入的、构成小企业注册资本的部分。本项目应根据“实收资本（或股本）”账户的期末余额分析填列。

2.“资本公积”项目，反映小企业收到投资者投入资本超出其在注册资本中所占份额的部分。本项目应根据“资本公积”账户的期末余额填列。

3.“盈余公积”项目，反映小企业（公司制）的法定公积金和任意公积金，小企业（外商投资）的储备基金和企业发展基金。本项目应根据“盈余公积”账户的期末余额填列。

4.“未分配利润”项目，反映小企业尚未分配的历年结存的利润。本项目应根据“利润分配”账户的期末余额填列，但是如果是在会计中期，应根据“本年利润”和“利润分配”账户的余额计算填列。未弥补的亏损，在本项目内以“—”号填列。

【小提示7-5】

“所有者权益（或股东权益）合计”项目，根据上述（1）～（4）项金额的合计数填列。“负债和所有者权益总计”项目，根据“负债合计”与“所有者权益合计”之和填列。

【例7-1】2023年12月31日，长沙含光服饰公司有关总分类账户余额（见表7-3）。要求根据资料编制长沙含光服饰公司2023年12月31日的资产负债表（见表7-4）。

表7-3

总分类账户余额表

2023年12月31日　　单位：元

账户名称	借方余额	账户名称	贷方余额
库存现金	3 500	材料成本差异	4 800
银行存款	625 304	累计折旧	45 900
其他货币资金	71 000	累计摊销	1 500
短期投资	80 000	短期借款	270 000
应收账款	600 000	应付账款	30 000
应收利息	5 000	应付票据	60 000
其他应收款	40 000	预收账款	100 000
材料采购	95 000	预付账款	50 000
原材料	123 000	应付利润	93 600
库存商品	344 600	应付职工薪酬	87 000
周转材料	56 300	应交税费	426 734
长期债券投资	90 000	其他应付款	50 000
长期股权投资	250 000	长期借款	160 000
固定资产	2 558 000	实收资本	4 946 000
在建工程	570 000	资本公积	87 270
无形资产	600 000	盈余公积	247 300
长期待摊费用	18 400	利润分配	110 000
生产成本	640 000		
合　计	6 770 104	合　计	6 770 104

表7-4

资产负债表

编制单位：长沙含光服饰公司　　2023年12月31日　　单位：元

资产	行次	期末余额	年初余额（略）	负债和所有者权益（或股东权益）	行次	期末余额	年初余额（略）
流动资产：				流动负债：			
货币资金	1	699 804		短期借款	31	270 000	
短期投资	2	80 000		应付票据	32	60 000	
应收票据	3	0		应付账款	33	80 000	
应收账款	4	600 000		预收账款	34	100 000	
预付账款	5	0		应付职工薪酬	35	87 000	
应收股利	6	0		应交税费	36	426 734	
应收利息	7	5 000		应付利息	37	0	
其他应收款	8	40 000		应付利润	38	93 600	
存货	9	1 254 100		其他应付款	39	50 000	
其中：原材料	10	123 000		其他流动负债	40	0	
在产品	11	640 000		流动负债合计	41	1 167 334	
库存商品	12	344 600		非流动负债：			
周转材料	13	56 300		长期借款	42	160 000	
其他流动资产	14	0		长期应付款	43	0	
流动资产合计	15	2 678 904		递延收益	44	0	
非流动资产：				其他非流动负债	45	0	
长期债券投资	16	90 000		非流动负债合计	46	160 000	
长期股权投资	17	250 000		负债合计	47	1 327 334	
固定资产原价	18	2 558 000					
减：累计折旧	19	45 900					
固定资产账面价值	20	2 512 100					
在建工程	21	570 000					
工程物资	22	0					
固定资产清理	23	0					
生产性生物资产	24	0		所有者权益（或股东权益）：			
无形资产	25	598 500		实收资本（或股本）	48	4 946 000	
开发支出	26	0		资本公积	49	87 270	
长期待摊费用	27	18 400		盈余公积	50	247 300	
其他非流动资产	28	0		未分配利润	51	110 000	
非流动资产合计	29	4 039 000		所有者权益（或股东权益）合计	52	5 390 570	
资产总计	30	6 717 904		负债和所有者权益（或股东权益）总计	53	6 717 904	

表7-4中有关项目的金额（期末余额）计算如下：

货币资金=3 500（库存现金）+625 304（银行存款）+71 000（其他货币资金）=699 804（元）

存货=95 000（材料采购）＋123 000（原材料）＋640 000（生产成本）＋344 600（库存商品）＋56 300（周转材料）−4 800（材料成本差异）
=1 254 100（元）

固定资产账面价值=2 558 000（固定资产）−45 900（累计折旧）=2 512 100（元）

无形资产=600 000（无形资产）−1 500（累计摊销）=598 500（元）

应付账款=30 000（应付账款）＋50 000（预付账款）=80 000（元）

【小练习7-2】

2023年5月31日，湘南公司（小企业）有关账户期末余额如下：

（1）“库存现金”账户借方余额为4 000元，“银行存款”账户借方余额为650 000元，“其他货币资金”账户借方余额为300 000元。

（2）“应收账款”总账账户借方余额为350 000元，其所属明细账户借方余额合计为480 000元，其所属明细账贷方余额合计为130 000元。

（3）“无形资产”账户借方余额为700 000元，“累计摊销”账户贷方余额为200 000元。

（4）“应付账款”总账账户贷方余额为240 000元，其所属明细账户贷方余额合计为350 000元，其所属明细账户借方余额合计为110 000元。

（5）“预付账款”总账账户借方余额为130 000元，其所属明细账户借方余额合计为160 000元，其所属明细账贷方余额合计为30 000元。

要求：根据上述资料，回答下列题目。

①公司5月31日资产负债表中“货币资金”项目“期末余额”栏的金额是（　　）元。

A.654 000　　B.4 000　　C.650 000　　D.954 000

②公司5月31日资产负债表中“应收账款”和“预收账款”两个项目“期末余额”栏的金额分别是（　　）元和（　　）元。

A.480 000　　B.450 000　　C.350 000　　D.130 000

③公司5月31日资产负债表中“无形资产”项目“期末余额”栏的金额是（　　）元。

A.700 000　　B.500 000　　C.200 000　　D.900 000

④公司5月31日资产负债表中“应付账款”和“预付账款”两个项目“期末余额”栏的金额分别是（　　）元和（　　）元。

A.240 000　　B.380 000　　C.270 000　　D.130 000

任务二 利润表的编制

案例导入

长沙含光服饰公司2023年3月新上任的王经理在看了2022年公司的资产负债表后，获得了他想要的信息，但是资产负债表上没有提供2022年企业的经营成果及盈亏情况，于是他又到财务科了解情况。李会计这次向他提供了一张2022年的利润表，这张利润表能够提供王经理想要的信息吗？

任务描述

一家企业一段时间经营成果及盈亏情况要得到全面综合的反映，只有通过一张会计报表——“利润表”来完成，那么利润表是根据什么来编制？又该怎样编制呢？此任务将带你解决这些问题。

知识准备

利润表的编制

一、利润表的概念

利润表是指反映小企业在一定会计期间的经营成果的会计报表，这里的一定会计期间可以是一个月、一个季度，也可以是半年、一年等期间。通过编制利润表可以了解小企业的收入、费用的多少，获利能力的大小和潜力以及经营趋势。

二、利润表的内容

利润表反映的内容主要包括以下三个方面：

1. 营业利润。营业收入减去营业成本、税金及附加、销售费用、管理费用、财务费用加上投资收益，即为营业利润。

2. 利润总额。营业利润加上营业外收入，再减去营业外支出，即为利润总额。

3. 净利润。利润总额减去所得税费用，即为净利润。

三、利润表的结构

我国企业利润表采用多步式结构。多步式利润表对当期的费用按功能分类，按利润形成的主要环节列示一些中间性的利润指标，分步计算当期净损益，便于报表使用者理解企业经营成果的主要来源和构成。通过多步式利润表，可以反映收入、费用、利润之间的关系，即“收入–费用=利润”。利润表的基本结构格式，见表7–5。

表7–5

利润表

会小企02表

编制单位： 年 月 单位：元

项　目	行次	本年累计金额	本月金额
一、营业收入	1		
减：营业成本	2		
税金及附加	3		
其中：消费税	4		
城市维护建设税	5		
资源税	6		
土地增值税	7		

续表

项目	行次	本年累计金额	本月金额
城镇土地使用税、房产税、车船税、印花税	8		
教育费附加	9		
销售费用	10		
其中：商品维修费	11		
广告费和业务宣传费	12		
管理费用	13		
其中：开办费	14		
业务招待费	15		
研究费用	16		
财务费用	17		
其中：利息费用（收入以“-”号填列）	18		
加：投资收益（损失以“-”号填列）	19		
二、营业利润（亏损以“-”号填列）	20		
加：营业外收入	21		
其中：政府补助	22		
减：营业外支出	23		
其中：坏账损失	24		
无法收回的长期债券投资损失	25		
无法收回的长期股权投资损失	26		
自然灾害等不可抗力因素造成的损失	27		
税收滞纳金	28		
三、利润总额（亏损总额以“-”号填列）	29		
减：所得税费用	30		
四、净利润（净亏损以“-”号填列）	31		

【小知识7-1】

小企业利润表至少应当单独列示的项目有：营业收入，营业成本，税金及附加，销售费用，管理费用，财务费用，所得税费用，净利润。

任务实施

利润表“本期金额”栏反映各项目自年初起至报告期末止的累计实际发生额。“本月金额”栏反映各项目的本月实际发生额，根据有关损益类账户的本期发生额分析计算填列。

1.“营业收入”项目，反映小企业销售商品和提供劳务所实现的收入总额。本项目应根据“主营业务收入”账户和“其他业务收入”账户的发生额合计填列。

2.“营业成本”项目，反映小企业所销售商品的成本和所提供劳务的成本。本项目应根据“主营业务成本”账户和“其他业务成本”账户的发生额合计填列。

3.“税金及附加”项目，反映小企业开展日常生产活动应负担的消费税、城市维护建设税、资源税、土地增值税、城镇土地使用税、房产税、车船税、印花税和教育费附加等。本项目应根据“税金及附加”账户的发生额填列。

4.“销售费用”项目，反映小企业销售商品或提供劳务过程中发生的费用。本项目应根据“销售费用”账户的发生额填列。

5.“管理费用”项目，反映小企业为组织和管理生产经营发生的其他费用。本项目应根据“管理费用”账户的发生额填列。

6.“财务费用”项目，反映小企业为筹集生产经营所需资金发生的筹资费用。本项目应根据“财务费用”账户的发生额填列。

7.“投资收益”项目，反映小企业股权投资取得的现金股利（或利润）、债券投资取得的利息收入和处置股权投资和债券投资取得的处置价款扣除成本或账面余额、相关税费后的净额。本项目应根据“投资收益”账户的发生额填列，如为投资损失，以“－”号填列。

8.“营业利润”项目，反映小企业当期开展日常生产经营活动实现的利润。本项目应根据营业收入扣除营业成本、税金及附加、销售费用、管理费用和财务费用，加上投资收益后的金额填列，如为亏损，以“－”号填列。

9.“营业外收入”项目，反映小企业实现的各项营业外收入金额。包括：非流动资产处置净收益、政府补助、捐赠收益、盘盈收益、汇兑收益、出租包装物和商品的租金收入、逾期未退包装物押金收益、确实无法偿付的应付款项、已作坏账损失处理后又收回的应收款项、违约金收益等。本项目应根据“营业外收入”账户的发生额填列。

10.“营业外支出”项目，反映小企业发生的各项营业外支出金额。包括：存货的盘亏、毁损、报废损失，非流动资产处置净损失，坏账损失，无法收回的长期债券投资损失，无法收回的长期股权投资损失，自然灾害等不可抗力因素造成的损失，税收滞纳金，罚金，罚款，被没收财物的损失，捐赠支出，赞助支出等。本项目应根据“营业外支出”账户的发生额填列。

11.“利润总额”项目，反映小企业当期实现的利润总额。本项目应根据营业利润加上营业外收入减去营业外支出后的金额填列，如为亏损总额，以“－”号填列。

12.“所得税费用”项目，反映小企业根据企业所得税法确定的应从当期利润总额中扣除的所得税费用。本项目应根据“所得税费用”账户的发生额填列。

13.“净利润”项目，反映小企业当期实现的净利润。本项目应根据利润总额扣除所得税费用后的金额填列，如为净亏损，以“—”号填列。

【小提示7-6】

在编报年度利润表时，应将“本月金额”栏改为“上年金额”栏，填列上年全年实际发生额。

【例7-2】长沙含光服饰公司2023年1月、2月有关损益类账户发生额（见表7-6），要求根据资料编制长沙含光服饰公司1月份的利润表（简表）（见表7-7）。

表7-6

损益类账户1月和2月发生额

单位：元

账户名称	1月发生额	2月发生额
主营业务收入	213 600	249 952
其他业务收入	0	4 700
营业外收入	4 890	969
主营业务成本	172 320	189 552
其他业务成本	0	3 000
税金及附加	8 705	12 375
销售费用	5 316	8 476
管理费用	10 410	11 457
财务费用	650	715
营业外支出	200	500
所得税费用	2 700	2 974

表7-7

利润表（简表）

编制单位：长沙含光服饰公司　　2023年1月　　单位：元

项　　目	行次	本期金额	本月金额
一、营业收入	1	213 600	213 600
减：营业成本	2	172 320	172 320
税金及附加	3	8 705	8 705
销售费用	11	5 316	5 316
管理费用	14	10 410	10 410
财务费用	18	650	650
加：投资收益（损失以“-”号填列）	20	0	0
二、营业利润（亏损以“-”号填列）	21	16 199	16 199
加：营业外收入	22	4 890	4 890
减：营业外支出	24	200	200
三、利润总额（亏损总额以“-”号填列）	30	20 889	20 889
减：所得税费用	31	2 700	2 700
四、净利润（净亏损以“-”号填列）	32	18 189	18 189

【小实训7-2】

沿用【例7-2】相关资料，要求编制长沙含光服饰公司2月份的利润表（简表）（见表7-8）。

表7-8

利润表（简表）

编制单位： 年 月 单位：元

项　目	行次	本期金额	本月金额
一、营业收入	1		
减：营业成本	2		
税金及附加	3		
销售费用	11		
管理费用	14		
财务费用	18		
加：投资收益（损失以“-”号填列）	20		
二、营业利润（亏损以“-”号填列）	21		
加：营业外收入	22		
减：营业外支出	24		
三、利润总额（亏损总额以“-”号填列）	30		
减：所得税费用	31		
四、净利润（净亏损以“-”号填列）	32		

【小知识7-2】

资产负债表和利润表的比较，见表7-9。

表7-9

资产负债表和利润表的比较

区分项目	资产负债表	利润表
1.反映时间	某一特定日期	某一会计期间
2.反映内容	财务状况	经营成果
3.会计要素	资产、负债、所有者权益	收入、费用、利润
4.会计等式	资产=负债+所有者权益	利润=收入-费用
5.资金运动形态	静态报表	动态报表
6.报表结构	账户式	多步式
7.填表依据	账户余额	账户发生额

【小练习7-3】

甲公司（小企业）2023年4月发生交易或事项如下：

（1）销售商品一批，销售金额为260万元，开具了增值税专用发票，增值税为33.8万元，款项尚未收回。该批商品实际成本为180万元。

（2）销售一批原材料，增值税专用发票注明售价88万元，增值税11.44万元，款项已收到并存入银行。该批材料的实际成本为60万元。

（3）以银行存款支付管理费用20万元，销售费用15万元，财务费用10万元，营业外支出5万元。

要求：（1）编制甲公司上述交易或事项的会计分录。

（2）计算甲公司4月份的营业收入、营业成本、营业利润、利润总额。

项目小结

本项目主要介绍了资产负债表的结构及其“货币资金”“存货”“应收账款”“预收账款”“应付账款”“预付账款”“未分配利润”等项目的填列方法，以及利润表的结构和各利润指标的计算。通过学习，学生能熟练编制简单的资产负债表和利润表。

项目训练

一、单项选择题

1.资产负债表是反映企业在某一特定日期（　　）的会计报表。

A.财务状况　　B.经营成果

C.现金流量　　D.利得损失

2.下列资产负债表项目中，可根据有关总账账户余额直接填列的是（　　）。

A.货币资金　　B.短期投资

C.无形资产　　D.存货

3.利润表中的净利润是利润总额减去（　　）后的余额。

A.增值税　　B.税金及附加

C.应交税费　　D.所得税费用

4.我国的利润表采用（　　）格式。

A.账户式　　B.报告式

C.多步式　　D.单步式

5.“生产成本”账户的期末余额应填列在资产负债表中的（　　）项目。

A.固定资产原价　　B.存货

C.其他流动资产　　D.固定资产清理

6.资产负债表中需要根据有关账户余额减去其备抵账户余额后的净额填列的项目是（　　）。

A.无形资产　　B.应付票据

C.短期借款　　D.应付职工薪酬

7.资产负债表中的资产项目，按资产（　　）的大小进行排列。

A.流动性　　B.固定性

C.重要性　　D.清偿时间

8.下列项目中，对利润表中“营业利润”项目有影响的是（　　）。

A.投资收益　　B.营业外收入

C.净利润　　D.所得税费用

9.小企业12月份资产负债表中“未分配利润”项目可直接根据（　　）账户的余额填列。

A.“所得税费用”　　B.“应付利润”

C.“本年利润”　　D.“利润分配”

10.小企业实际发生的坏账损失应属于利润表中的（　　）项目。

A.“管理费用”　　B.“营业外收入”

C.“营业外支出”　　D.“销售费用”

二、多项选择题

1.下列各项中，属于资产负债表中“流动资产”项目的有（　　）。

A.预付账款　　B.应收票据

C.短期投资　　D.固定资产

2.下列各项中，属于资产负债表中“流动负债”项目的有（　　）。

A.短期借款　　B.应付账款

C.递延收益　　D.应交税费

3.资产负债表中“存货”项目的金额，可以根据（　　）账户的余额分析填列。

A.“在途物资”　　B.“周转材料”

C.“委托加工物资”　　D.“原材料”

4.下列各项中，影响利润表中“营业利润”项目的有（　　）。

A.已销商品的成本　　B.原材料销售收入

C.出售固定资产净收益　　D.投资收益

5.利润表中“税金及附加”项目包括的内容有（　　）。

A.增值税　　B.消费税

C.教育费附加　　D.印花税

6.下列各项中，属于资产负债表中所有者权益类项目的有（　　）。

A.实收资本　　B.盈余公积

C.未分配利润　　D.资本公积

7.下列各项中，应列入利润表“营业成本”项目的有（　　）。

A.销售材料的成本　　B.固定资产处置净损失

C.固定资产盘亏净损失　　D.销售商品的成本

8.资产负债表中“未分配利润”项目，应根据（　　）账户余额计算填列。

A.“实收资本”　　B.“本年利润”

C.“利润分配”　　D.“应付股利”

9.下列各项中，影响企业利润总额的有（　　）。

A.存货自然灾害损失　　B.政府补助

C.公益性捐赠支出　　D.固定资产清理损失

10. 小企业的财务报表应当包括（　　）。

A. 资产负债表　　B. 利润表

C. 现金流量表　　D. 附注

三、判断题

1. 利润表是反映企业在某一特定日期经营成果的会计报表。（　　）

2. 我国企业的资产负债表采用账户式格式，利润表采用多步式格式。（　　）

3. 资产负债表中"未分配利润"项目，应根据"本年利润"账户余额直接填列。（　　）

4. 资产应当按照流动资产和固定资产两大类别在资产负债表中列示。（　　）

5. 资产负债表属于动态报表，利润表属于静态报表。（　　）

6. 资产负债表中其他应收款属于流动资产，其他应付款属于流动负债。（　　）

7. 利润表中的营业收入包括主营业务收入、其他业务收入和投资收益。（　　）

8. 企业的税收滞纳金应填入利润表中的"营业外支出"项目。（　　）

9. 净利润是指营业利润减去所得税费用后的金额。（　　）

10. 利润表中的各项目根据有关账户的期末余额分析计算填列。（　　）

四、实训题

1. 大东股份有限公司为小企业、增值税一般纳税人，适用的增值税税率为13%，所得税税率为25%，2023年3月31日大东股份有限公司的总分类账户余额（见表7-10）。

表7-10

总分类账户余额表

2023年3月31日　　单位：元

账户名称	借方余额	账户名称	贷方余额
库存现金	10 500	累计折旧	85 000
银行存款	788 018	材料成本差异	2 125
其他货币资金	11 900	累计摊销	30 000
短期投资	33 000	短期借款	50 000
应收账款	300 000	应付票据	25 000
应收利息	2 500	应付账款	476 900
其他应收款	50 000	应付职工薪酬	90 000
材料采购	37 500	应交税费	113 366
原材料	122 500	其他应付款	25 000
库存商品	461 200	长期借款	80 000
周转材料	19 025	实收资本	2 400 000
债权投资	45 000	资本公积	16 108
长期股权投资	125 000	盈余公积	62 385
固定资产	1 275 500	利润分配	95 359
生产成本	100 000	本年利润	139 600
无形资产	300 000		
长期待摊费用	9 200		
合　计	3 690 843	合　计	3 690 843

要求：根据上述资料编制大东股份有限公司2023年3月31日的资产负债表（只填“期末余额”，见表7-11）。

表7-11

资产负债表

编制单位： 年 月 日 单位：元

资 产	行次	期末余额	年初余额（略）	负债和所有者权益（或股东权益）	行次	期末余额	年初余额（略）
流动资产：				流动负债：			
货币资金	1			短期借款	31		
短期投资	2			应付票据	32		
应收票据	3			应付账款	33		
应收账款	4			预收账款	34		
预付账款	5			应付职工薪酬	35		
应收股利	6			应交税费	36		
应收利息	7			应付利息	37		
其他应收款	8			应付利润	38		
存货	9			其他应付款	39		
其中：原材料	10			其他流动负债	40		
在产品	11			流动负债合计	41		
库存商品	12			非流动负债：			
周转材料	13			长期借款	42		
其他流动资产	14			长期应付款	43		
流动资产合计	15			递延收益	44		
非流动资产：				其他非流动负债	45		
债权投资	16			非流动负债合计	46		
长期股权投资	17			负债合计	47		
固定资产原价	18						
减：累计折旧	19						
固定资产账面价值	20						
在建工程	21						
工程物资	22						
固定资产清理	23						
生产性生物资产	24			所有者权益（或股东权益）：			
无形资产	25			实收资本（或股本）	48		
开发支出	26			资本公积	49		
长期待摊费用	27			盈余公积	50		
其他非流动资产	28			未分配利润	51		
非流动资产合计	29			所有者权益（或股东权益）合计	52		
资产总计	30			负债和所有者权益（或股东权益）总计	53		

2.恒大公司（小企业）2023年度有关损益类账户全年累计发生额（见表7-12）。

表7-12

损益类账户全年累计发生额

单位：元

账户名称	借方发生额	账户名称	贷方发生额
主营业务成本	815 000	主营业务收入	1 370 000
其他业务成本	9 400	其他业务收入	15 000
税金及附加	3 000	营业外收入	11 100
销售费用	70 000	投资收益	60 000
管理费用	116 410		
财务费用	45 600		
营业外支出	21 680		
所得税费用	75 322		

要求：根据上述资料编制恒大公司2023年度的利润表（简表）（见表7-13）。

表7-13

利润表（简表）

编制单位：恒大公司　　2023年度　　单位：元

项　目	本年累计金额	上年金额（略）
一、营业收入		
减：营业成本		
税金及附加		
销售费用		
管理费用		
财务费用		
资产减值损失		
加：投资收益（损失以“-”号填列）		
二、营业利润（亏损以“-”号填列）		
加：营业外收入		
减：营业外支出		
三、利润总额（亏损总额以“-”号填列）		
减：所得税费用		
四、净利润（净亏损以“-”号填列）		

项目评价

项目评价表

<table>
<tr><th colspan="3">内　　容</th><th colspan="3">评 价</th></tr>
<tr><th colspan="2">学习目标</th><th>评价项目</th><th>3</th><th>2</th><th>1</th></tr>
<tr><td rowspan="4">职业能力</td><td rowspan="2">资产负债表的编制</td><td>1.“货币资金”“存货”“应收账款”“预收账款”“应付账款”“预付账款”“未分配利润”等项目的填列</td><td></td><td></td><td></td></tr>
<tr><td>2.简单的资产负债表的编制</td><td></td><td></td><td></td></tr>
<tr><td rowspan="2">利润表的编制</td><td>1.营业利润、利润总额、净利润的计算</td><td></td><td></td><td></td></tr>
<tr><td>2.利润表的编制</td><td></td><td></td><td></td></tr>
<tr><td rowspan="5">通用能力</td><td colspan="2">组织能力</td><td></td><td></td><td></td></tr>
<tr><td colspan="2">沟通能力</td><td></td><td></td><td></td></tr>
<tr><td colspan="2">解决问题的能力</td><td></td><td></td><td></td></tr>
<tr><td colspan="2">自我提高的能力</td><td></td><td></td><td></td></tr>
<tr><td colspan="2">创新能力</td><td></td><td></td><td></td></tr>
<tr><td colspan="3">综合评价</td><td colspan="3"></td></tr>
</table>

等级说明：

3——能高质、高效地完成此学习目标的全部内容，并能解决遇到的特殊问题

2——能高质、高效地完成此学习目标的全部内容

1——能完成此学习目标的全部内容，无须任何帮助和指导

评价说明：

优秀——达到3级水平

良好——达到2级水平

合格——全部任务都达到1级水平

不合格——不能达到1级水平

育人主题

杜绝造假　实事求是

广东科龙电器财务造假事件

广东科龙电器1992年成立，是一家家用电器制造企业，是当时国内电冰箱产业的四巨头之一，1996和1999年公司先后在香港和深圳的证券交易所上市。2001年顺德格林柯尔公司斥巨资收购了科龙电器。在一年时间内，科龙电器从一个亏损十多亿元的濒临破产的企业，摇身一变成为了盈利一亿多元的“模范企业”，从此格林柯尔和以及格林柯尔实际控制人顾某某便名声大噪，成为了资本市场的“宠儿”，广东科龙电器的股票价格大涨。

但好景不长，科龙电器的表现在次年就受到外界质疑，其中最具代表性的就是某知名经济学专家郎某某2002年8月份在复旦大学发表了题为《“国退民进”盛宴中狂欢的格林柯尔》的演讲。一时间，顾某某被推到了舆论的风口浪尖，顾某某和郎某某也展开了长期

的口水战。但纸里包不住火，事实胜于雄辩，2005年科龙财务造假东窗事发，证监会进驻科龙电器，正式对科龙展开调查。同年9月顾某某因涉嫌经济犯罪被逮捕，2006年科龙电器发布公告，证监会对其正式进行处罚。

经中国证券监督管理委员会查明，广东科龙电器披露的2002年、2003年、2004年这三年的年度报告存在着以下违法事实：

1. 科龙电器在编制2002年至2004年财务报告过程中采取虚构主营业务收入、少计坏账准备、少计诉讼赔偿金等手段，在2002年年度报告中虚增营业利润11 996.31万元，在2003年年度报表中虚增利润11 847.05万元，在2004年年度报告中虚增利润14 875.91万元。3年总共虚增利润将近4亿元。

2. 科龙电器2003年年度报告披露了现金流量表中存在的重大虚假记载。科龙电器在2003年将产品在科龙电器及其子公司之间进行虚假交易，并以此虚假交易开具银行承兑票据和商业承兑票据到银行贴现，获取大量现金。然而上述现金流并未在2003年科龙电器的现金流量汇总表中得到如实反映。2003年，经过调查统计，科龙电器2003年年度报告合并现金流量表少列报借款所收到的现金302 550万元，少计用于偿还外债所支付的现金213 573万元，多列报经营活动产生的现金流量净额88 976万元。

3. 科龙电器在2002年至2003年中未对会计政策变更等重大事项进行披露，也未披露与关联方共同投资、购买商品等关联交易事项。

为了维护市场公开、公平、公正的原则，保护投资者的合法权益，打击经济犯罪的嚣张气焰，证监会对证券市场的任何违法违规行为，坚决严厉查处，凡是涉嫌经济犯罪的人员都会被依法移送司法机关并追究其民事和刑事责任。

科龙电器上述行为严重违反了相关法律法规，证监会依据科龙电器及其主要责任人违法犯罪行为的事实、性质以及其社会危害程度，根据有关规定，决定对科龙电器处以60万元人民币的罚款；对某某军给予警告，处以30万元罚款，并实施永久性市场禁入的惩罚；对严某某等人给予警告，处以20万元罚款，并实施10年市场禁入限制；对其他责任人员分别给予警告，处以5万元至20万元不等的罚款。科龙电器案件涉嫌犯罪的部分，证监会已依法移送公安机关追究刑事责任。

【思考与启发】

尽管科龙电器事件至今已有二十年了，但科龙事件留给我们的警示和教训不可忘记。

一、加强监管，提高上市公司质量

有效的监管制度对制止财务报表粉饰行为是一种有效的手段。如果上市公司造假就必被发现，而且会受到重处罚，那么理性的上市公司将不会一意孤行。另外，由于企业会计造假的水平越来越高，监管机制也必须进行相应完善和提高。比如完善公司内控制度，规范关联交易行为，禁止编报虚假财务会计信息、加强对上市公司高级管理人员的监管等。

二、健全会计制度

不断完善会计准则的制定与修改，缩小上市公司在会计信息处理和披露中“自由”选择与主观判断的空间，使上市公司公布的会计信息更准确地反映其实际财务状况。

真实反映财务状况对一家企业来讲至关重要，一家企业的良好状况不是用虚假的财务数据来维持的，企业的生命力是其内在的发展能力，没有发展能力，泡沫终有一天会破灭。会计历史长河中不乏重大财务欺诈案件，这也推动了会计界对财务造假长期不断的研究和探索，随着时代的进步，造假手段越来越高明，反财务舞弊的手段与技也在不断丰富。在这种形势下，我们不仅要以重罚来遏制财务欺诈行为的发生，而且要寻求方法断绝弄虚作假的来源，将其遏制在摇篮之中。

党的二十大强调，我们必须坚持解放思想、实事求是、与时俱进、求真务实，一切从实际出发，着眼解决新时代改革开放和社会主义现代化建设的实际问题，不断回答中国之问、世界之问、人民之问、时代之问，作出符合中国实际和时代要求的正确回答，得出符合客观规律的科学认识，形成与时俱进的理论成果，更好地指导中国实践。作为新时代会计人员，不但需要遵守法律法规，还要根据自身的价值观进行判断，要有区分是非曲直的能力，在面对利益诱惑时，要经得住考验，面对高层威胁时，要勇于揭发不法行为，切不可同流合污。

资料来源：佚名. 广东科龙电器财务造假事件［EB/OL］.（2019-12-24）. https://wenku.baidu.com/view/f4b89c7d021ca300a6c30c22590102020740f2f1. 有改动.

主要参考文献

［1］小企业会计准则研究组．小企业会计准则讲解［M］．大连：东北财经大学出版社，2022.

［2］中华人民共和国财政部．小企业会计准则［M］．上海：立信会计出版社，2022.

［3］小企业会计准则编审委员会．小企业会计准则解读［M］．上海：立信会计出版社，2022.

［4］王艳茹，刘昀．中小企业财税管理［M］．2版．大连：东北财经大学出版社，2022.

［5］张远录．中小企业内部控制与风险管理［M］．大连：东北财经大学出版社，2023.

［6］高旸，王子瑄．小企业会计实务［M］．4版．大连：东北财经大学出版社，2020.